큰 그림과 큰 글씨로 눈이 편하게!

2nd Edition

★ 저자 김재연 ★

YoungJin.com Y.
영진닷컴

2nd Edition

B-1001, Gab-eul Great Valley, 32, Digital-ro 9-gil, Geumcheon-gu, Seoul, Republic of Korea

ISBN 978-89-314-7969-0

독자님의 의견을 받습니다

이 책을 구입한 독자님은 영진닷컴의 가장 중요한 비평가이자 조언가입니다. 저희 책의 장점과 문제점이 무엇인지, 어떤 책이 출판되기를 바라는지, 책을 더욱 알차게 꾸밀 수 있는 아이디어가 있으면 이메일, 또는 우편으로 연락주시기 바랍니다. 의견을 주실 때에는 책 제목 및 독자님의 성함과 연락처(전화번호나 이메일)를 꼭 남겨 주시기 바랍니다. 독자님의 의견에 대해 바로 답변을 드리고, 또 독자님의 의견을 다음 책에 충분히 반영하도록 늘 노력하겠습니다.

이메일 : support@youngjin.com
주 소 : 서울특별시 금천구 디지털로9길 32 갑을그레이트밸리 B동 10F
등 록 : 2007. 4. 27. 제16-4189호

STAFF

저자 김재연 | **기획** 기획 1팀 | **총괄** 김태경 | **진행** 김연희 | **디자인 · 편집** 김소연
영업 박준용, 임용수, 김도현, 이윤철 | **마케팅** 이승희, 김근주, 조민영, 김민지, 김진희, 이현아
제작 황장협 | **인쇄** 제이엠

이 책은요!

쓱 하고 싹 배우는
블로그&스마트스토어
2nd Edition

블로그로 나만의 공간을 꾸미고 스마트스토어로 온라인 쇼핑몰을 만들어 보세요!

❶ POINT

챕터에서 배우게 될 내용을 간략하게 소개해요.

❷ 완성 화면 미리 보기

챕터에서 배우게 되는 예제의 완성된 모습을 미리 만나요.

❸ 여기서 배워요!

어떤 내용을 배울지 간략하게 살펴봐요. 배울 내용을 미리 알아 두면 훨씬 쉽고 재미있게 배울 수 있어요.

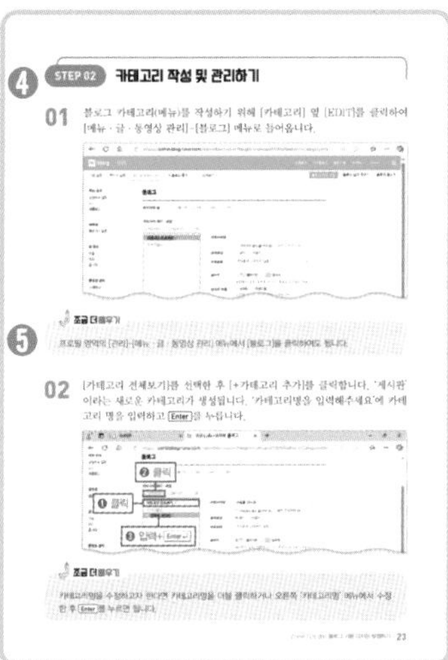

❹ STEP

예제를 하나하나 따라 하면서 본격적으로 기능을 익혀 봐요.

❺ 조금 더 배우기

본문에서 설명하지 않은 내용 중 중요하거나 알아 두면 좋을 내용들을 알 수 있어요.

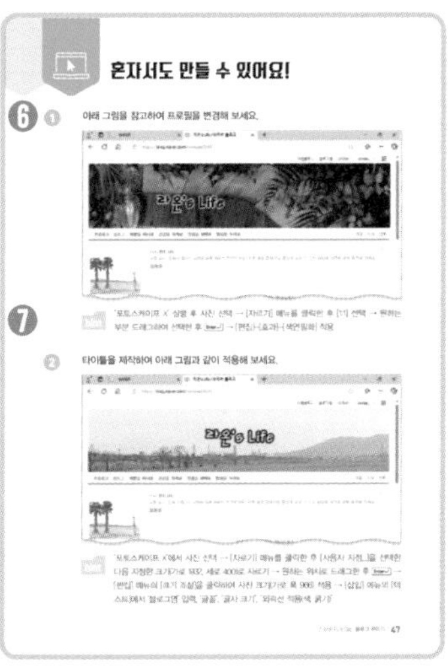

❻ 혼자서도 만들 수 있어요!

챕터에서 배운 내용을 연습하면서 한 번 더 기능을 숙지해 봐요.

❼ HINT

문제를 풀 때 참고할 내용을 담았어요.

이 책의 목차

CHAPTER 01

블로그 알아보기 006

CHAPTER 02

블로그 시작하기 009

CHAPTER 03

블로그 기본 디자인 설정하기 018

CHAPTER 04

블로그 꾸미기 030

CHAPTER 05

블로그 글쓰기 1 048

CHAPTER 06

블로그 글쓰기 2 062

CHAPTER 07

다른 블로그와 소통하기 074

CHAPTER 08

모바일로 블로그 활용하기 083

CHAPTER 09

스마트스토어란? 090

CHAPTER 10

스마트스토어 시작하기 095

CHAPTER 11
스마트스토어 전시 관리 설정하기 107

CHAPTER 12
스마트스토어 상품 관리 설정하기 120

CHAPTER 13
스마트스토어 판매 및 정산 관리 133

CHAPTER 14
스마트스토어 리뷰 및 노출 관리 설정하기 140

CHAPTER 15
알아두면 유용한 스마트스토어 Tip 145

CHAPTER 16
모바일로 스마트스토어 활용하기 150

CHAPTER 17
페이스북 활용하기 156

CHAPTER 18
페이스북에서 홍보하기 165

CHAPTER 19
인스타그램 활용하기 173

CHAPTER 20
인스타그램에서 콘텐츠 제작하여 홍보하기 179

CHAPTER

01 블로그 알아보기

POINT

인터넷 검색을 하면 가장 먼저 접하게 되는 정보이며 참고하게 되는 곳이 블로그입니다. 블로그의 정의에 대해 알아보고 블로그를 작성하기 위한 구상을 해봅니다.

완성 화면 미리 보기

여기서 배워요!

블로그란?, 블로그 구상하기

STEP 01 블로그란 무엇인가요?

① 나의 관심사에 따라 일기 · 칼럼 · 기사 등을 자유롭게 올릴 수 있습니다.

② 개인 출판 · 개인 방송 · 커뮤니티까지 다양한 형태를 취하는 일종의 '1인 미디어'입니다.

③ 나의 기록물, 일기장 등이 담긴 역사의 산물입니다.

STEP 02 블로그를 왜 사용할까요?

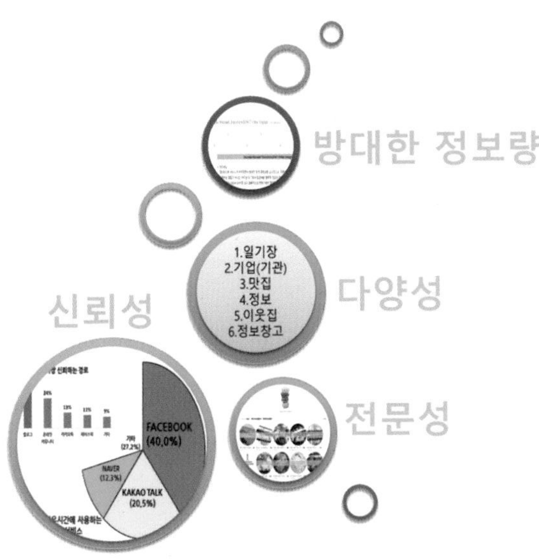

① 검색을 통해 정보를 얻고 나의 정보를 나누는 소통 도구 중의 하나입니다.

② 나의 일상생활을 기록하여 다른 사람들과 공유하는 도구 중의 하나입니다.
나의 기록물로만 남기고자 한다면 비공개로 사용할 수도 있습니다,

③ 기업(기관)의 소식, 홍보 및 광고 도구로 이용됩니다.

④ 주제에 따라 전문적인 지식을 습득할 수 있습니다.

⑤ 글, 사진, 동영상 등을 사용하여 다양한 글쓰기를 할 수 있습니다.

⑥ 모바일이 활성화되면서 다른 SNS로 쉽게 공유할 수 있습니다.

STEP 03 블로그 구상하기

블로그 운영 목적 정하기	블로그 운영 목표 세우기	블로그 대상 정하기	블로그 주제 (소재) 정하기	블로그명 (제목) 짓기	블로그 카테고리(목차) 구상하기

❶ **블로그 운영 목적 정하기** : '블로그를 어떤 목적(용도)으로 운영하고자 하는가?'를 생각합니다.

❷ **블로그 운영 목표 세우기** : '블로그를 운영하여 최종으로 달성하고자 하는 결과가 무엇인가?'를 생각합니다.

❸ **블로그 대상 정하기** : '내 블로그를 누가 봐주었으면 하는가?'를 생각합니다.

❹ **블로그 주제(소재) 정하기** : '블로그를 꾸준하게 이끌어 갈 수 있는 주제(소재)인가?'를 생각합니다.

❺ **블로그명(제목) 짓기** : '이 블로그가 무엇을 하는 블로그인지를 알 수 있나?'를 생각합니다.

❻ **블로그 카테고리(목차) 구상하기** : '내 블로그의 게시물을 잘 정리할 수 있나?'를 생각합니다.

조금 더 배우기

블로그 용어 알아보기

CHAPTER

02 블로그 시작하기

POINT

블로그는 자신의 생각, 관심사에 따라 일기 형식으로 작성하여 다양한 사람과 소통하는 공간입니다. 네이버 회원가입을 하며 블로그를 시작합니다.

완성 화면 미리 보기

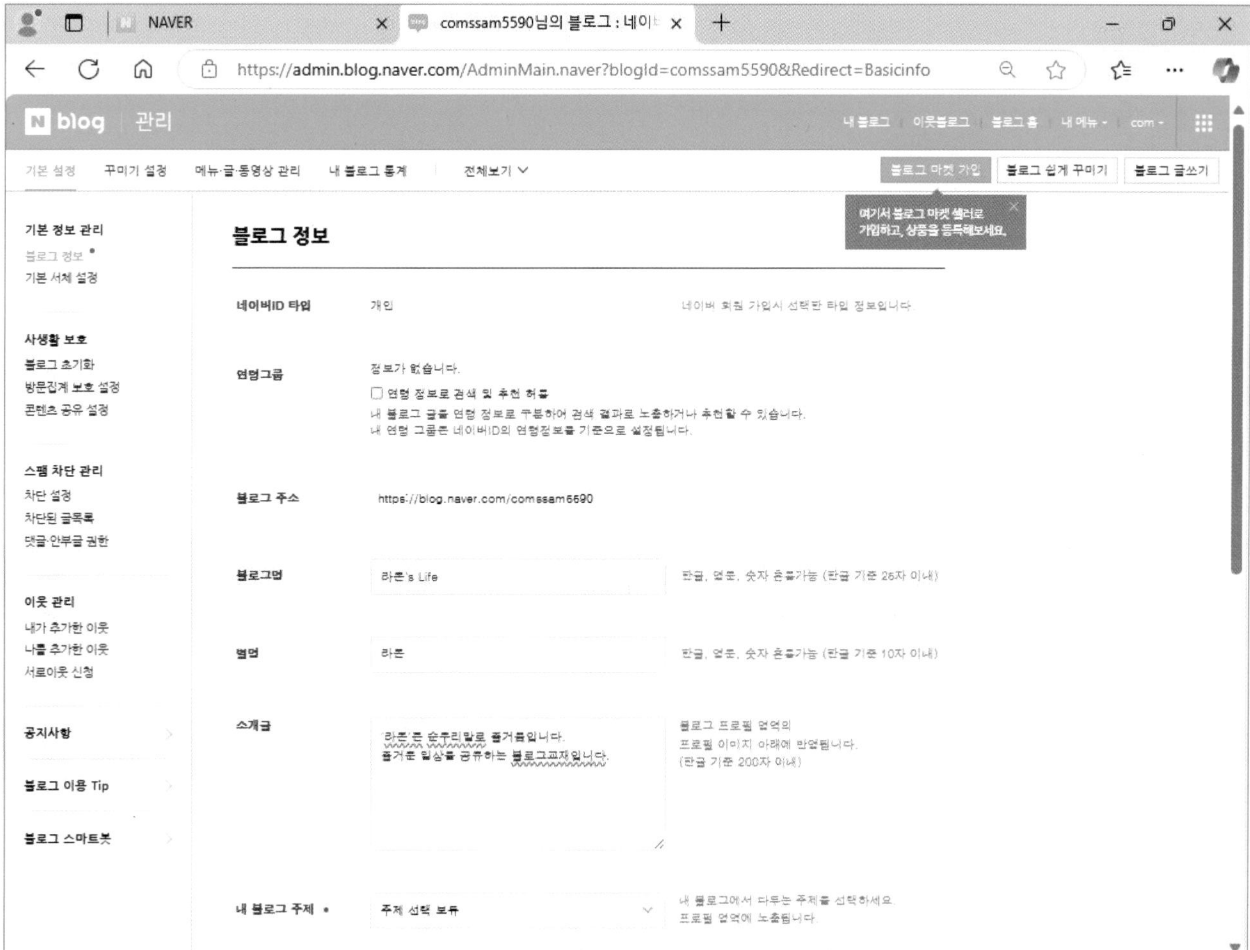

여기서 배워요!

네이버 회원가입, 내 블로그 시작, 블로그 기본 정보 입력하기

STEP 01 네이버 회원가입하기

01 바탕화면에서 [Edge]( )를 더블 클릭합니다. [회원가입]을 클릭합니다.

조금 더 배우기

홈 화면이 네이버가 아니라면 검색 창에 '네이버'를 입력하여 검색하거나 주소 표시줄에 'www.naver.com'을 입력합니다. 만약 네이버에 회원가입이 되어 있다면 [로그인]을 클릭하여 '아이디'와 '비밀번호'를 입력합니다.

02 '네이버 이용약관' 및 '개인정보 수집 및 이용 동의'만 클릭하여 선택하고 [확인]을 클릭합니다.

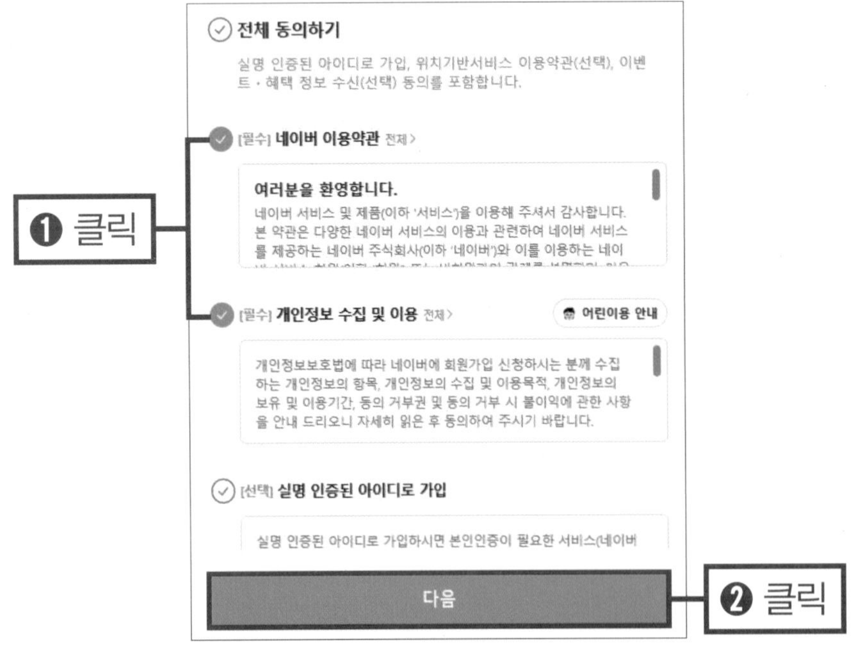

조금 더 배우기

회원가입 시 [필수] 정보만 선택합니다.

03 '아이디' 및 '비밀번호' 등 회원가입에 대한 정보를 입력하고 [가입하기]를 클릭합니다.

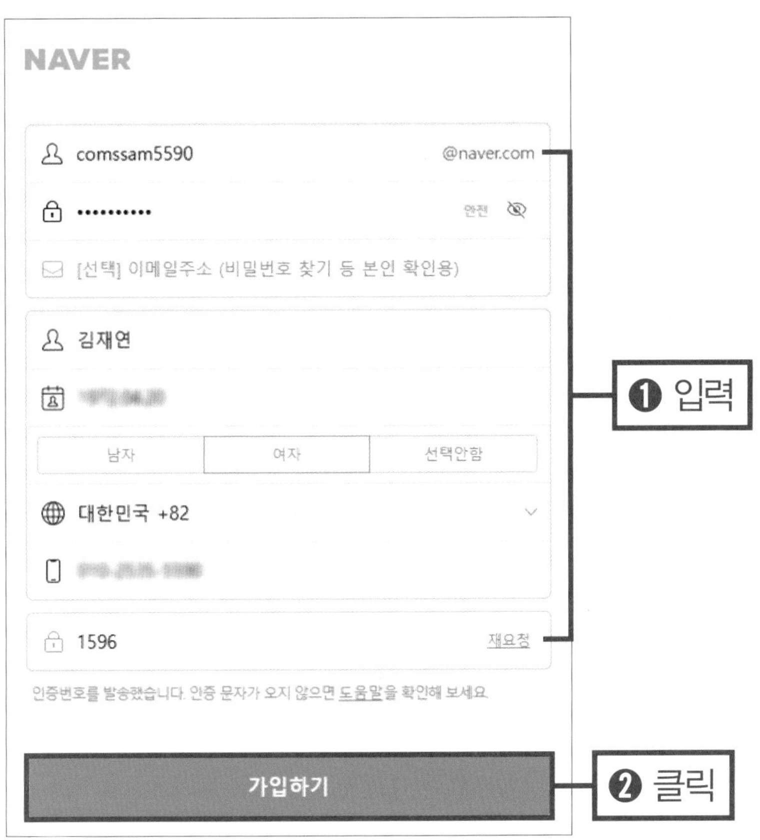

조금 더 배우기

휴대폰 번호를 입력한 후 [인증번호 받기]를 클릭하여 휴대폰 가입자 정보를 입력합니다. 휴대폰 문자에 도착한 인증번호를 입력합니다. 단, 블로그 가입자와 휴대폰 가입자의 명의가 같아야 합니다.

04 회원가입이 완료되었다면 '[본인ID]님 만나서 반가워요!'가 나타납니다.

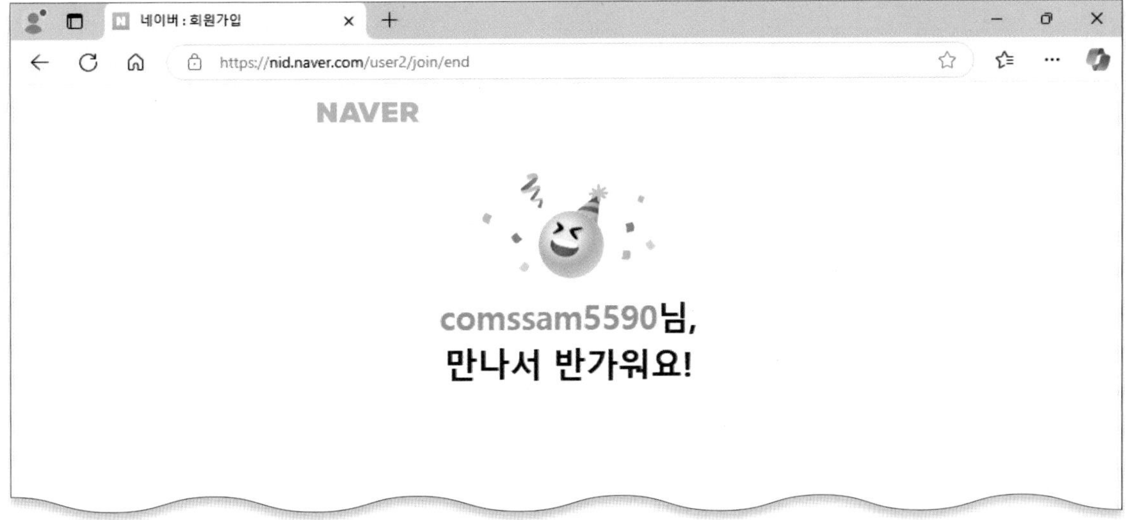

STEP 02 블로그 시작하기

01 회원가입 또는 로그인 후 [블로그]를 클릭합니다. '블로그 아이디가 필요해요!'에서 [블로그 아이디 만들기]를 클릭합니다.

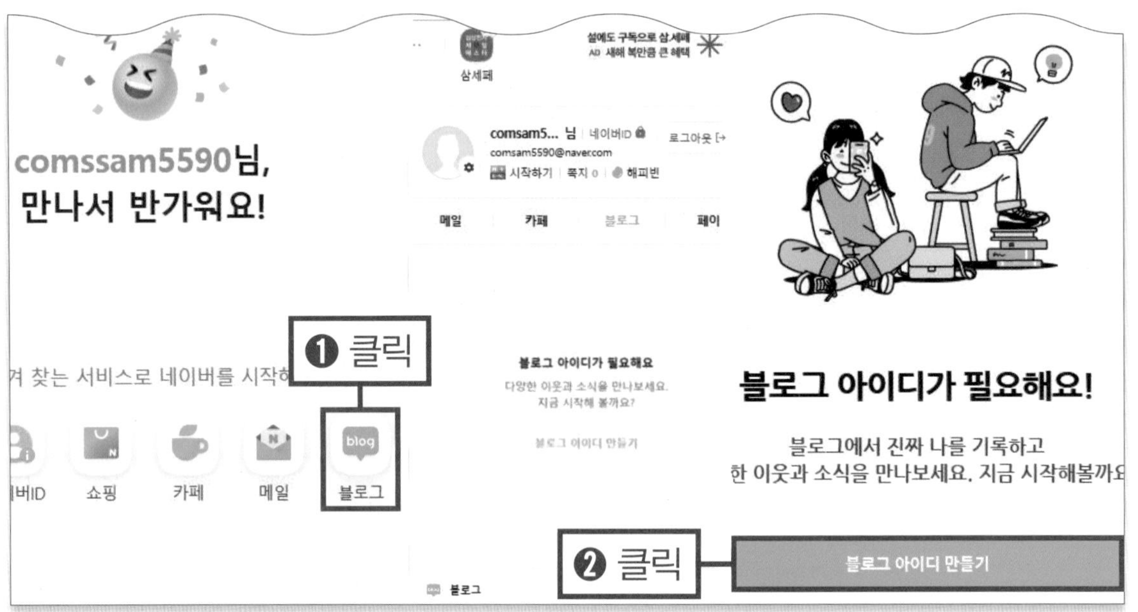

02 사용할 ID를 입력하고 [확인]을 클릭합니다. ID를 메모해두고 [확인]을 클릭한 후 [바로 시작하기]를 클릭합니다.

블로그의 화면 구성 살펴보기

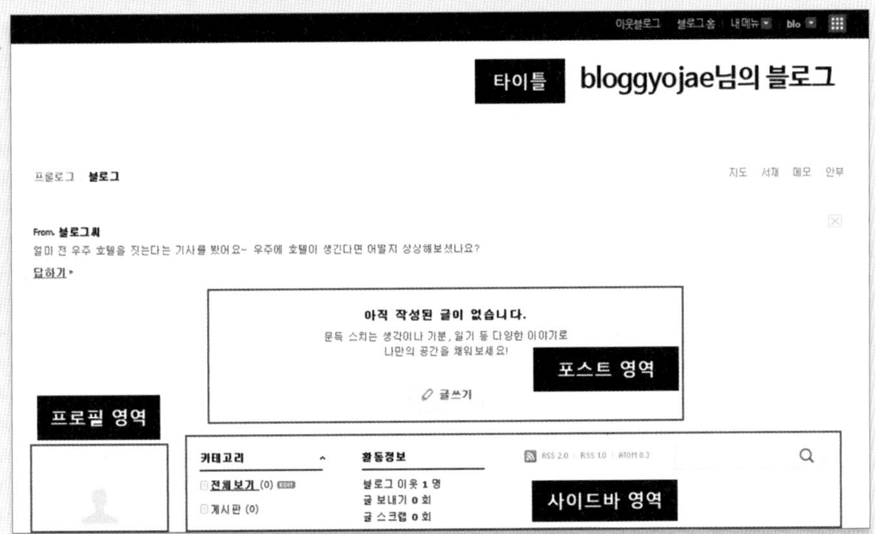

※ 스킨과 레이아웃의 구성에 따라 블로그가 다르게 보여집니다.

- **타이틀** : 블로그의 정체성을 나타내는 곳이며, 블로그의 성격을 한눈에 알 수 있는 이미지를 이용하는 것이 좋습니다.
- **사이드바 영역** : 프로필, 카테고리, 이웃 커넥트, 다녀간 블로거 등 다양하게 구성되어 있습니다.
- **포스트 영역** : 다양한 내용들이 입력되고 보이는 곳입니다.
- **카테고리** : 블로그의 메뉴입니다.
- **이웃 커넥트** : 즐겨찾기처럼 연동되어 있는 친구를 뜻합니다. 이웃과 서로 이웃이 있습니다.

STEP 03 블로그 기본 정보 입력하기

01 '프로필 이미지를 등록하세요' 아래에 있는 [관리]를 클릭합니다.

02 [기본 설정]–[기본 정보 관리] 메뉴에서 [블로그 정보]가 나타납니다. '블로그명', '별명', '소개글' 등을 입력합니다.

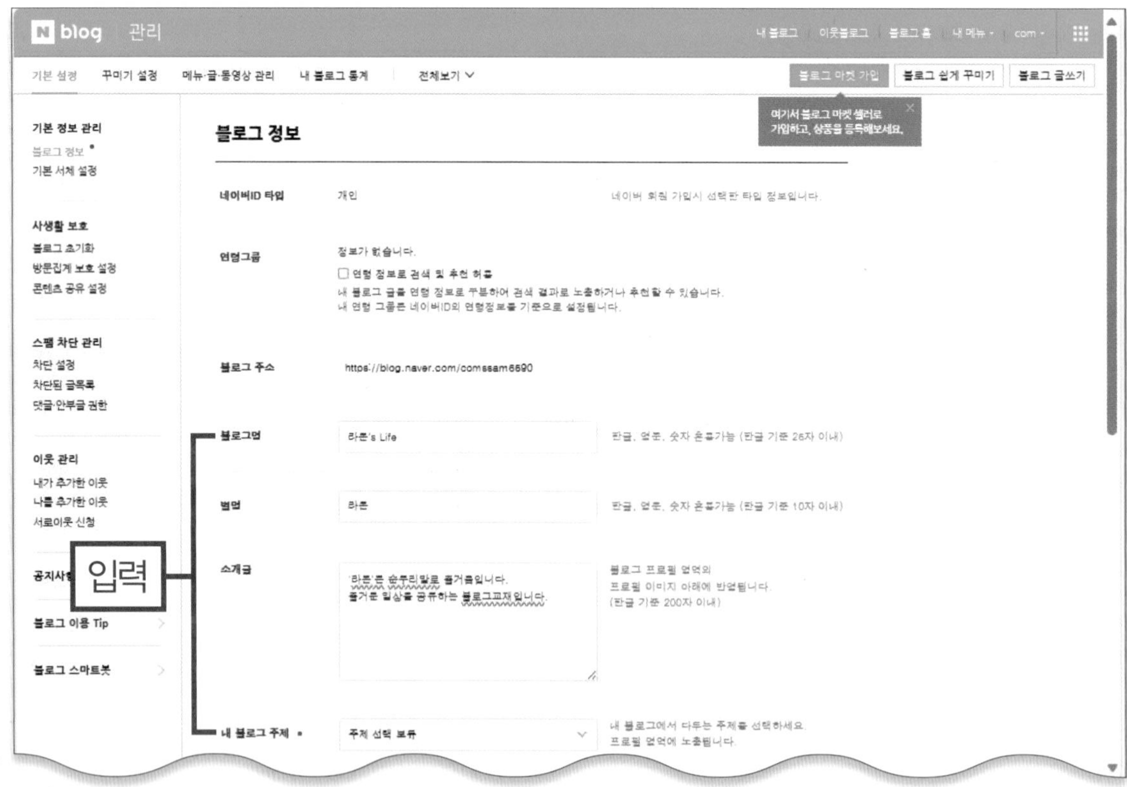

조금 더 배우기

'내 블로그 주제'의 분류가 정해지지 않았다면 '주제 선택 보류'를 선택합니다.

03 블로그 프로필 이미지를 변경하기 위해 [등록]을 클릭한 후 '이미지 첨부' 대화상자에서 [찾아보기] 버튼을 클릭합니다.

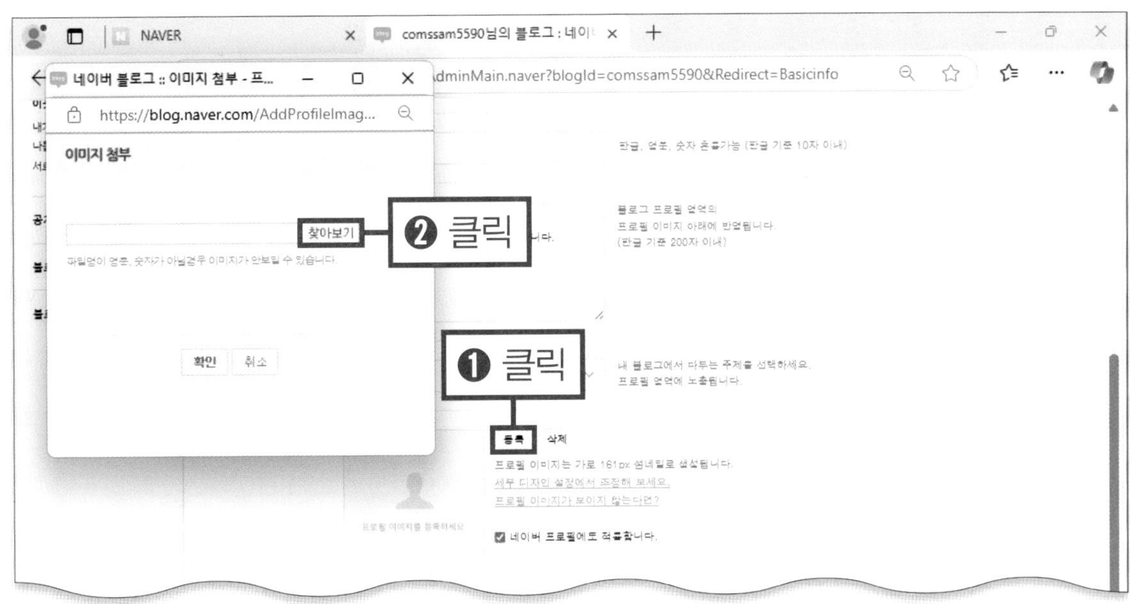

04 '열기' 대화상자에서 사용할 이미지를 선택하고 [열기] 버튼을 클릭합니다.

조금 더 배우기

사진 한 장을 사용할 때는 더블 클릭하여도 됩니다.

05 '이미지 첨부' 대화상자의 [확인] 버튼을 클릭합니다.

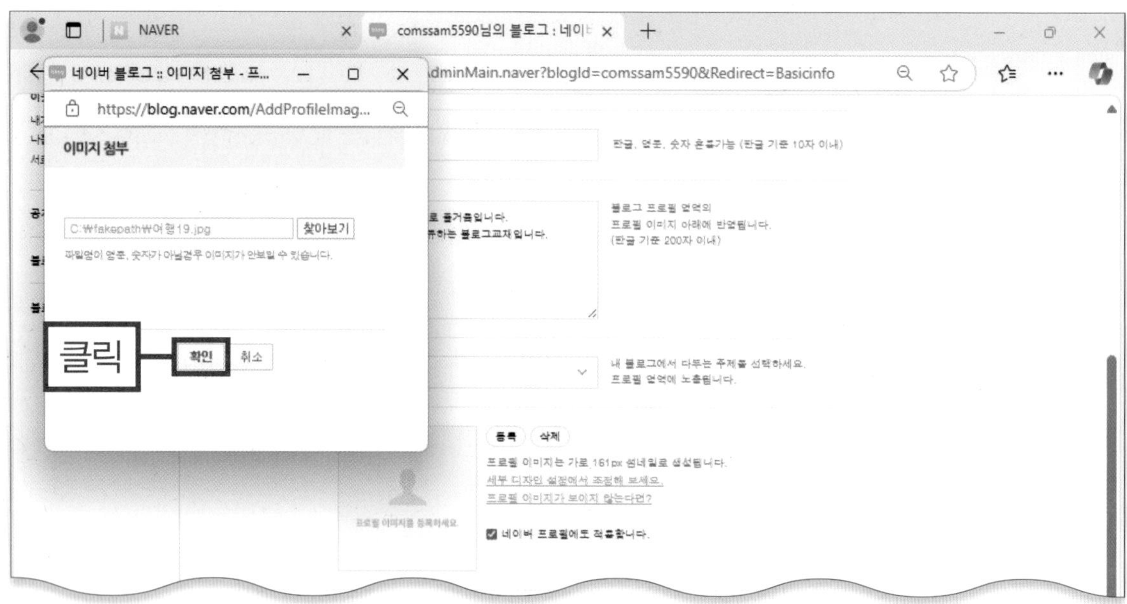

06 블로그 프로필 이미지가 등록된 것을 확인한 후 아래쪽 [확인] 버튼을 클릭합니다. '성공적으로 반영되었습니다.' 메시지가 나타나면 [확인] 버튼을 클릭합니다.

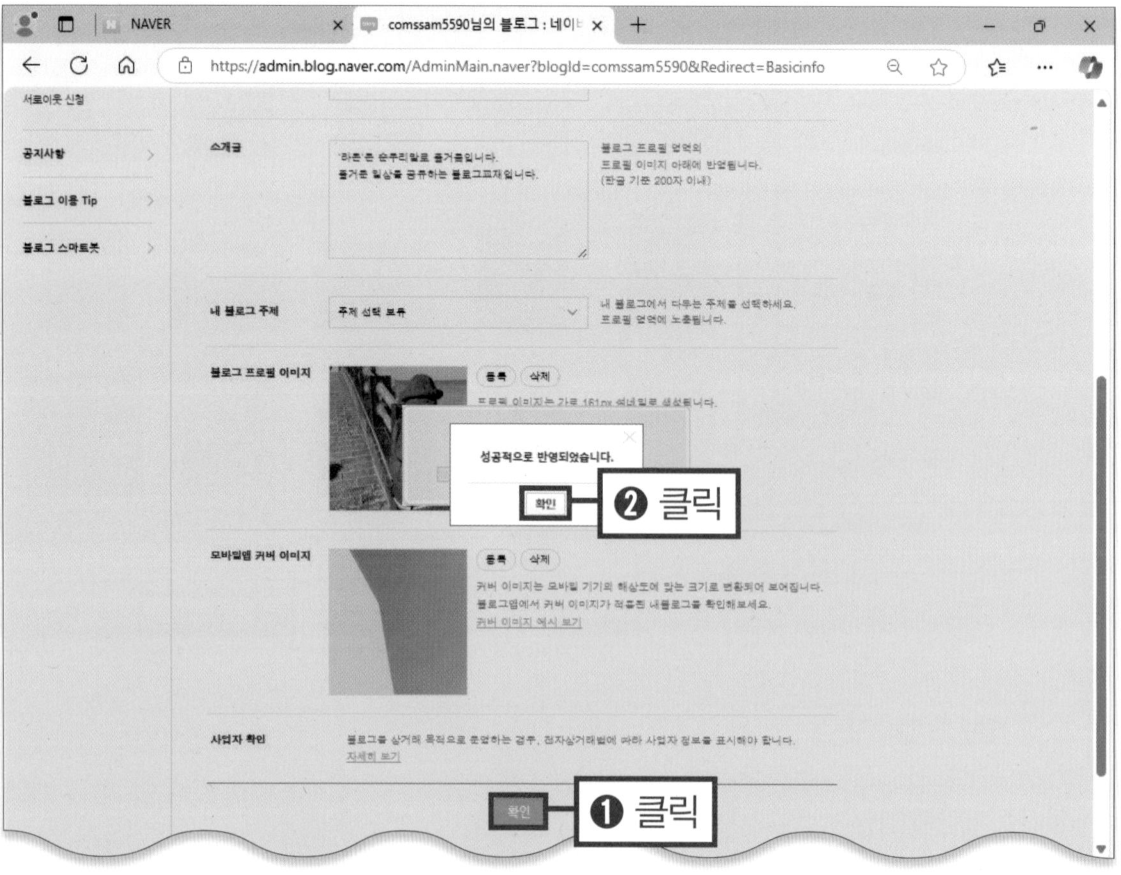

07 블로그 화면으로 돌아가기 위해 오른쪽 위 [내 블로그]를 클릭합니다.

08 프로필 사진 및 정보가 변경된 것을 확인할 수 있습니다.

조금 더 배우기

화면(스킨 및 레이아웃)은 사용자에 따라 다를 수 있습니다.

CHAPTER 03

블로그 기본 디자인 설정하기

POINT

네이버 블로그는 다양한 디자인 환경을 제공하고 있습니다. 블로그에 디자인을 적용하고 카테고리를 생성하는 법을 알아봅니다.

완성 화면 미리 보기

여기서 배워요!

스킨 및 레이아웃 설정, 카테고리 작성 및 관리, 상단 메뉴 설정

STEP 01 스킨 및 레이아웃 설정하기

01 블로그 프로필 영역의 [관리]를 클릭합니다.

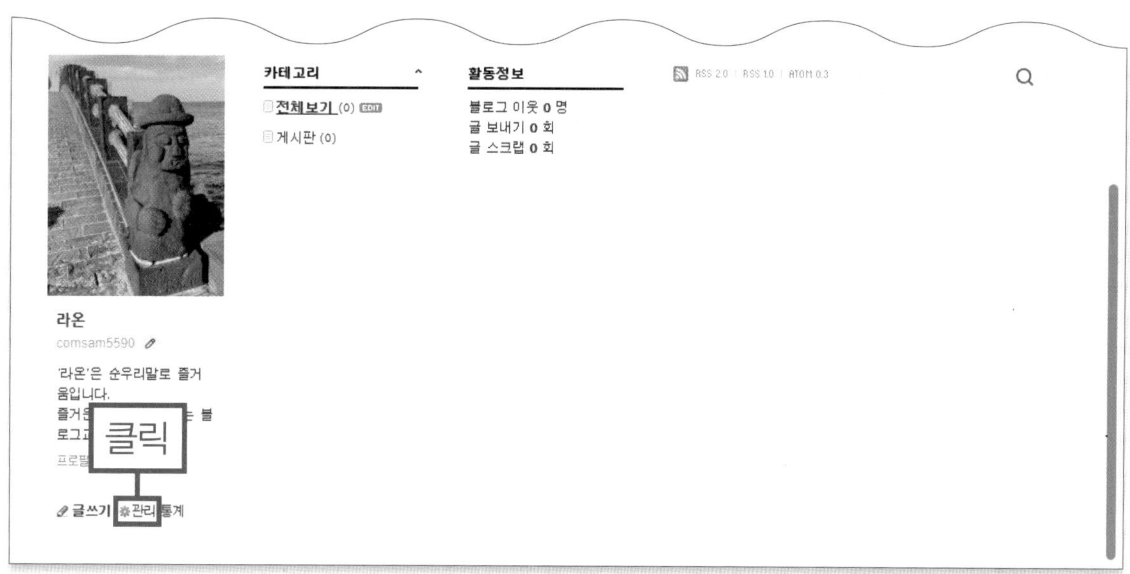

조금 더 배우기

블로그씨 질문

블로그에 질문이 매일 한 개씩 배달되며 글쓰기 주제가 없을 시 이용하기도 합니다. [관리]–[메뉴 · 글 · 동영상 관리] 메뉴의 [글배달]–[블로그씨 질문]에서 배달 여부를 선택할 수 있습니다.

02 [꾸미기 설정]을 클릭한 후 [스킨 선택]을 클릭합니다.

03 블로그에 적용하려는 스킨을 선택합니다. 여기서는 [8] 페이지를 클릭한 후 [가을 속으로] 스킨을 선택하고 레이아웃 변경을 위해 [레이아웃 설정]을 클릭합니다.

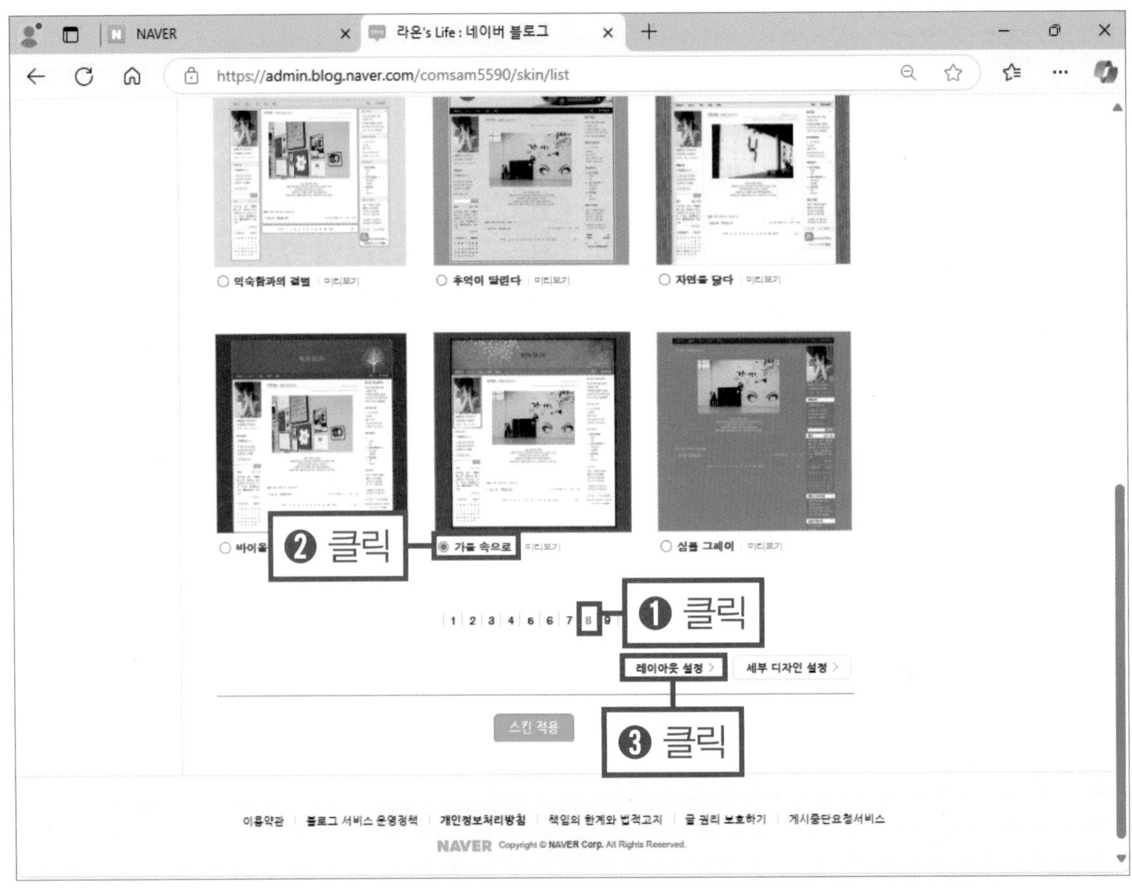

조금 더 배우기

스킨 선택 시 '○ 가을 속으로' 제목이 아닌 ⊙를 클릭합니다.

04 블로그에 적용되어 있는 레이아웃이 나타납니다.

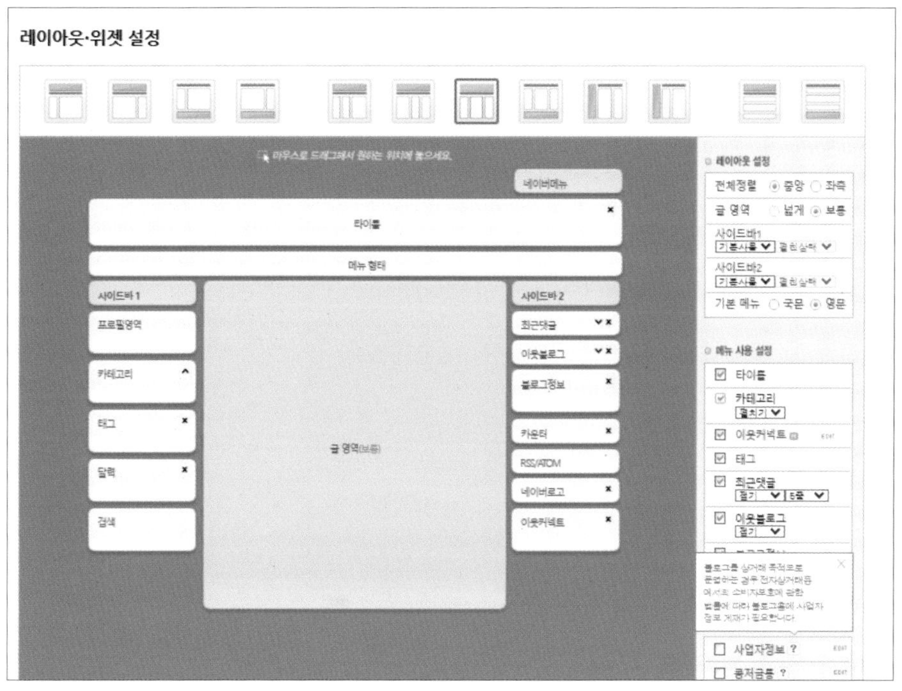

조금 더 배우기

'레이아웃'이란 블로그의 구성 요소 즉, 틀을 말합니다.

05 적용하고자 하는 레이아웃을 선택하면 '레이아웃을 변경하시겠습니까?' 대화 상자가 나타나며 [확인] 버튼을 클릭합니다.

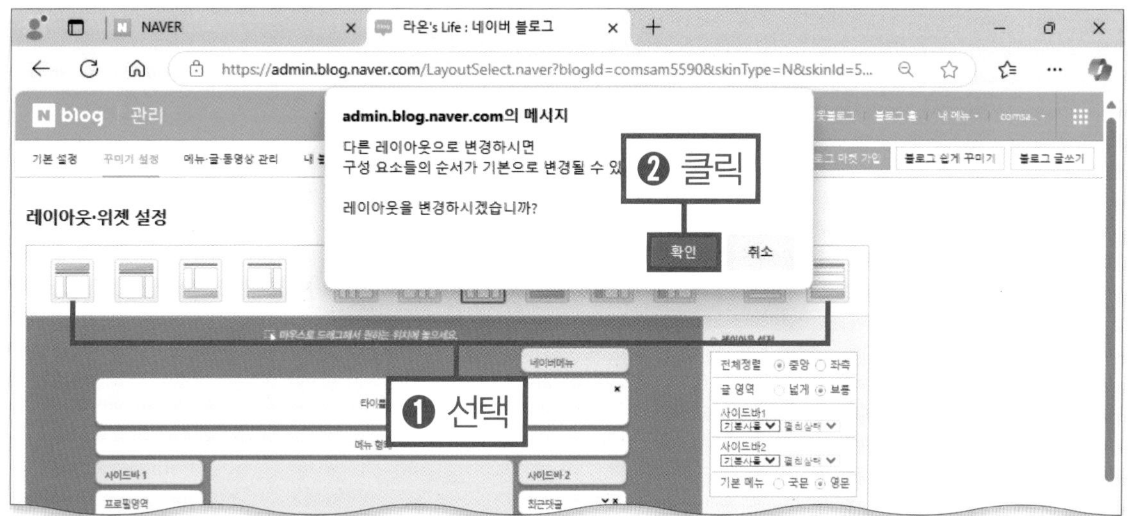

조금 더 배우기

원하는 레이아웃을 선택한 후 메뉴 이동 및 사용 여부를 변경할 수 있습니다.

06 레이아웃 편집이 끝나면 아래쪽 [적용] 버튼을 클릭합니다. '레이아웃을 블로그에 적용하시겠습니까?' 대화상자가 나타나면 [확인] 버튼을 클릭합니다.

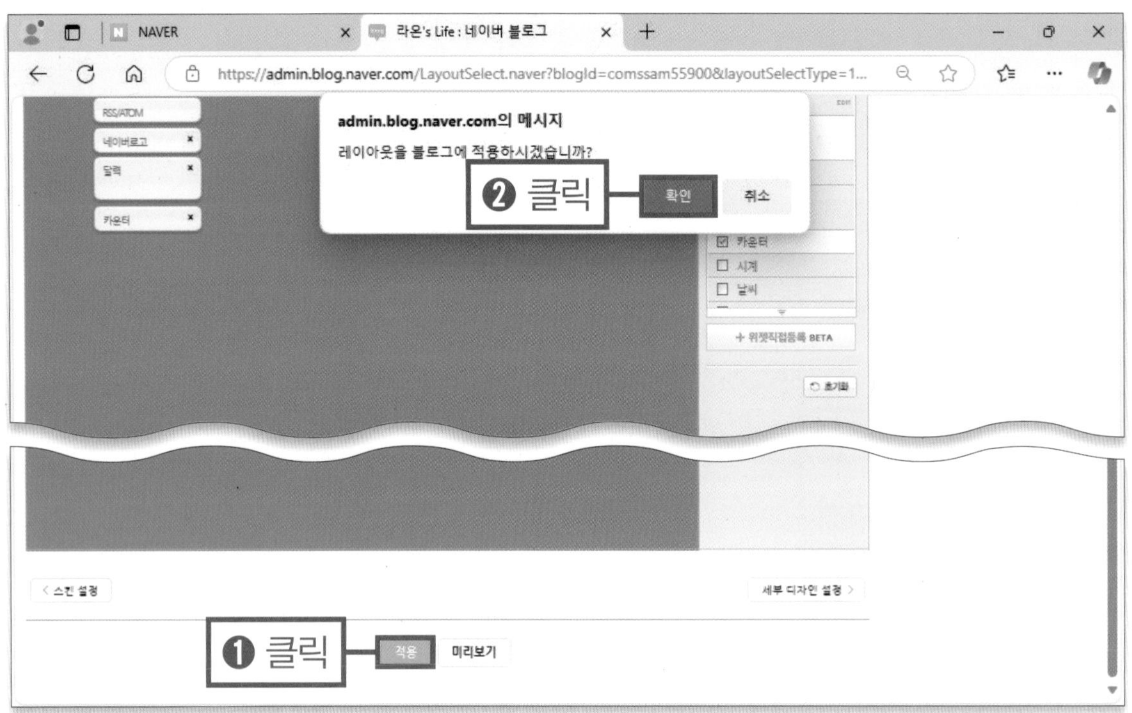

07 블로그에 스킨과 레이아웃이 적용된 것을 확인합니다.

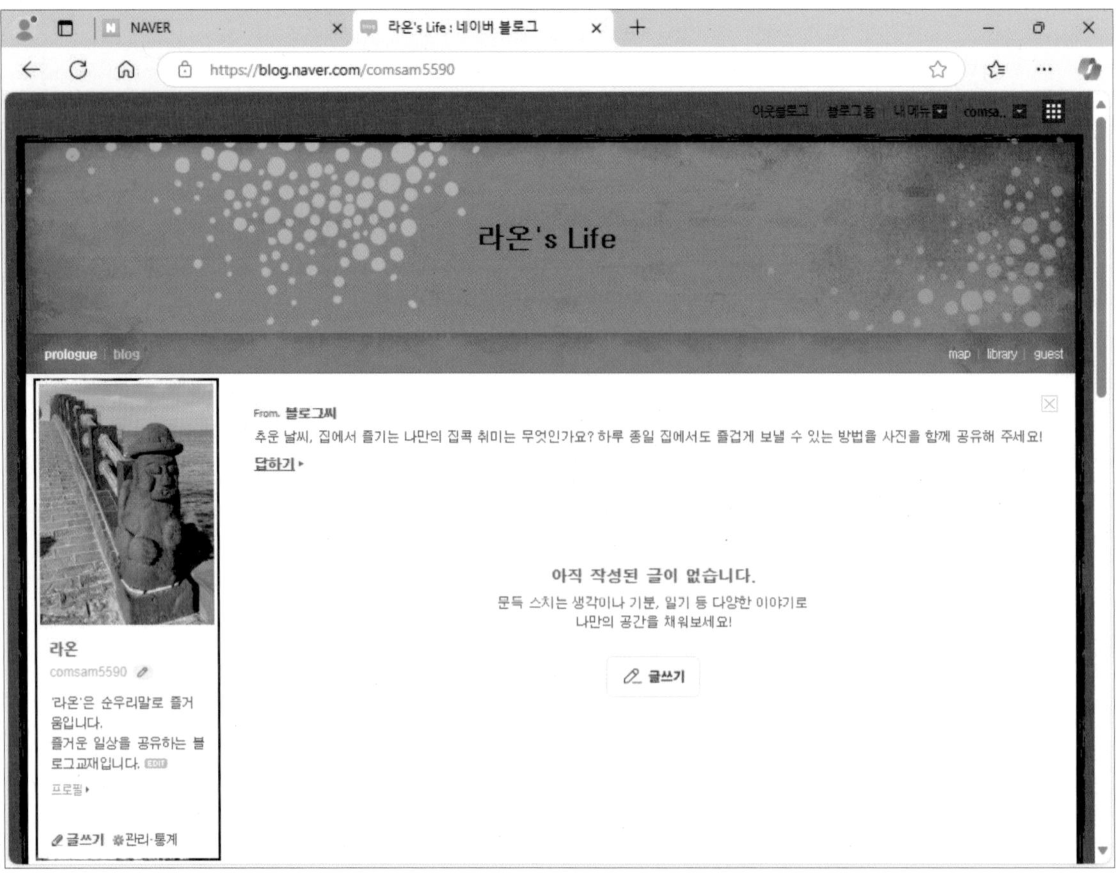

STEP 02 카테고리 작성 및 관리하기

01 블로그 카테고리(메뉴)를 작성하기 위해 [카테고리] 옆 [EDIT]를 클릭하여 [메뉴 · 글 · 동영상 관리]–[블로그] 메뉴로 들어옵니다.

조금 더 배우기

프로필 영역의 [관리]–[메뉴 · 글 · 동영상 관리] 메뉴에서 [블로그]를 클릭하여도 됩니다.

02 [카테고리 전체보기]를 선택한 후 [+카테고리 추가]를 클릭합니다. '게시판'이라는 새로운 카테고리가 생성됩니다. '카테고리명을 입력해주세요'에 카테고리명을 입력하고 Enter를 누릅니다.

조금 더 배우기

카테고리명을 수정하고자 한다면 카테고리명을 더블 클릭하거나 오른쪽 '카테고리명' 메뉴에서 수정한 후 Enter를 누르면 됩니다.

03

다시 [카테고리 전체보기]를 선택한 후 [+카테고리 추가]를 클릭하여 카테고리를 생성합니다.

조금 더 배우기

여기서는 '여행을 떠나요', '건강을 지켜요', '맛집을 찾아요', '일상을 누려요'로 입력하였습니다. 카테고리명은 한 줄을 넘지 않게 작성합니다.

04

카테고리를 분류하기 위해 [게시판]을 선택한 후 [+구분선 추가]를 클릭합니다.

05 '게시판' 아래에 구분선이 생성되었다면, 마지막 카테고리명을 선택한 후 [+구분선 추가]를 클릭하여 구분선을 생성합니다. 작성된 카테고리를 적용하기 위해 아래쪽에 [확인]을 클릭합니다. '성공적으로 반영되었습니다.' 대화상자가 나타나면 [확인]을 클릭합니다.

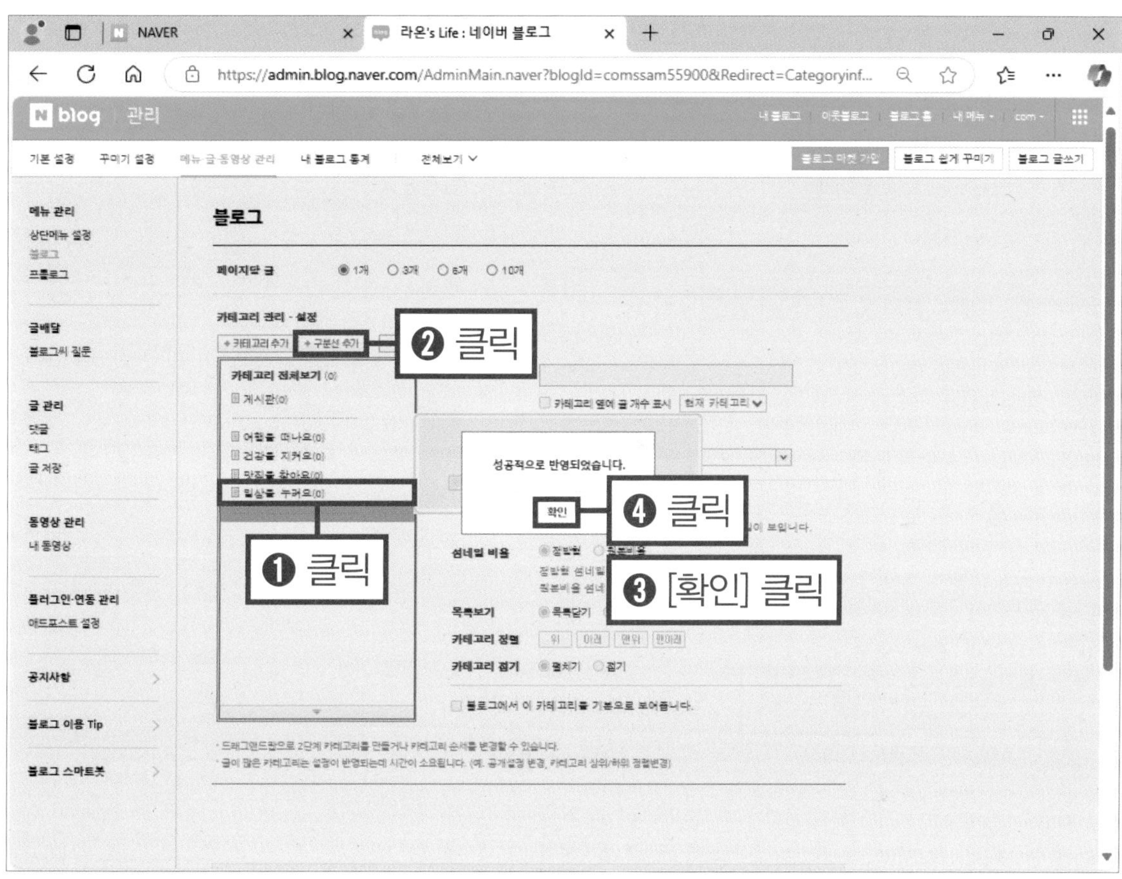

조금 더 배우기

카테고리명 및 구분선은 드래그하여 이동할 수 있습니다.

2차 카테고리 생성 및 카테고리 삭제

■ 2차 카테고리 생성하기

1. 카테고리(예:여행을 떠나요)를 생성하고자 하는 메뉴를 클릭합니다.

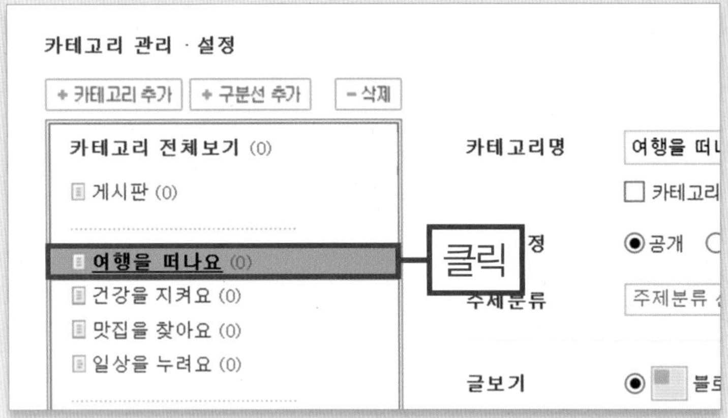

2. [+카테고리 추가]를 클릭하여 카테고리명(예:국내)을 입력하고 Enter를 누릅니다. 또 다른 카테고리(예:여행을 떠나요)를 클릭하고 [+카테고리 추가]를 클릭하여 카테고리명(예:국외)을 입력하고 Enter를 누릅니다.

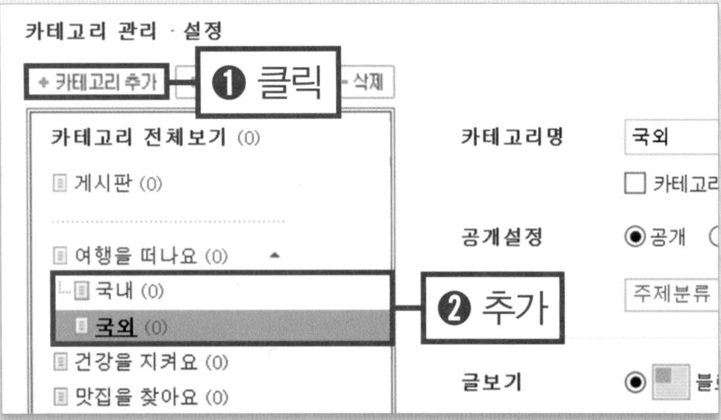

■ 카테고리 삭제하기

삭제하고자 하는 카테고리를 클릭한 후 [-삭제]를 클릭합니다. 참고로 카테고리에 게시된 글이 있다면 이동한 후 삭제하여야 합니다.

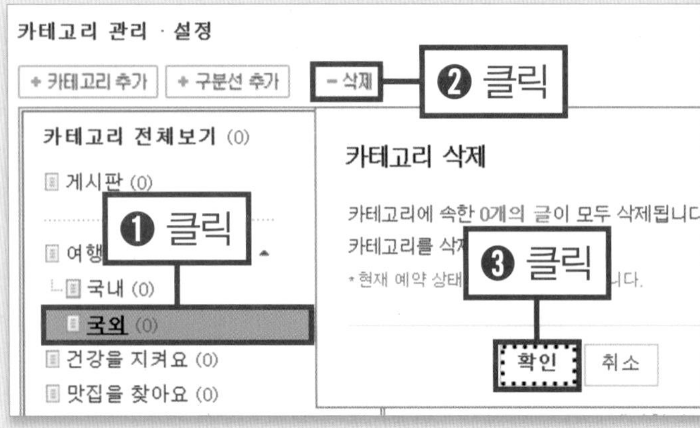

06 블로그 오른쪽 위 [내 블로그]를 클릭합니다. 블로그 왼쪽에 메뉴 카테고리가 생성된 것을 확인할 수 있습니다.

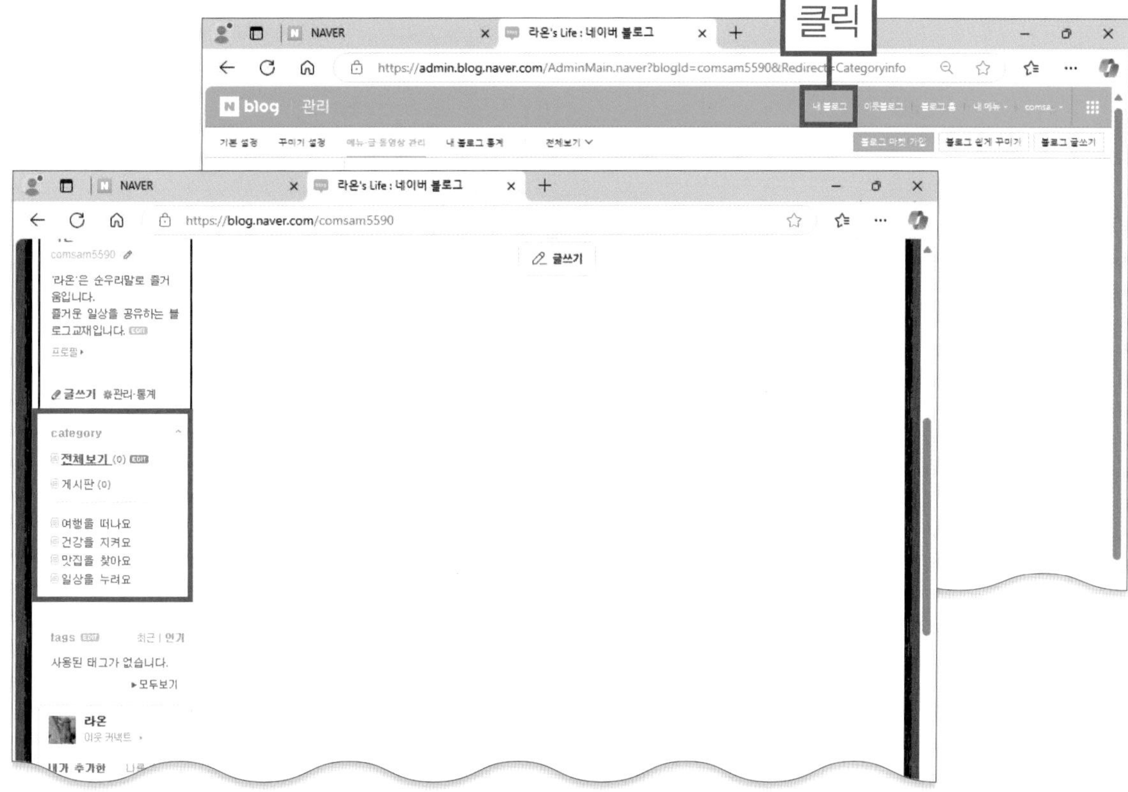

STEP 03 상단메뉴 설정하기

01 카테고리를 생성하였다면 '상단메뉴'에 등록하기 위해 프로필 영역의 [관리]를 클릭합니다. [메뉴 · 글 · 동영상 관리]–[메뉴 관리]에서 [상단메뉴 설정]을 클릭합니다.

02

'상단메뉴'에 나타내고자 하는 카테고리를 클릭한 후 [선택] 버튼을 클릭합니다. 오른쪽으로 이동된 것을 확인하고 [확인]-[확인] 버튼을 차례대로 클릭합니다.

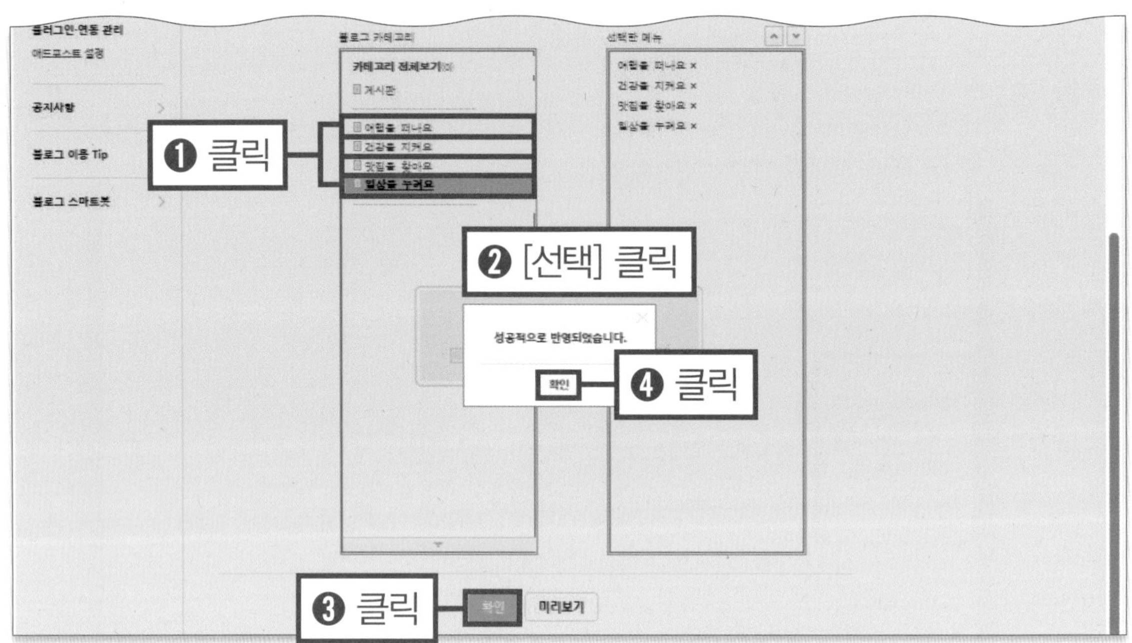

조금 더 배우기

상단메뉴에 고정할 수 있는 메뉴는 4개까지입니다.

03

오른쪽 위 [내 블로그]를 클릭하여 등록된 상단메뉴를 확인합니다.

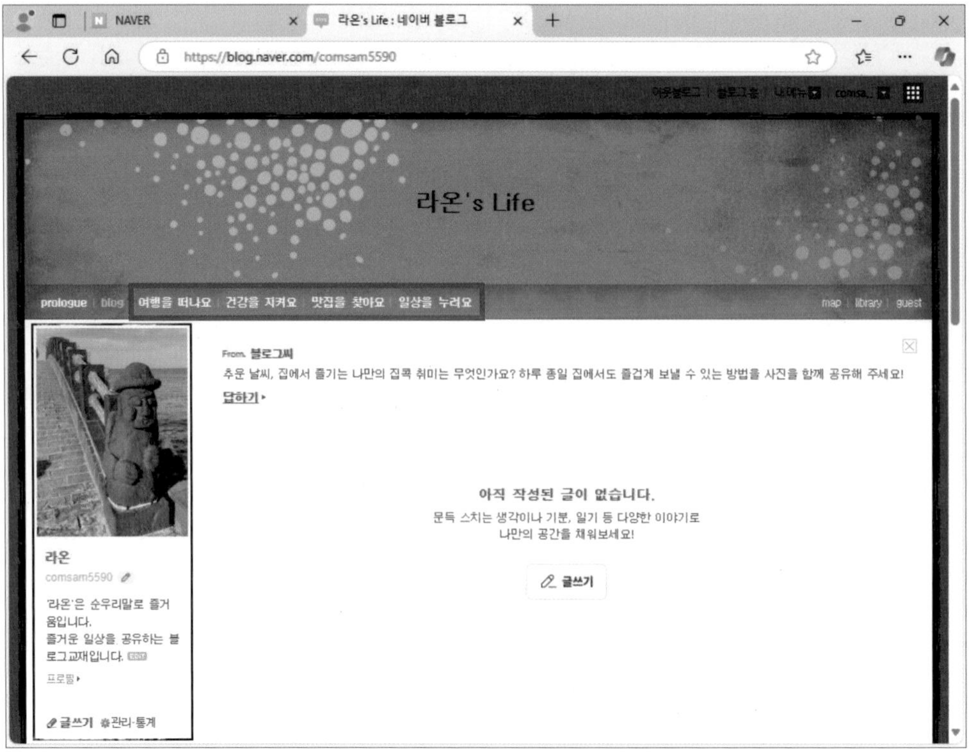

혼자서도 만들 수 있어요!

1 블로그의 스킨을 '기본설정'으로 변경해 보세요.

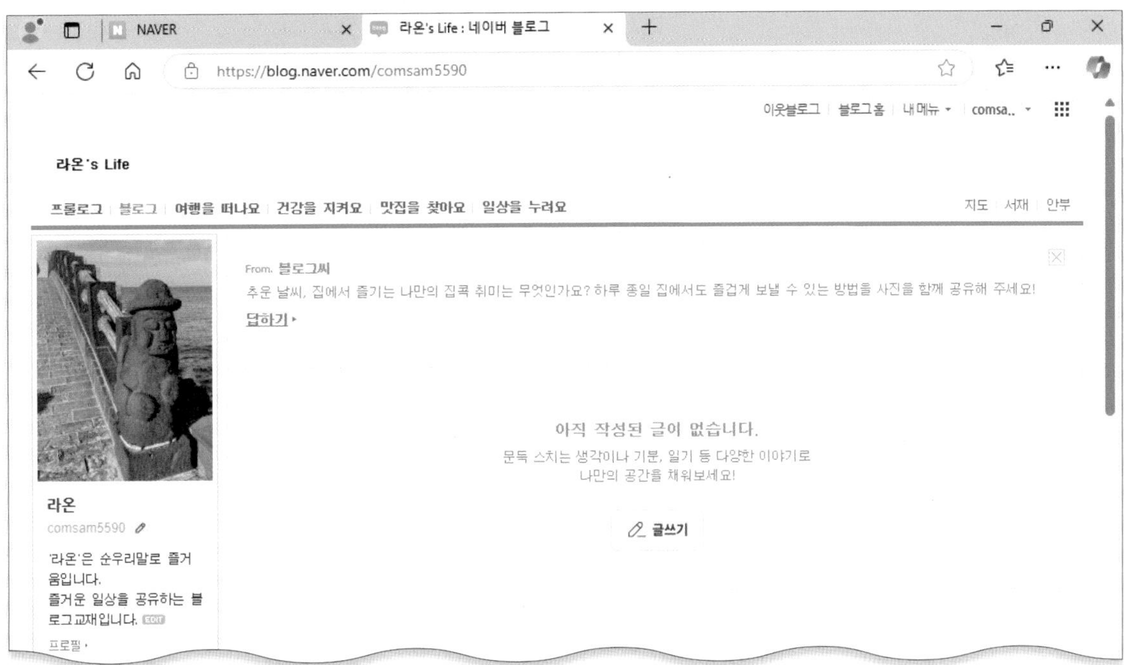

hint 왼쪽 프로필 영역의 [관리] 클릭 → [꾸미기 설정]-[스킨 선택]을 클릭 → [5] 페이지의 [기본 스킨]-[스킨 적용] 클릭

2 블로그에 카테고리를 추가한 후 구분선으로 분류해 보세요.

hint 왼쪽 카테고리 영역의 [EDIT] 클릭 → [카테고리 전체보기] 클릭 후 [+카테고리 추가] 클릭하여 작성 → 카테고리명 드래그하여 위치 이동 후 [+구분선 추가] 클릭 → [확인] 클릭

CHAPTER 04

블로그 꾸미기

POINT

블로그를 방문하면 가장 먼저 접하게 되는 곳이 프로필과 타이틀입니다. 프로필과 타이틀을 직접 제작하여 나만의 특색 있는 블로그를 꾸미도록 합니다.

완성 화면 미리 보기

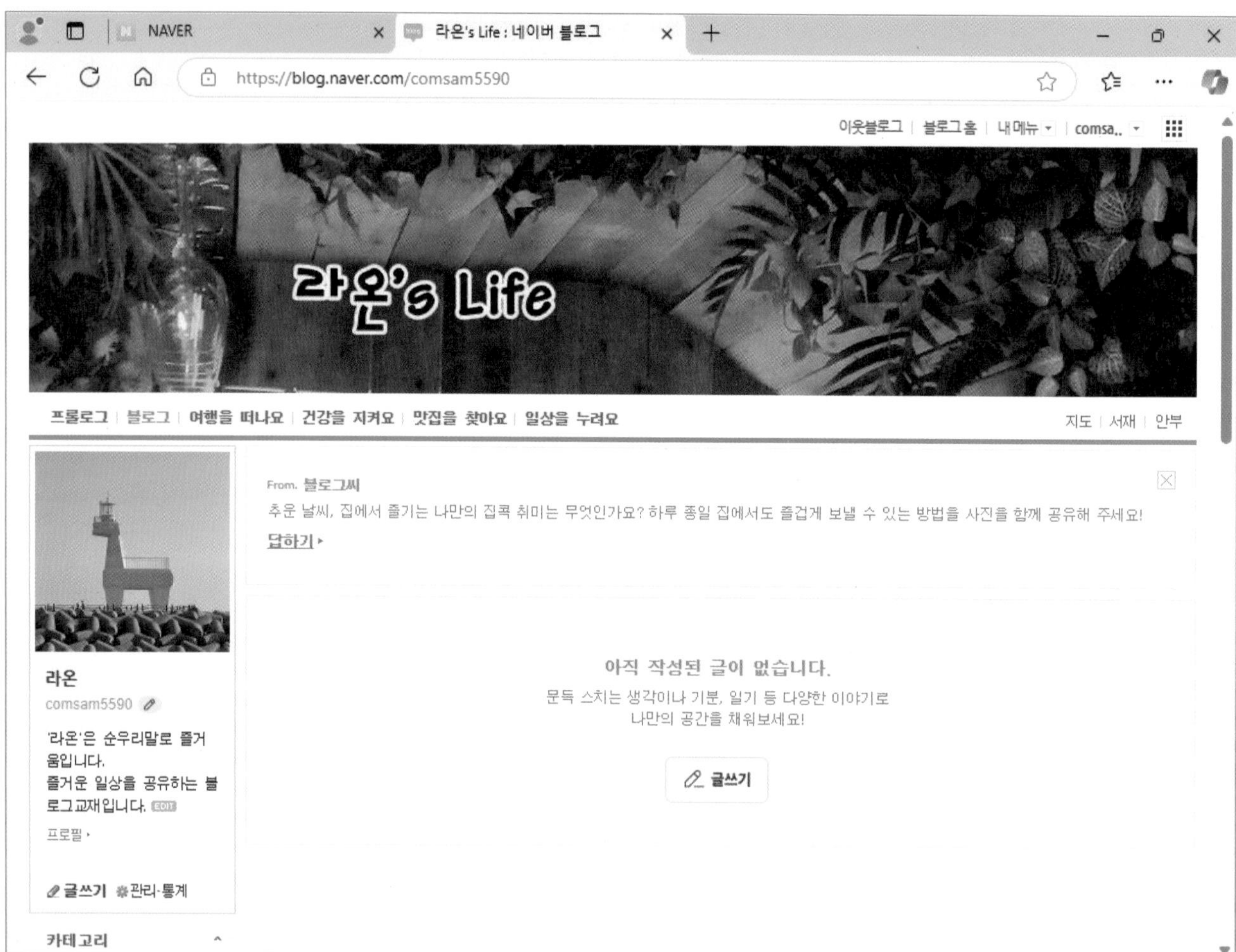

여기서 배워요!

이미지 편집하여 블로그 프로필 꾸미기, 기본 블로그 타이틀 꾸미기, 이미지 제작하여 블로그 타이틀 꾸미기

STEP 01 이미지 편집하여 블로그 프로필 꾸미기

01 '포토스케이프 X' 프로그램을 더블 클릭하여 실행한 후 [사진 편집]을 클릭합니다.

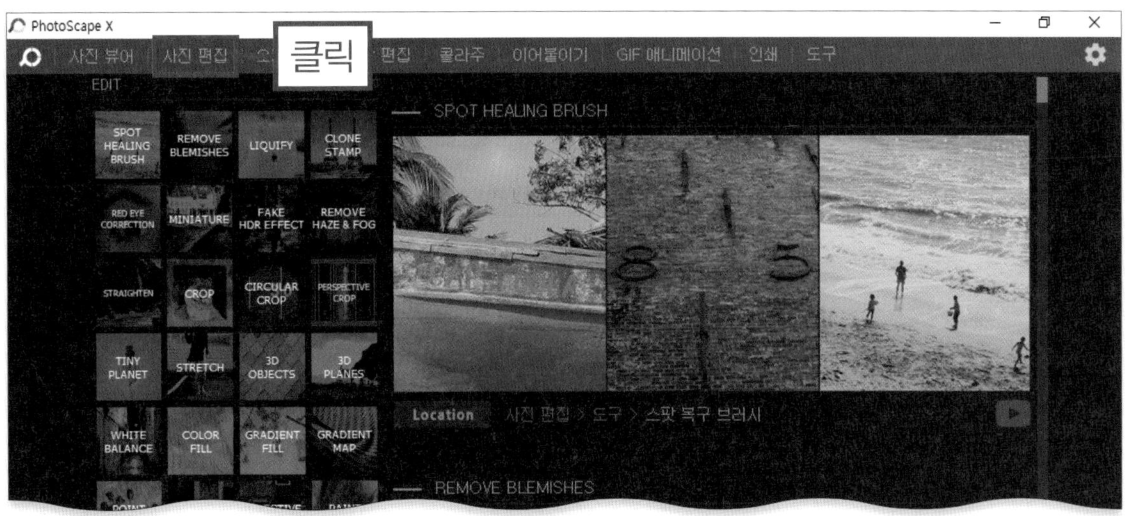

조금 더 배우기

포토스케이프 X가 설치되어 있지 않다면 무료 버전을 설치하여 사용합니다.

02 왼쪽 메뉴에서 사용할 이미지가 있는 폴더를 클릭한 후 하단의 이미지 중 원하는 이미지를 선택합니다. [편집] 메뉴 중 [자르기]를 클릭합니다.

포토스케이프 X 다운로드하기

❶ 구글에서 '포토스케이프x'를 입력한 후 Enter↵를 누릅니다.

❷ [PhothoScape X–Window에서 무료 다운로드 및 설치]를 클릭합니다.

❸ 'Microsoft Store' 화면에서 [다운로드]를 클릭합니다.

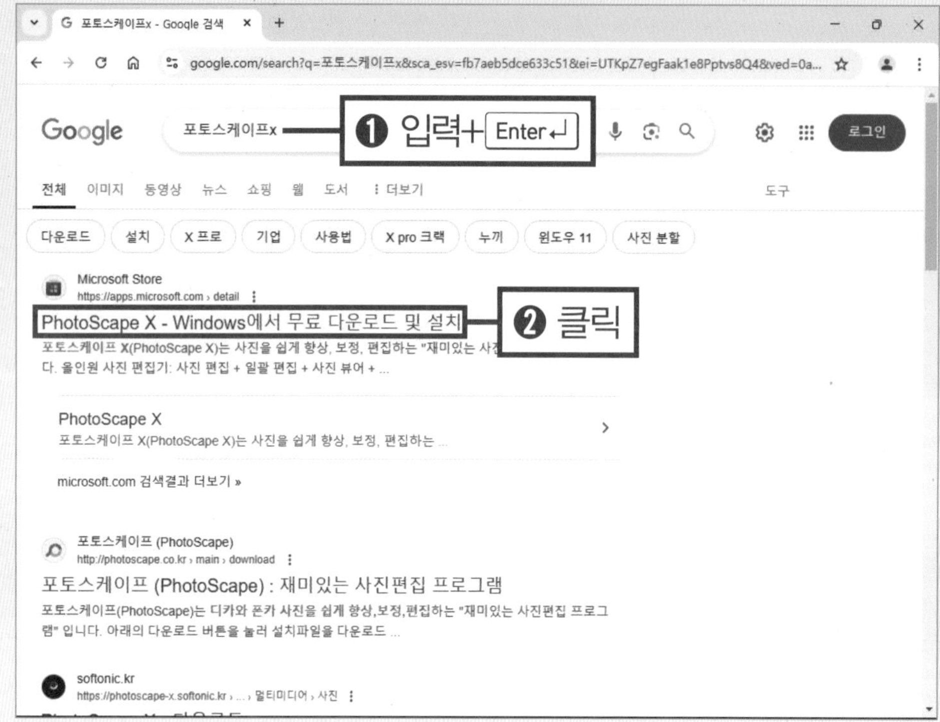

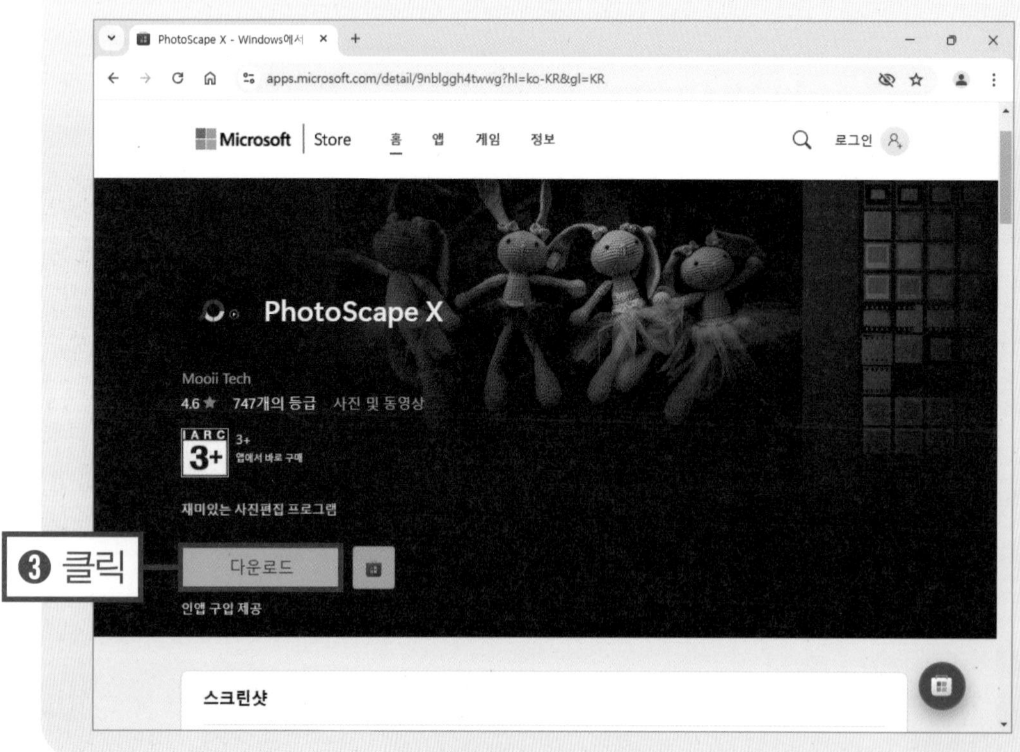

03 프로필에 사진의 일부분만 사용하기 위해 [1×1]을 클릭한 후 원하는 부분을 드래그하여 선택하고 Enter 를 누릅니다.

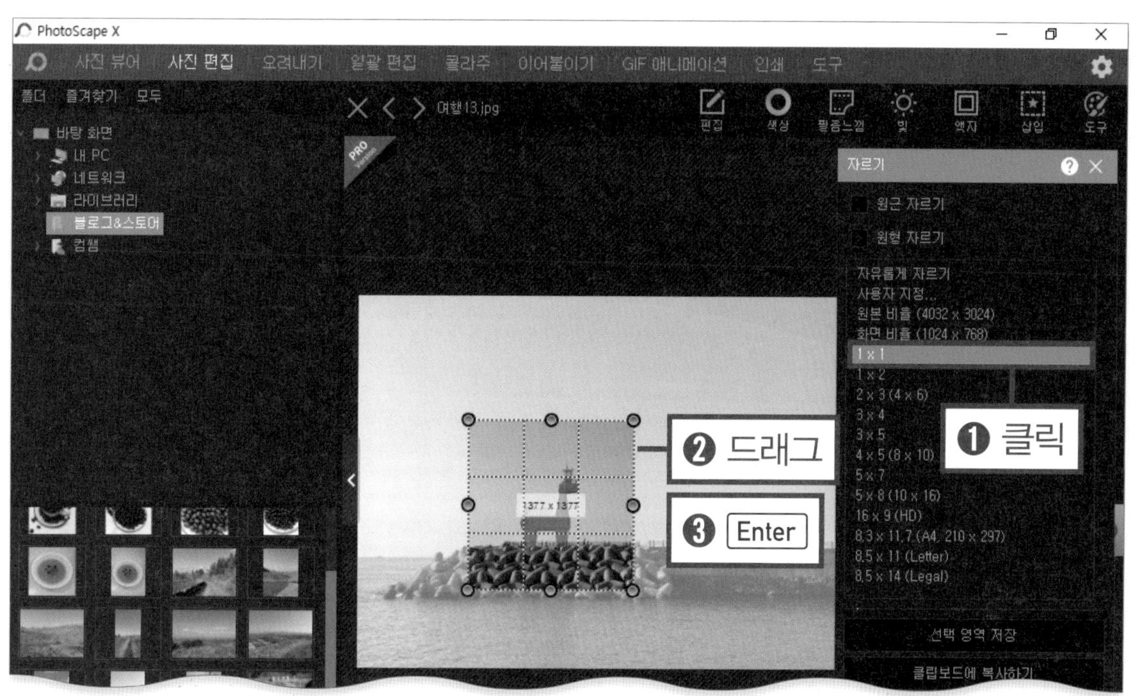

조금 더 배우기

[조절점]( )으로 크기를 조절할 수 있습니다. 이미지 위에 마우스 포인터를 올린 후 ( )가 표시될 때 이동이 가능합니다.

04 사진 좌우를 교체하기 위해 오른쪽 메뉴 중 [좌우 뒤집기]( )를 클릭합니다.

05 좌우 변경된 사진을 확인하고 오른쪽 아래 [저장]을 클릭합니다. '저장' 대화 상자가 나타나면 [다른 이름으로 저장] 버튼을 클릭합니다.

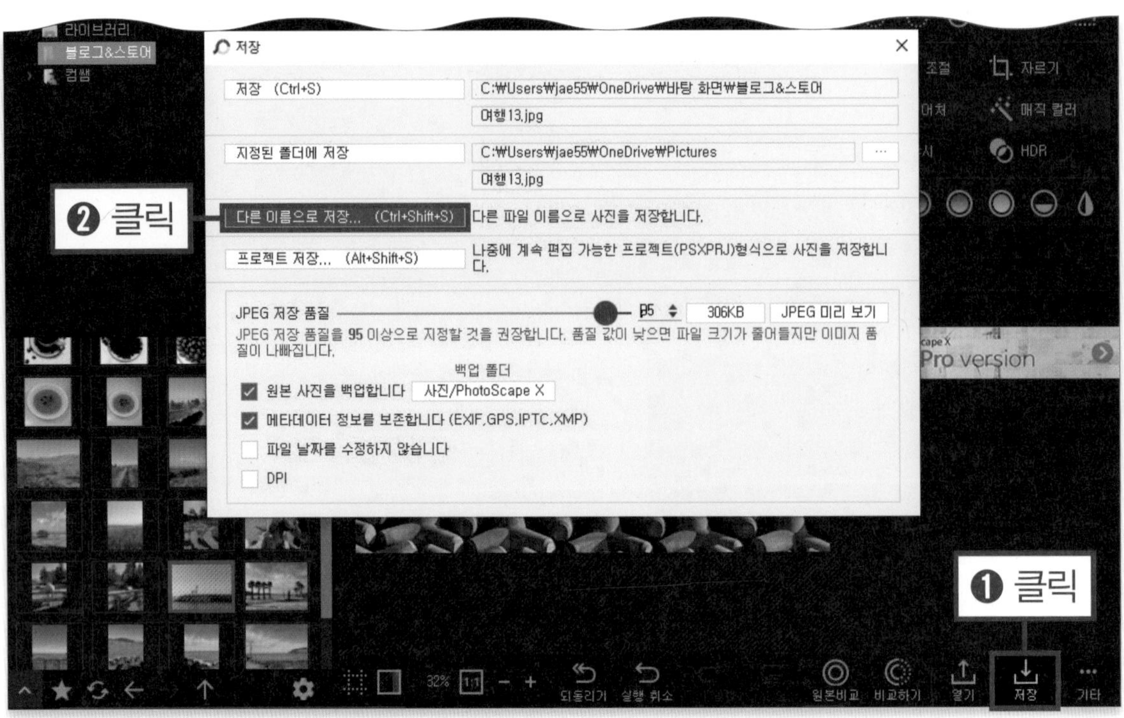

06 저장하고자 하는 폴더를 선택한 후 파일 이름에 '프로필'을 입력하고 [저장] 버튼을 클릭합니다. 저장이 완료되었다면 포토스케이프를 [닫기](×)합니다.

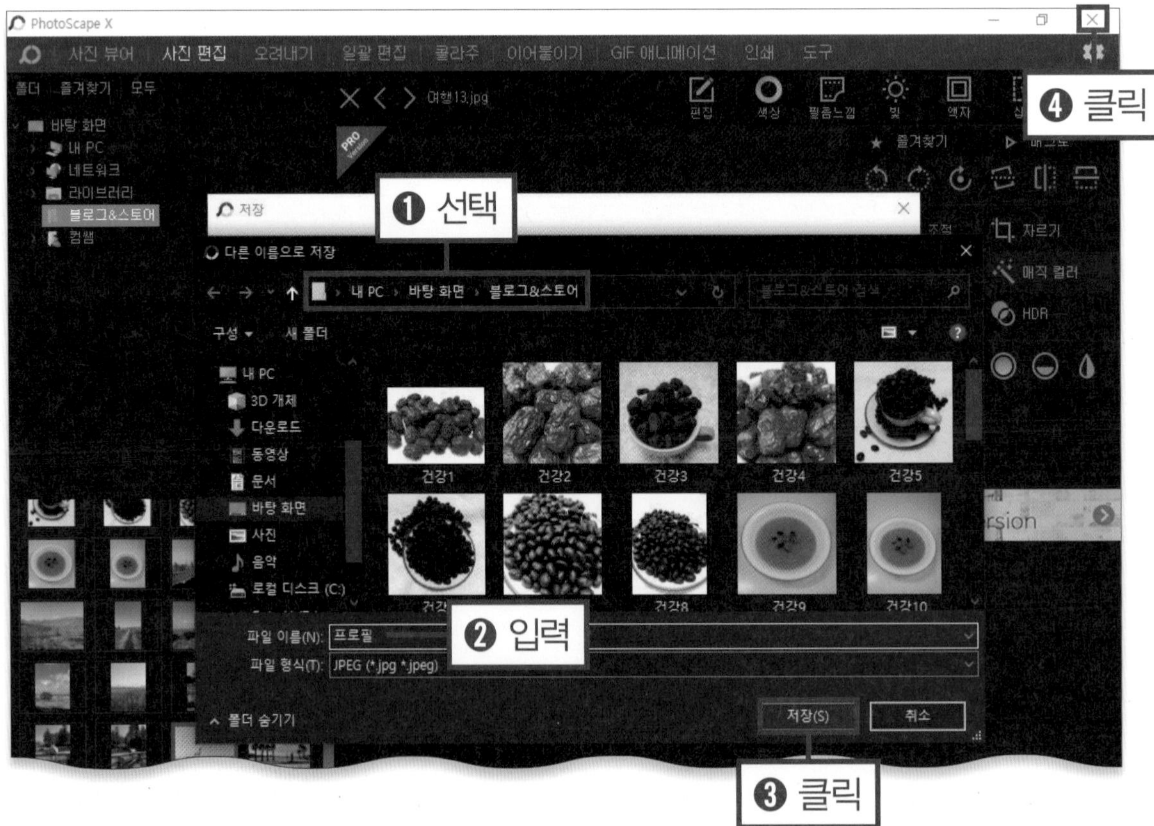

07 제작한 프로필을 적용하기 위해 내 블로그 프로필 영역의 [EDIT]를 클릭합니다.

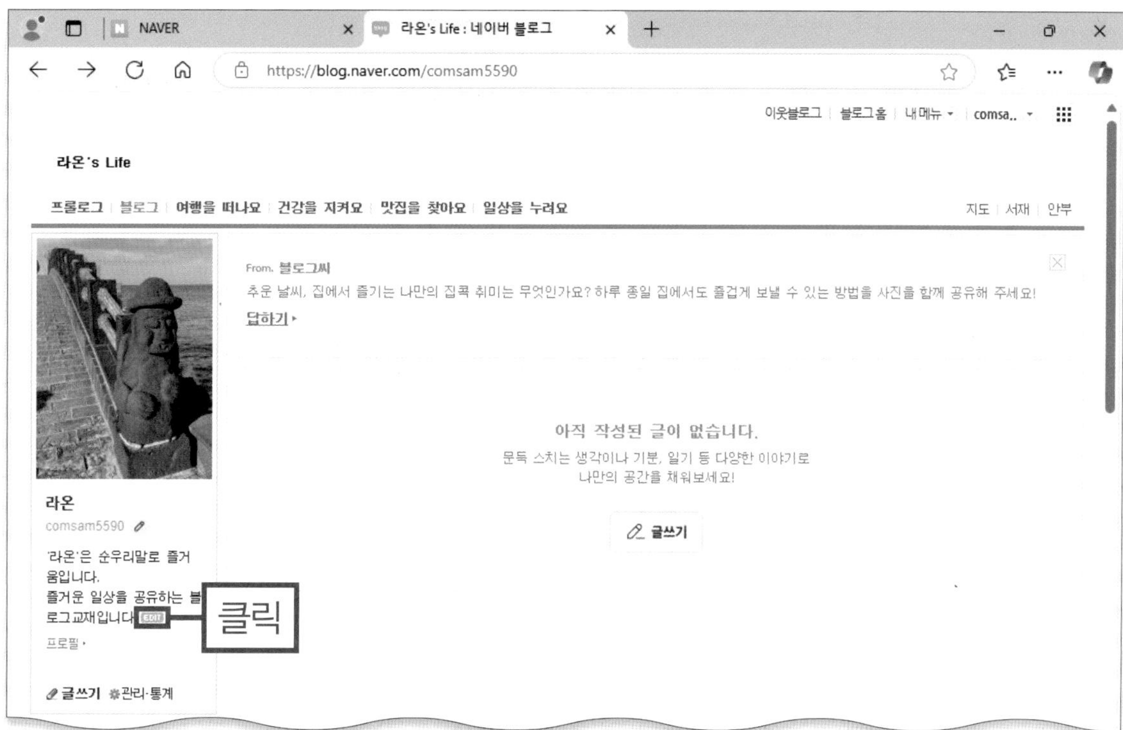

08 [기본 설정]-[블로그 정보] 메뉴에서 '블로그 프로필 이미지'의 [등록] 버튼을 클릭합니다. '이미지 첨부' 대화상자가 나타나면 [찾아보기]를 클릭합니다. 제작한 [프로필.jpg] 사진을 더블 클릭하여 선택한 후 [확인] 버튼을 클릭합니다.

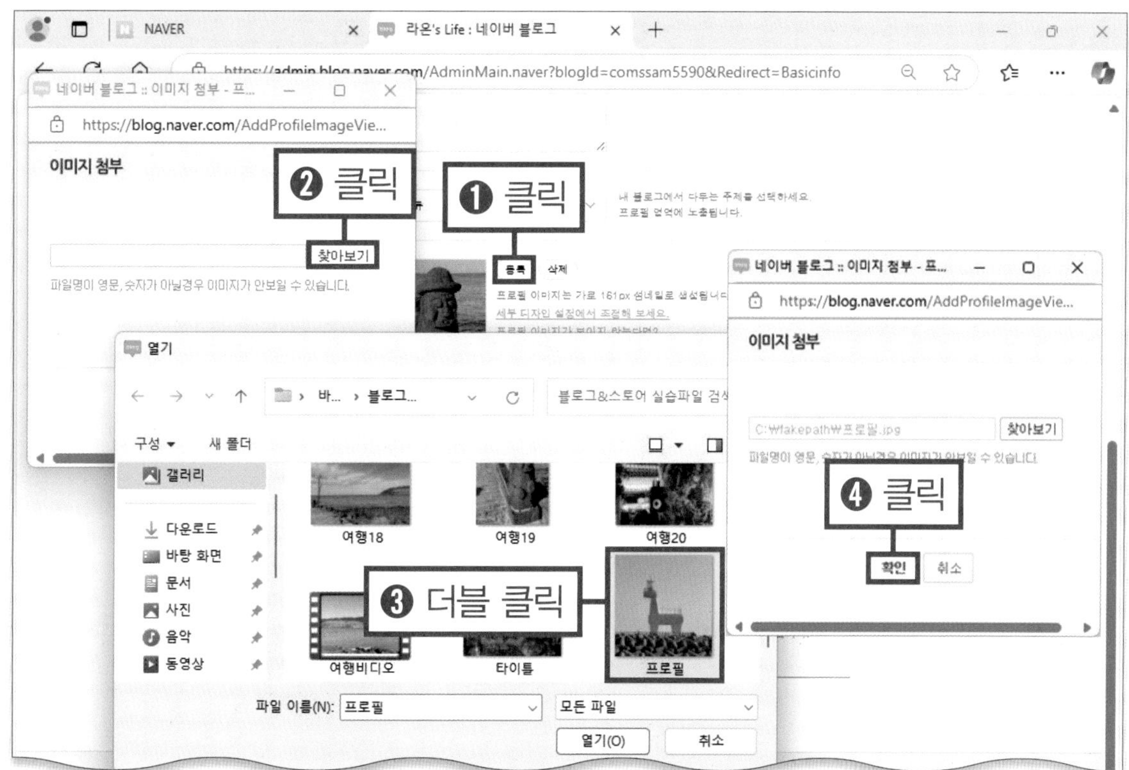

09 변경된 프로필 사진을 확인하고 화면 하단의 [확인]을 클릭합니다. '성공적으로 반영되었습니다.' 대화상자의 [확인] 버튼을 클릭합니다. 블로그 오른쪽 위 [내 블로그]를 클릭하여 블로그 화면으로 이동합니다.

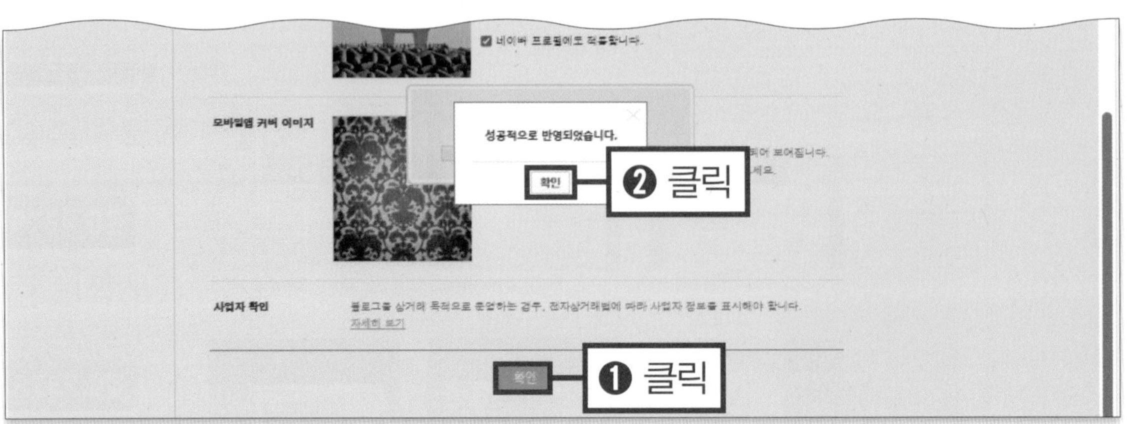

조금 더 배우기

블로그에 적용하기 위해 반드시 아래쪽 [확인] 버튼을 클릭한 후 '성공적으로 반영되었습니다.' 대화상자의 [확인] 버튼을 클릭하여야 합니다. [확인] 버튼을 클릭하지 않고 다른 메뉴를 선택하면 취소가 됩니다.

STEP 02 기본 이미지 적용하여 블로그 타이틀 꾸미기

01 블로그의 타이틀을 적용하기 위해 프로필 영역의 [관리]를 클릭합니다.

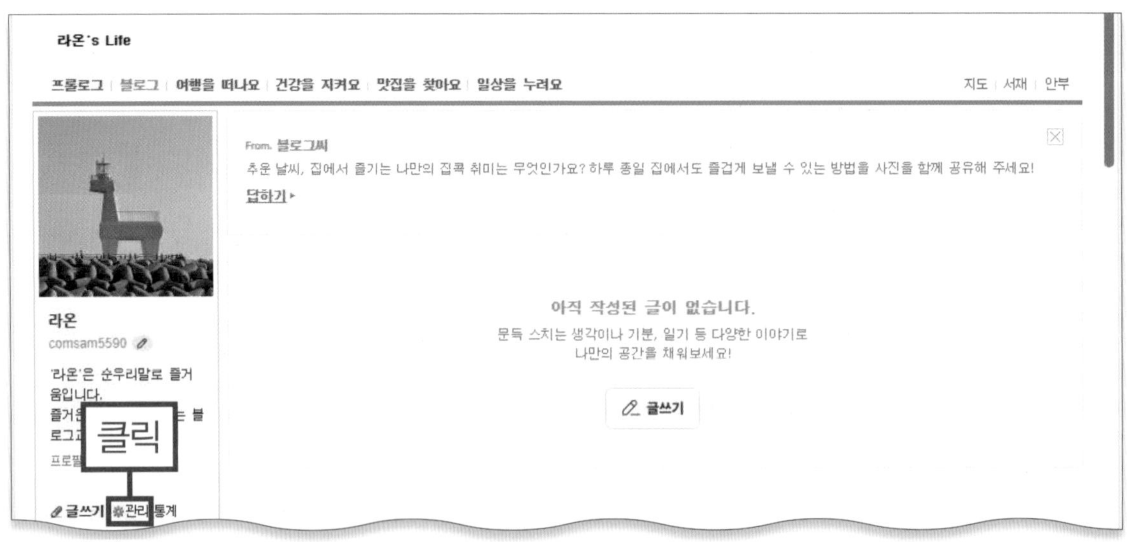

조금 더 배우기

블로그 오른쪽 위 [내 메뉴]를 클릭하여 [세부 디자인 설정]-[타이틀]을 선택하여도 됩니다.

02 [꾸미기 설정] 탭을 클릭한 후 [디자인 설정] 메뉴에서 [타이틀 꾸미기]를 클릭합니다.

03 '디자인' 영역에서 적용하고자 하는 이미지를 클릭한 후 '블로그 제목' 영역의 글자 크기를 클릭하여 변경합니다.

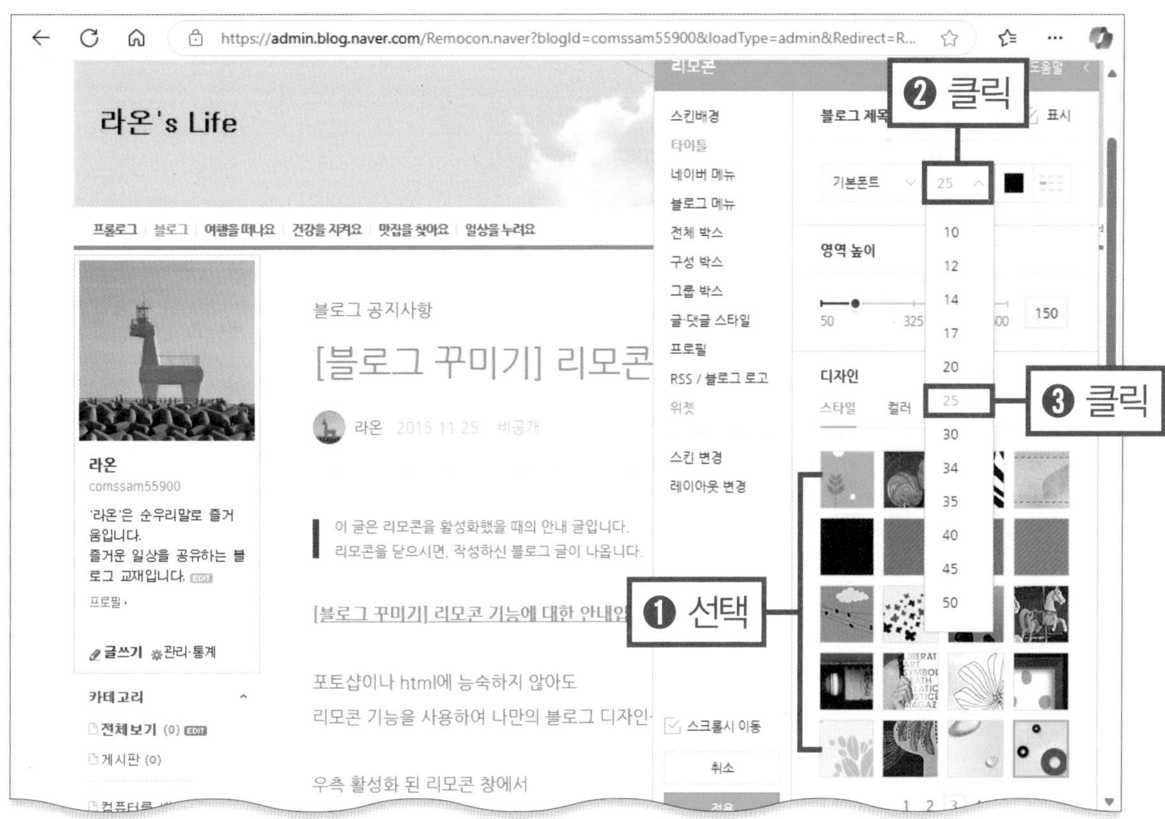

04 [적용] 버튼을 클릭한 후 '현재 디자인을 적용하시겠습니까?' 메시지의 [적용] 버튼을 클릭합니다.

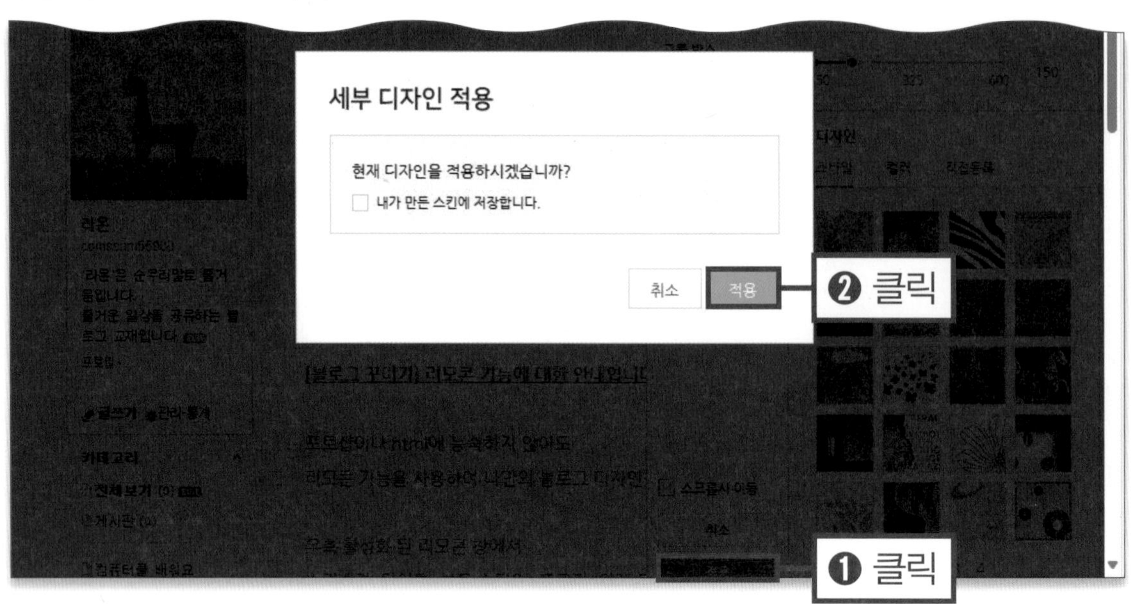

05 타이틀이 적용된 블로그를 확인합니다.

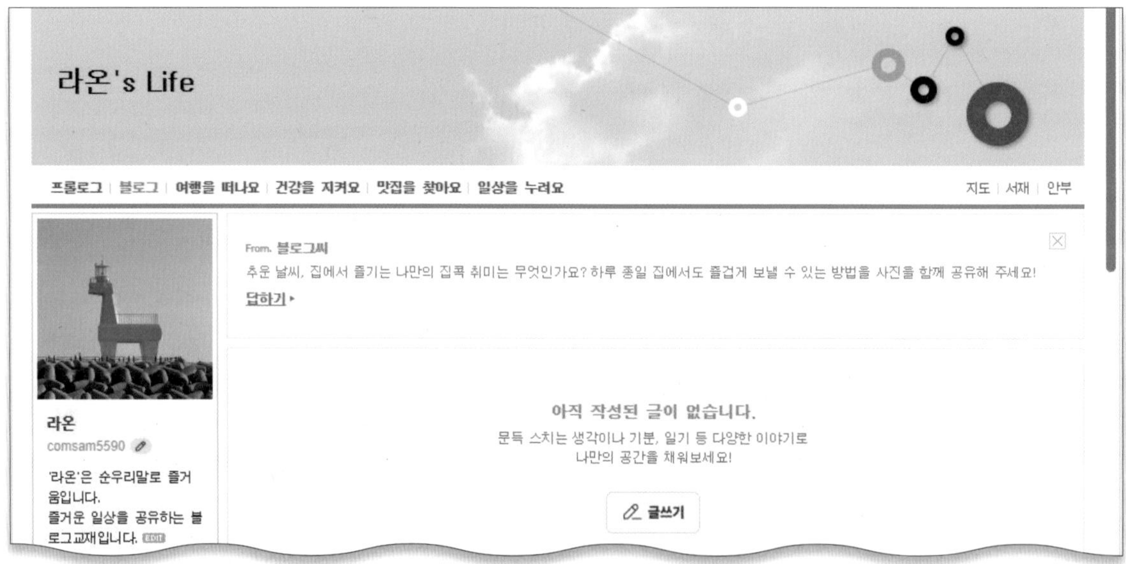

조금 더 배우기

타이틀 '디자인' 영역에서 '컬러'를 선택하면 단색으로 변경이 가능합니다.

STEP 03 이미지 제작하여 블로그 타이틀 꾸미기

01 '포토스케이프 X'를 더블 클릭하여 실행한 후 [사진 편집]을 클릭합니다.

02 타이틀로 사용할 사진을 선택합니다. [편집] 메뉴 중 [자르기]-[사용자 지정...]을 차례대로 클릭합니다. '가로 폭:1932', '세로 높이:400'을 입력하고 [확인]을 클릭합니다.

조금 더 배우기

- 포토스케이프는 마지막에 사용했던 정보를 기록합니다.
- 블로그 타이틀의 '직접등록'에 내 사진을 첨부하면 사진의 일부분만 적용되며 사진의 위치 및 크기를 조정할 수 없습니다. '가로 966', '세로 50~600'을 적용하기 위함입니다.

03 타이틀로 이용하고자 하는 부분으로 드래그한 후 Enter를 누릅니다.

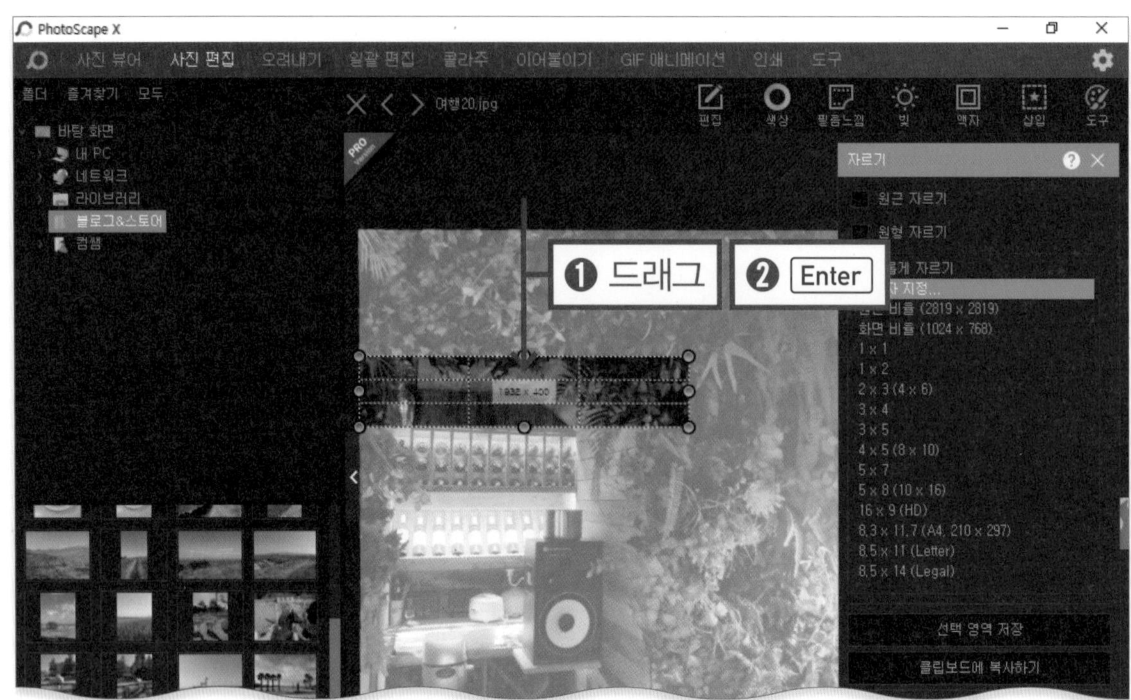

04 [편집] 메뉴 중 [크기 조절]을 클릭한 후 '가로 폭:966'을 입력하고 [적용]을 클릭합니다.

조금 더 배우기

가로 크기만 조절하여도 세로 크기가 자동으로 조절됩니다.

05

[삽입] 메뉴를 클릭합니다. [텍스트]를 클릭한 후 자신의 '블로그명'을 입력하고 '글꼴', '글꼴 크기', '글꼴 색'을 자유롭게 변경합니다. [외곽선]을 클릭해 체크한 다음 '색상'과 '두께'를 지정합니다. 블로그 제목의 위치를 드래그하여 조정합니다.

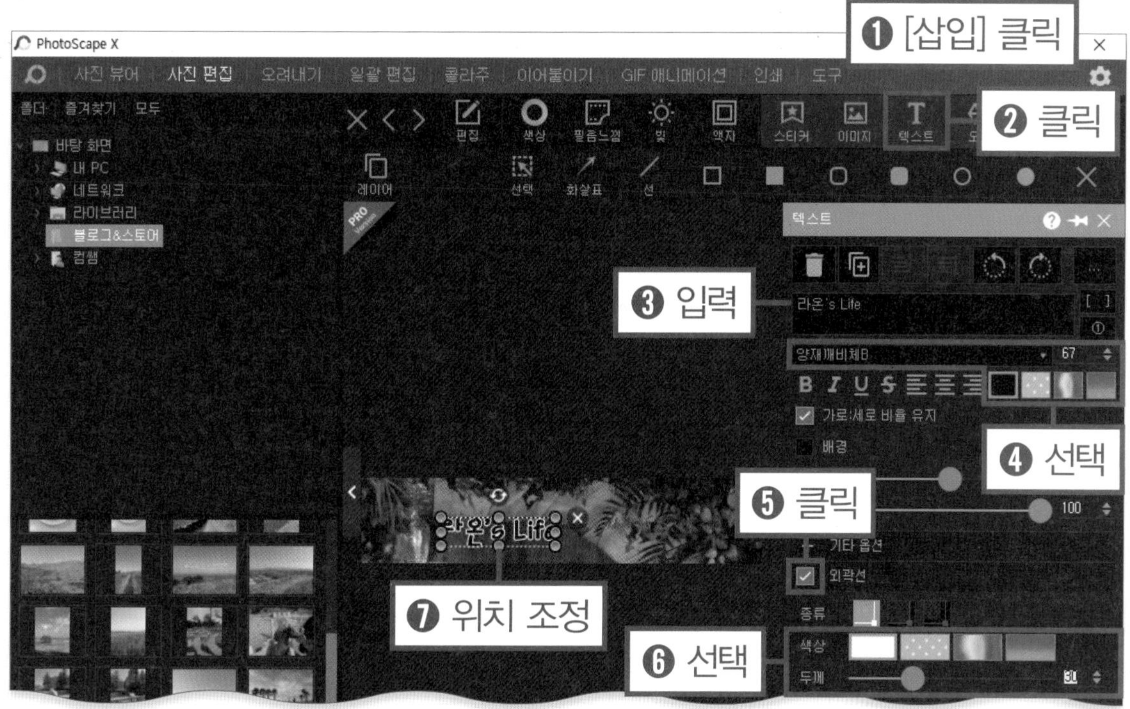

조금 더 배우기

블로그 제목을 다양한 글꼴로 꾸미고 싶다면 저작권에 구애받지 않는 무료 글꼴(눈누 폰트(https://noonnu.cc/))을 다운로드하여 사용합니다.

06

오른쪽 아래 [저장]을 클릭한 후 [다른 이름으로 저장] 버튼을 클릭합니다.

07 폴더를 선택한 후 '파일 이름'을 '타이틀'로 입력하고 [저장] 버튼을 클릭합니다. 저장이 완료되면 [닫기](×)를 클릭합니다.

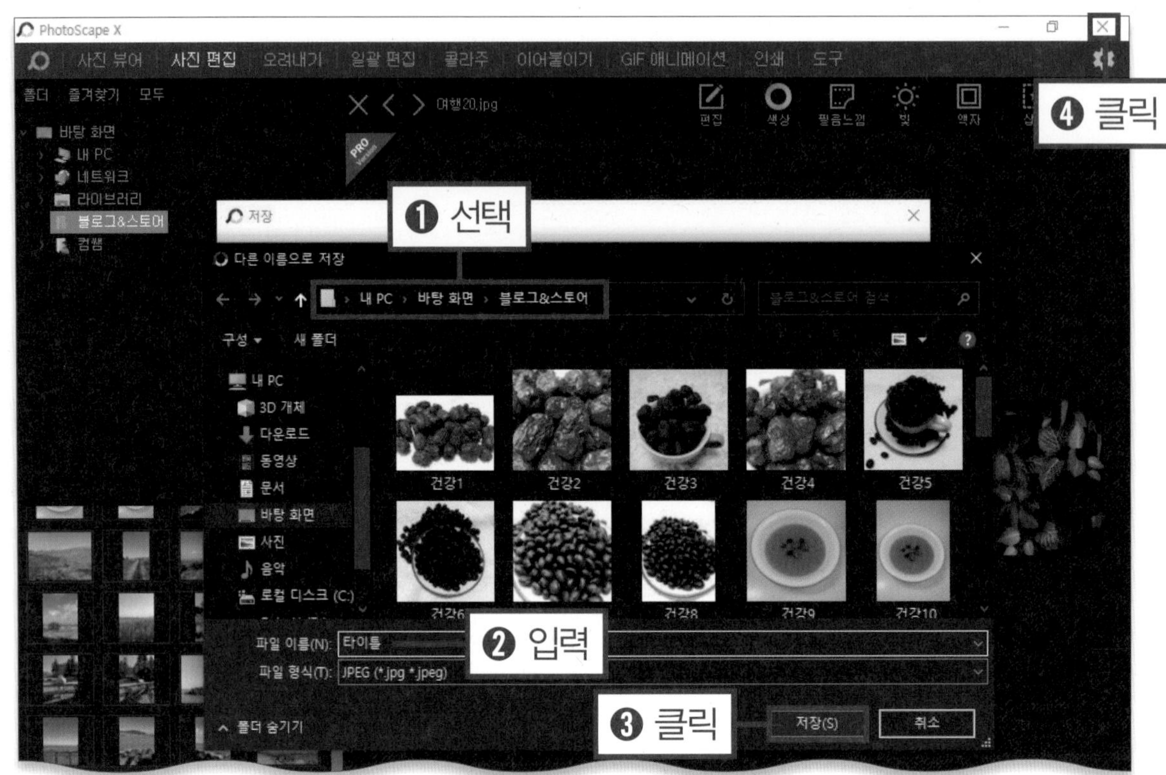

08 블로그 오른쪽 위 [내 메뉴]-[세부 디자인 설정]을 클릭합니다.

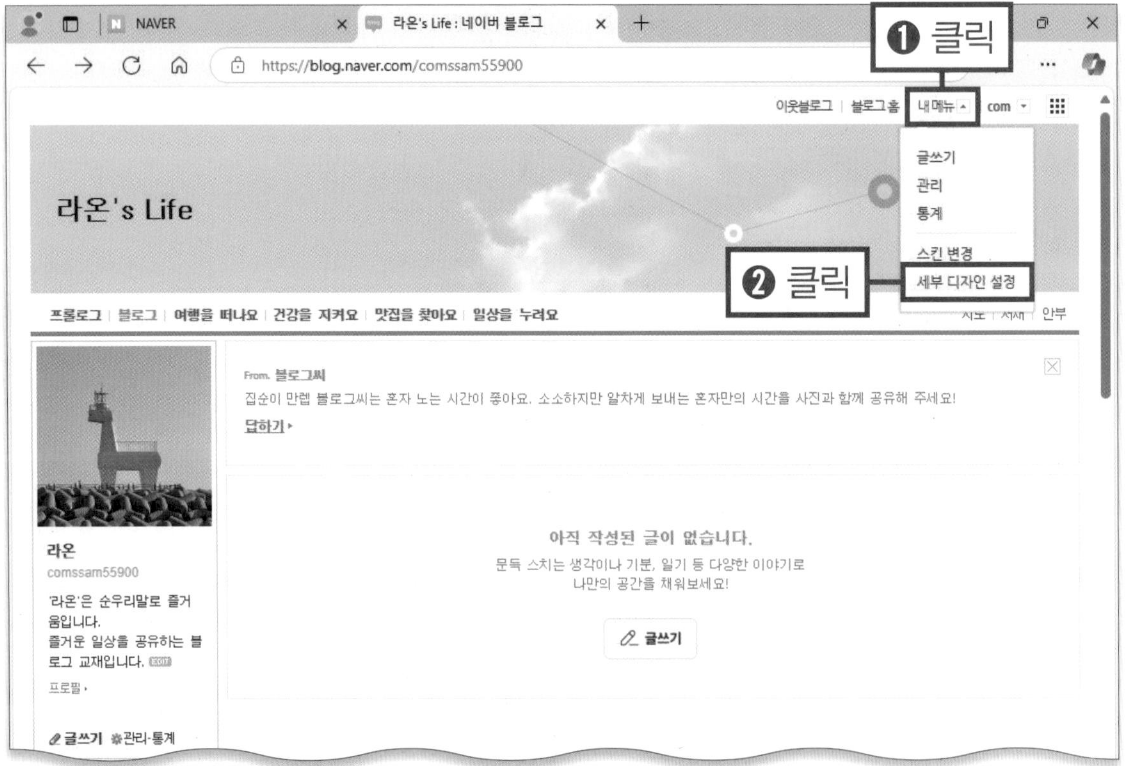

09 [타이틀]을 클릭합니다. '디자인' 영역의 [직접등록]을 클릭하고 [파일 등록]을 클릭합니다. 앞서 제작한 [타이틀] 사진을 더블 클릭하여 선택합니다.

10 제작한 타이틀 높이를 적용하기 위해 '영역 높이'에 '200'을 입력합니다. '블로그 제목'의 [표시]를 클릭해 체크 해제하여 제목을 표시하지 않습니다.

조금 더 배우기

'블로그 제목'의 [표시]를 없애지 않으면 제목이 중복되어 나타납니다.

11 [적용] 버튼을 클릭한 후 '현재 디자인을 적용하시겠습니까?' 메시지의 [적용] 버튼을 클릭합니다.

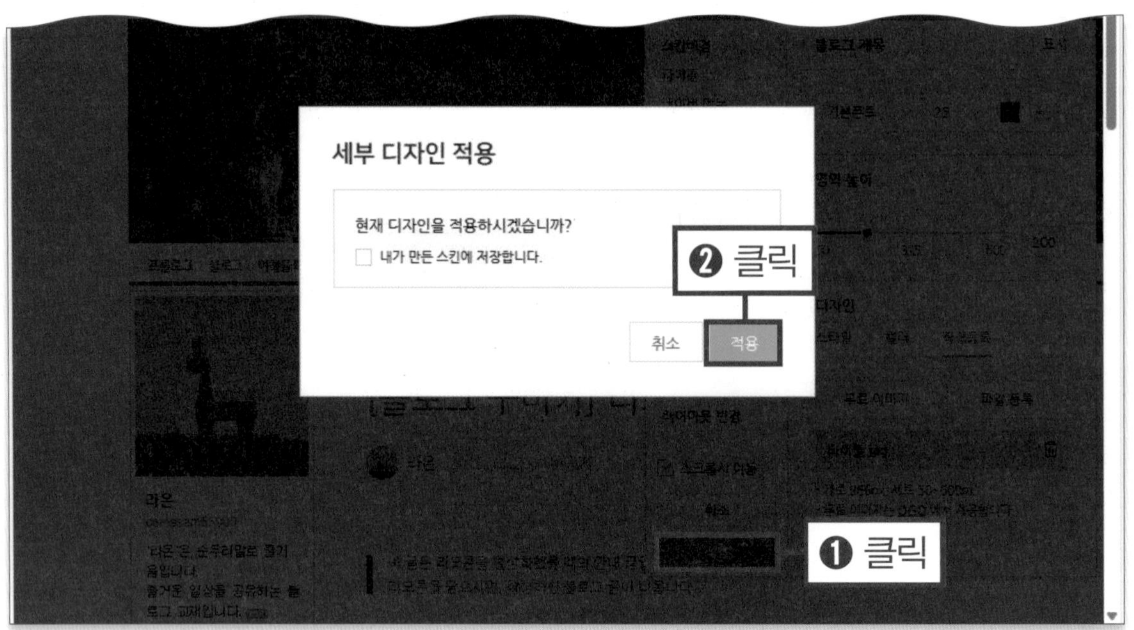

12 타이틀이 변경된 블로그를 확인합니다.

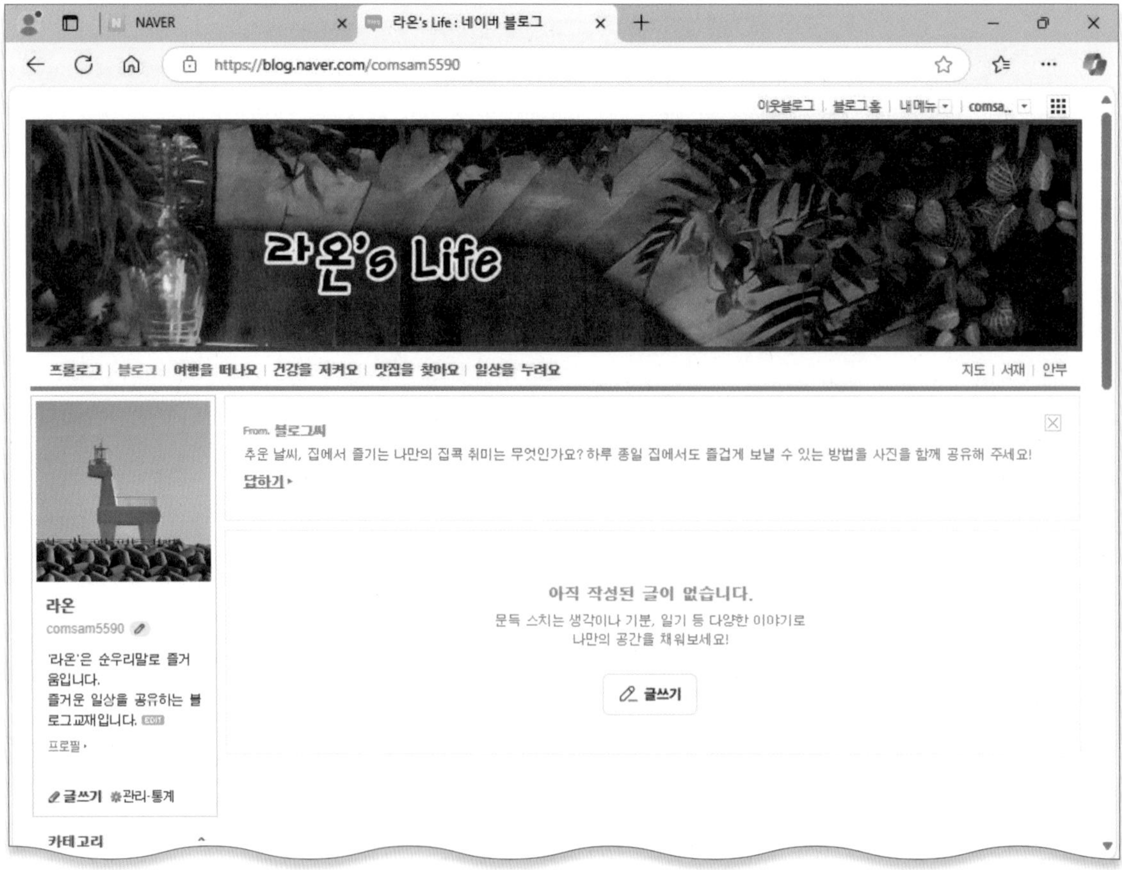

조금 더 배우기

세부 디자인 설정에 대해 자세히 살펴봅니다.

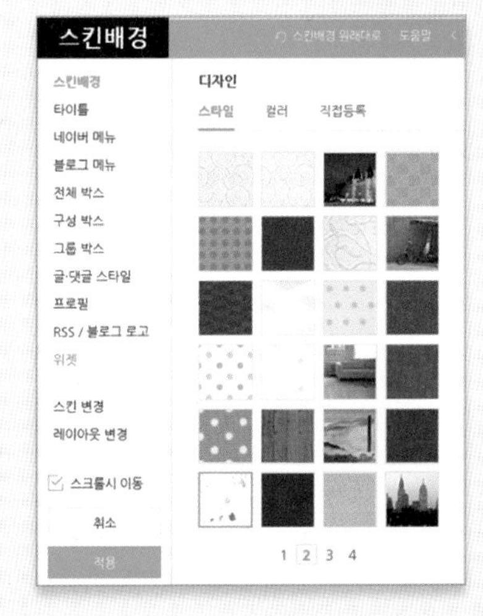

블로그메뉴
스킨배경
타이틀
네이버 메뉴
블로그 메뉴
전체 박스
구성 박스
그룹 박스
글·댓글 스타일
프로필
RSS / 블로그 로고
위젯
스킨 변경
레이아웃 변경
스크롤시 이동
취소
적용
디자인
스타일
컬러
직접등록
PROLOGUE | BLOG | PHOTO | REVIEW
1 2 3 4 5 6 7 8 9 10
폰트
기본색
강조색

전체박스
전체 박스 사용하지 않음
디자인
스타일
컬러
직접등록
1 2 3

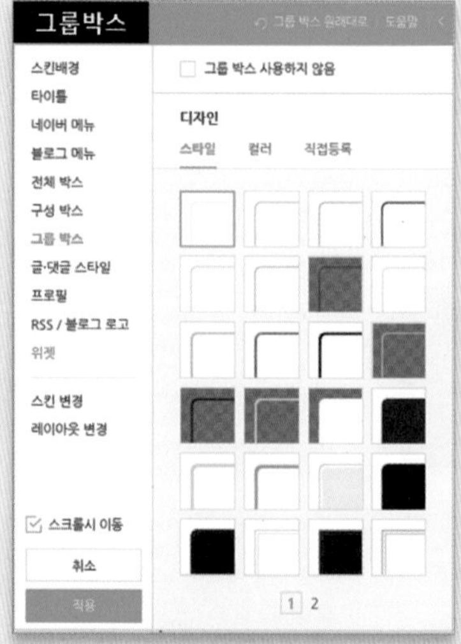
그룹박스
그룹 박스 사용하지 않음
디자인
스타일
컬러
직접등록
1 2

구성박스
디자인
스타일
컬러
직접등록
CATEGORY
1 2 3 4 5 6 7 8 9
폰트
제목색
내용색

글,댓글스타일
디자인
스타일
컬러
글 제목
댓글 35
1 2 3 4 5 6 7 8 9 10
제목크기
14
폰트
제목색
내용색
강조색
댓글 스타일
프로필
내 프로필 이미지 설정하기

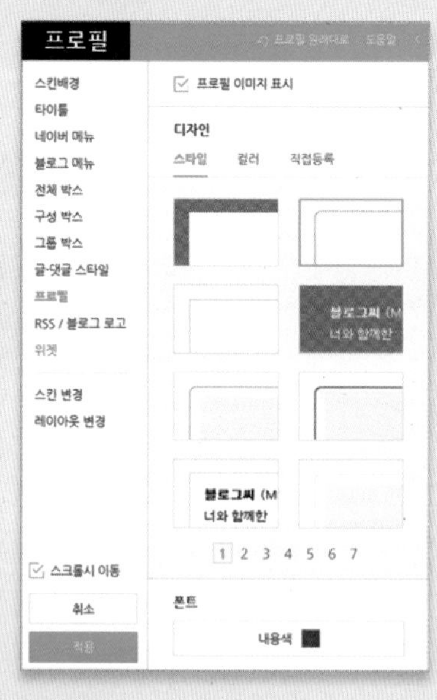
프로필
프로필 이미지 표시
디자인
스타일
컬러
직접등록
1 2 3 4 5 6 7
폰트
내용색

혼자서도 만들 수 있어요!

1 아래 그림을 참고하여 프로필을 변경해 보세요.

hint '포토스케이프 X' 실행 후 사진 선택 → [자르기] 메뉴를 클릭한 후 [1×1] 선택 → 원하는 부분 드래그하여 선택한 후 Enter↵ → [편집]-[효과]-[색연필화] 적용

2 타이틀을 제작하여 아래 그림과 같이 적용해 보세요.

hint '포토스케이프 X'에서 사진 선택 → [자르기] 메뉴를 클릭한 후 [사용자 지정...]을 선택한 다음 지정한 크기(가로 1932, 세로 400)로 자르기 → 원하는 위치로 드래그한 후 Enter↵ → [편집] 메뉴의 [크기 조절]을 클릭하여 사진 크기(가로 폭 966) 적용 → [삽입] 메뉴의 [텍스트]에서 '블로그명' 입력, '글꼴', '글자 크기', '외곽선 적용(색, 굵기)'

CHAPTER

05 블로그 글쓰기 1

POINT

포스트(post)는 블로그에 올린 글을 뜻하고 포스팅은 블로그에 글과 사진을 이용하여 글쓰기를 하는 과정을 뜻합니다. 블로그 글쓰기, 포스팅을 배워 보도록 하겠습니다.

완성 화면 미리 보기

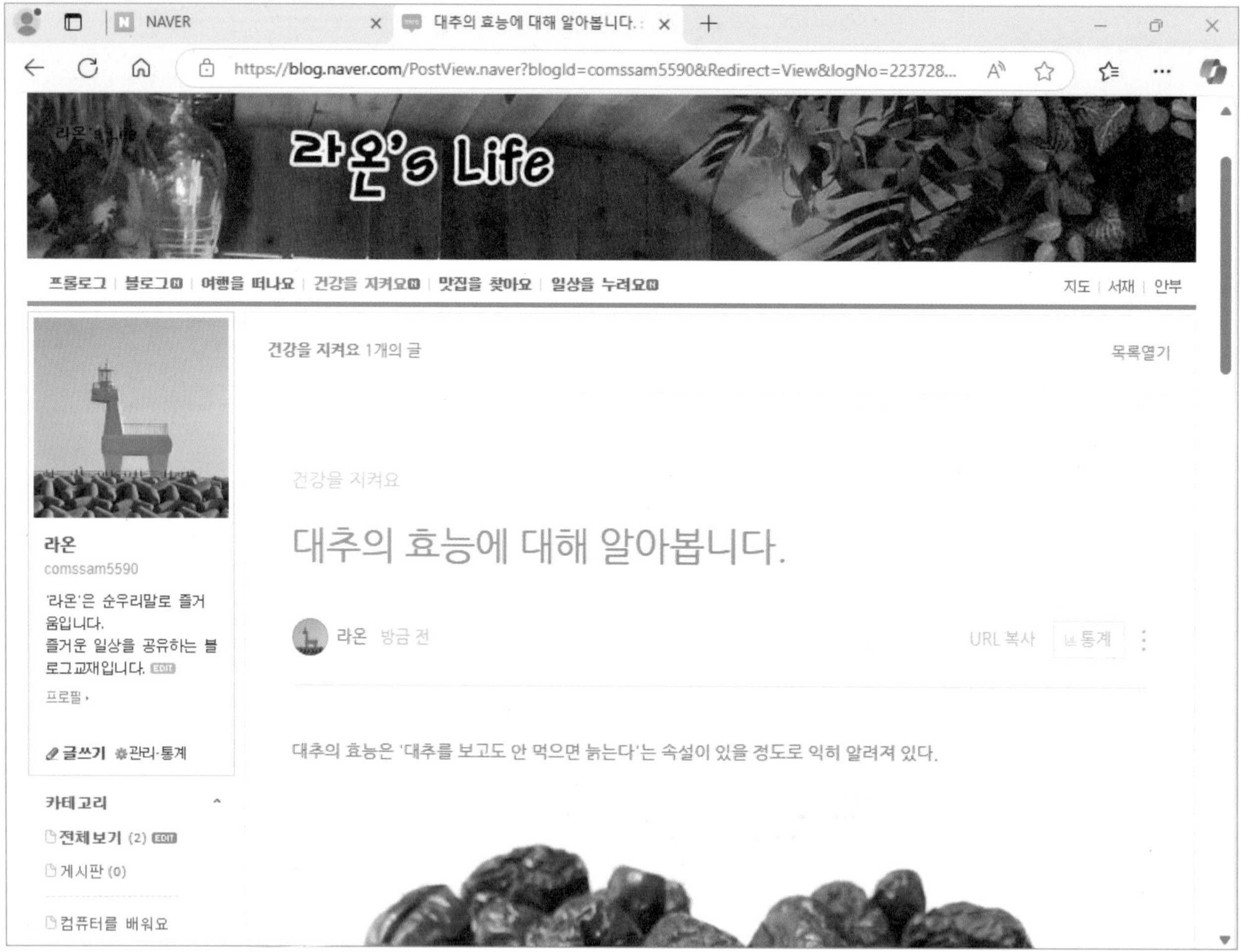

여기서 배워요!

블로그에 글쓰기, 사진을 활용한 글쓰기, 콜라주의 형식을 활용한 글쓰기

STEP 01 블로그에 글쓰기

블로그 글쓰기는 이렇게 하면 좋습니다.

① 문장은 간결하게 씁니다(주어+서술어로 구성합니다).

② 한 문단은 3~4줄 정도로 작성합니다.

③ 내용마다 적절한 사진이나 그림을 넣습니다(사진-글 or 글-사진).

④ 글쓰기 사이에 인용구(따옴표, 버티컬 라인, 말풍선, 포스트잇 등)를 사용하여 내용을 강조합니다.

⑤ 맞춤법에 맞추어 글을 작성하고 오타를 찾아 수정합니다.

01 블로그에 첫 글을 입력하기 위해 포스트 영역의 [글쓰기]를 클릭합니다.

조금 더 배우기

기존 사용자라면 왼쪽 프로필 영역의 [글쓰기]를 클릭합니다.

02 [제목]을 클릭하여 제목을 입력하고 [본문에 #을 이용하여 태그를 사용해보세요!]를 클릭하여 본문 내용을 입력합니다.

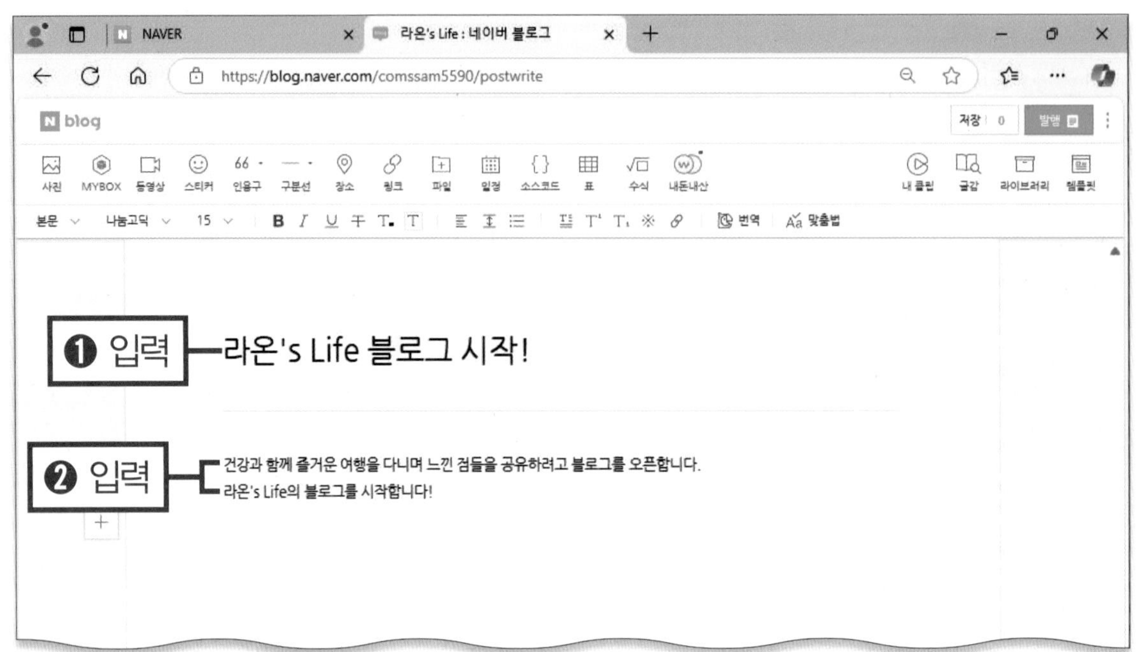

03 오른쪽 위 [발행]을 클릭한 후 [카테고리]를 클릭하여 선택합니다. 아래쪽에 [발행]을 클릭합니다.

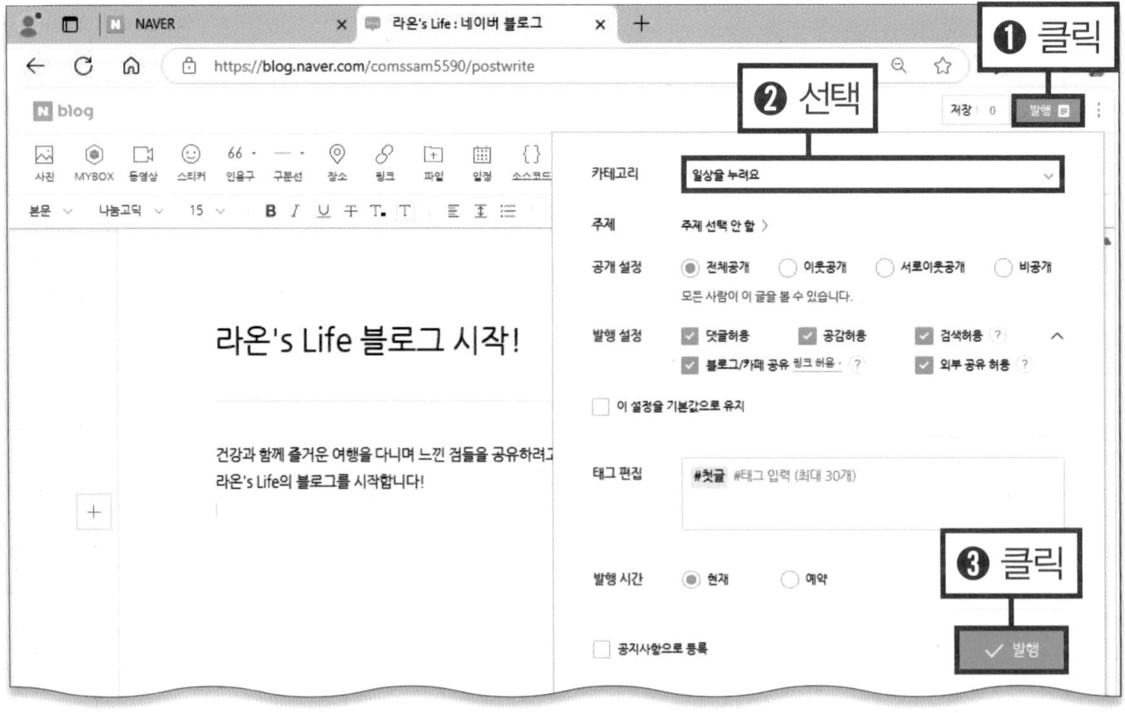

조금 더 배우기

카테고리를 지정하지 않으면 기본 '게시글'에 저장됩니다. 기존 사용자라면 다르게 나타날 수 있습니다.

조금 더 배우기

스마트에디터 3.0에 대해 알아봅니다.

■ 기본 화면

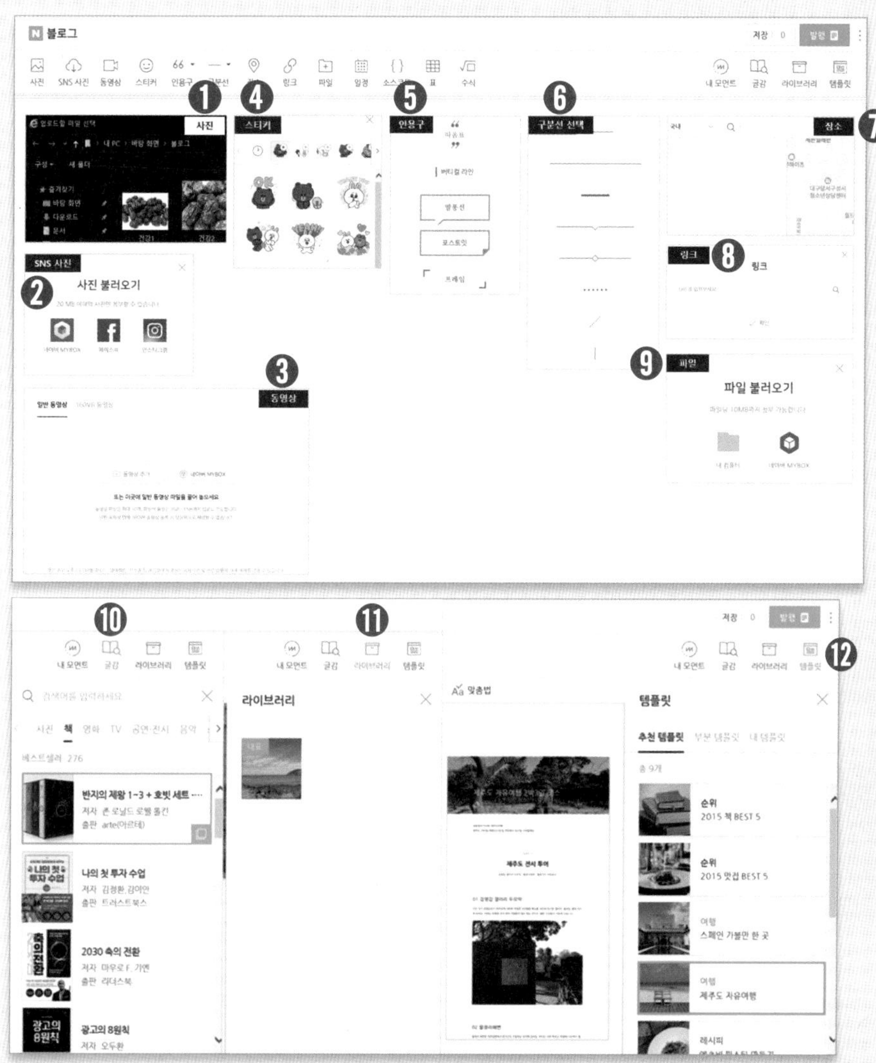

❶ **사진** : 내컴퓨터에 저장되어 있는 사진을 불러옵니다.

❷ **SNS 사진** : 네이버박스, 페이스북, 인스타그램에서 사진을 불러옵니다. 로그인이 필요합니다.

❸ **동영상** : 동영상을 추가할 수 있습니다. 동영상 추가는 10개까지 가능하며 1GB, 15분까지만 업로드 가능합니다.

❹ **스티커** : 스티커를 삽입하여 글을 생동감 있게 표현합니다.

❺ **인용구** : 강조하거나 항목을 구분할 때 사용합니다.

❻ **구분선** : 각 요소 사이 구분선을 추가하여 분류합니다.

❼ **장소** : 지도에서 장소를 검색하여 삽입합니다.

❽ **링크** : 인터넷 동영상 주소를 삽입합니다.

❾ **파일** : 내컴퓨터 또는 마이박스의 파일을 삽입합니다.

❿ **글감** : 사진, 책, 영화, TV 등의 관련 자료를 검색하여 글쓰기를 합니다.

⓫ **라이브러리** : 삽입된 사진 목록을 보여 줍니다. 라이브러리의 사진을 에디터 화면으로 드래그하면 사진이 삽입됩니다.

⓬ **템플릿** : 미리 작성된 각종 유형을 활용해 글쓰기를 합니다.

■ **텍스트를 입력할 때**

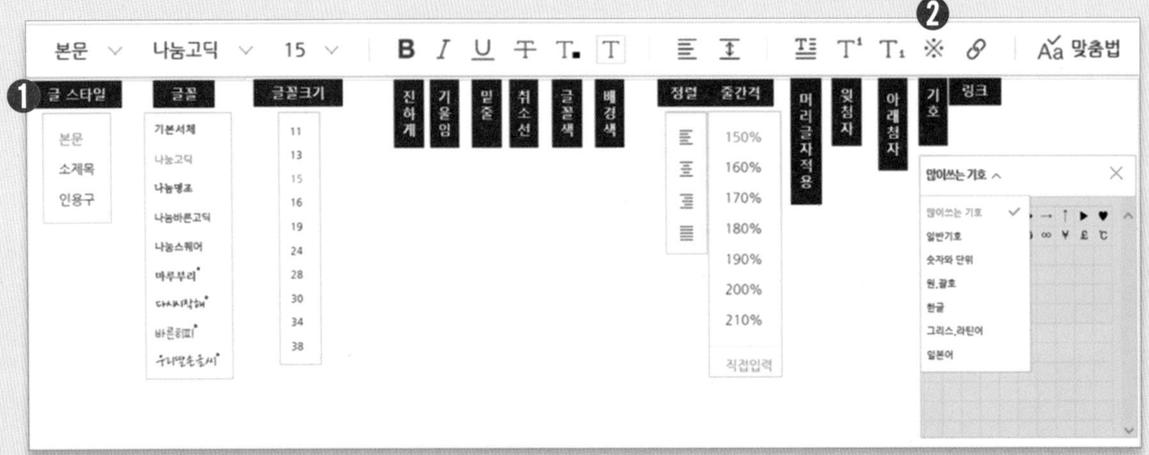

❶ **글 스타일** : 본문, 소제목, 인용구에 따라 글꼴 및 글자 크기가 지정되어 있지만 변경 가능합니다.

❷ **기호** : 한글 자음의 특수문자도 사용 가능합니다(한글 자음 ㄱ~ㅎ을 입력 후 [한자]).

■ **사진을 삽입할 때**

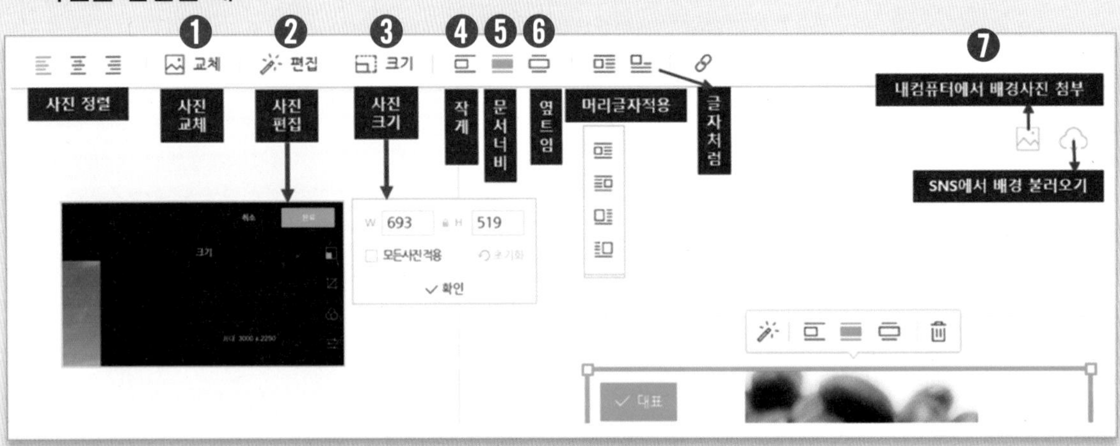

❶ **사진 교체** : 삽입되어 있는 사진을 선택한 후 사진을 변경할 수 있습니다.

❷ **사진 편집** : 사진 크기 및 자르기, 필터, 액자 등을 편집합니다. 삽입된 사진에 동일하게 적용을 할 수 있습니다.

❸ **사진 크기** : 삽입된 사진에 일괄 크기를 적용하고자 할 때 사용합니다. 한 장씩 변경도 가능합니다.

❹ **작게** : 사진 크기가 작게 변경되며 왼쪽 정렬됩니다.

❺ **문서 너비** : 사진 크기가 화면 너비에 맞춰집니다.

❻ **옆트임** : 사진을 삽입하면 기본값으로 설정되며 문서 너비보다 크게 나타납니다.

❼ **내컴퓨터에서 배경사진 첨부** : 제목에 사진을 삽입할 때 사용합니다.

■ 발행

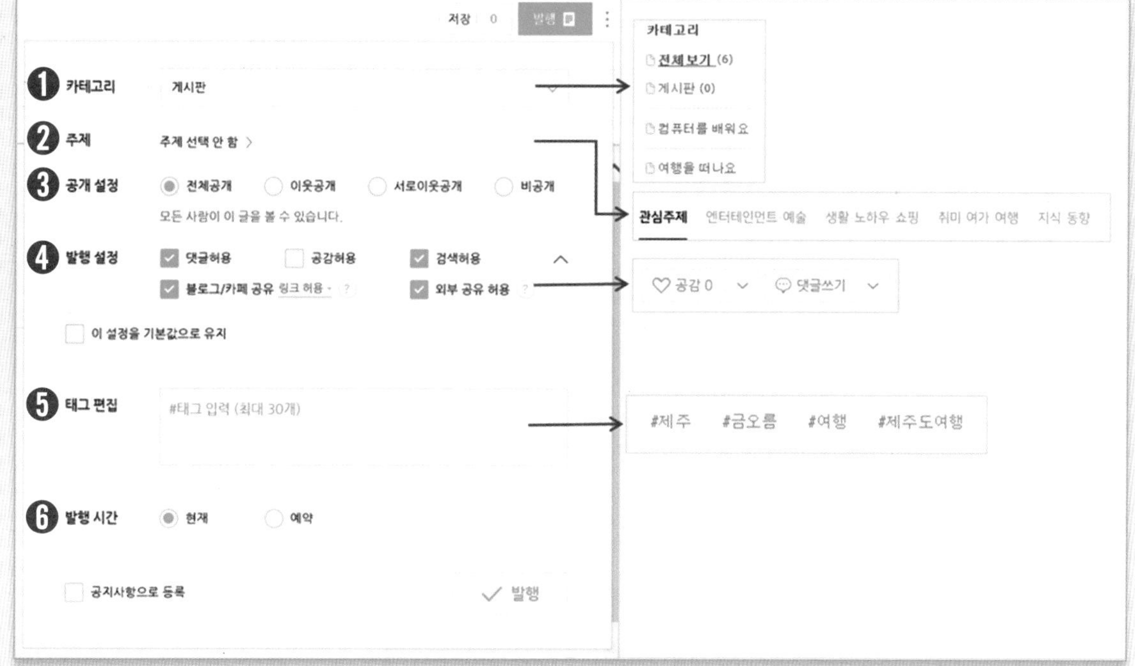

❶ **카테고리** : 내 블로그의 메뉴입니다.

❷ **주제** : 관심 있는 주제를 선택하면 블로그 홈에서 주제별로 검색이 됩니다.

❸ **공개 설정** : 내 게시글의 공개 범위입니다. 비공개는 나만 볼 수 있습니다. 검색되지 않습니다.

❹ **발행 설정** : 게시글 아래 공감과 댓글쓰기 등이 나타납니다. 기본값으로 공감허용은 제외되어 있습니다.

❺ **태그 편집** : 검색에 용이하게 하기 위한 분류 방식입니다.

❻ **발행 시간** : [발행]을 클릭하면 바로 글이 게시되지만, 특정 시간을 예약하여 게시할 수도 있습니다.

STEP 02 사진을 활용하여 글쓰기

01 내 블로그에 게시된 글을 확인하고 프로필 영역의 [글쓰기]를 클릭합니다.

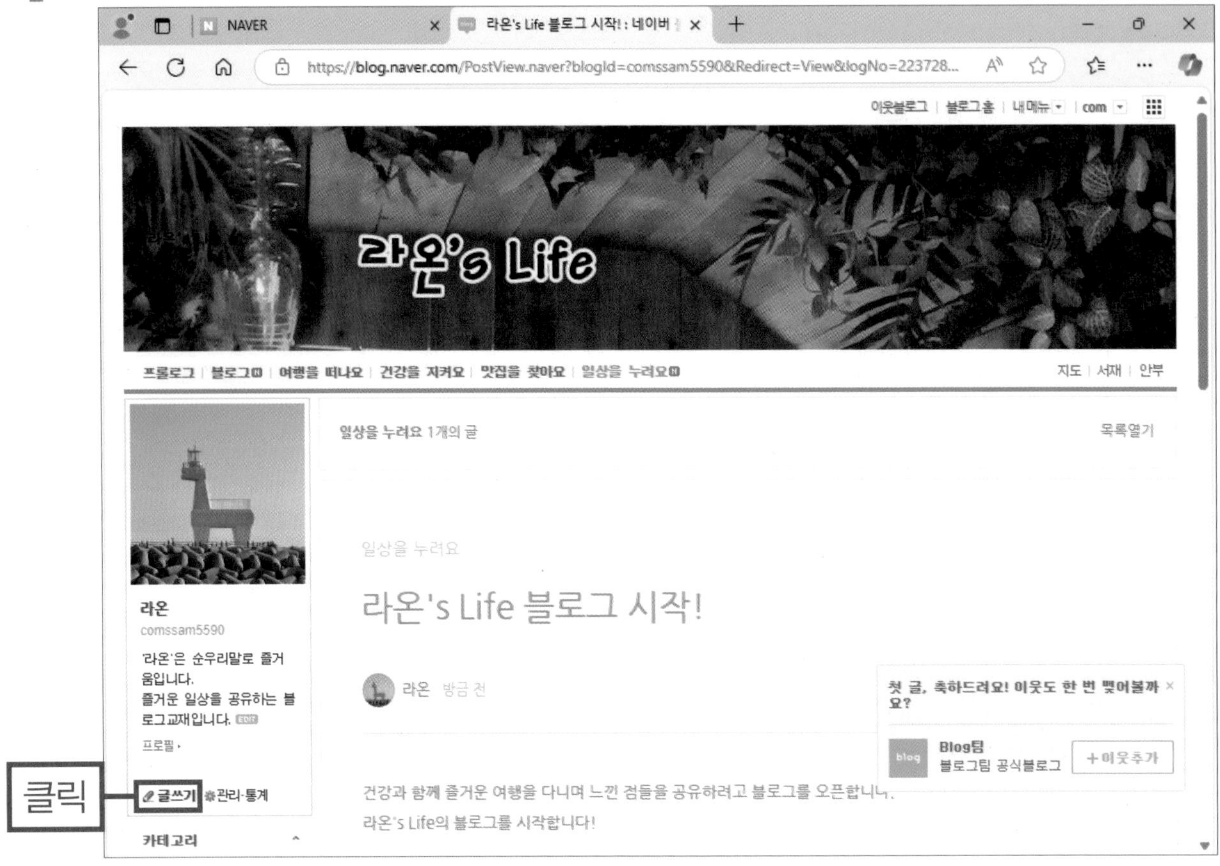

02 [제목]을 클릭하여 제목을 입력하고 [본문에 #을 이용하여 태그를 사용해보세요!]를 클릭하여 본문 내용을 입력합니다.

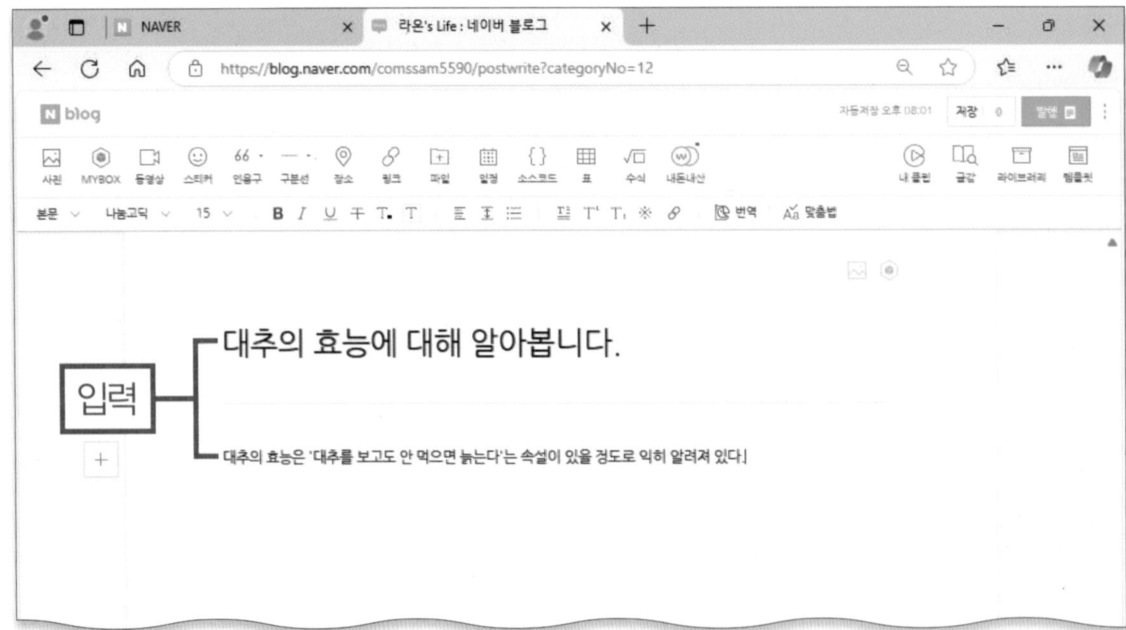

03 글쓰기 도구 중 [사진]을 클릭합니다. '열기' 대화상자가 나타나면 업로드할 사진을 선택한 후 [열기]를 클릭합니다.

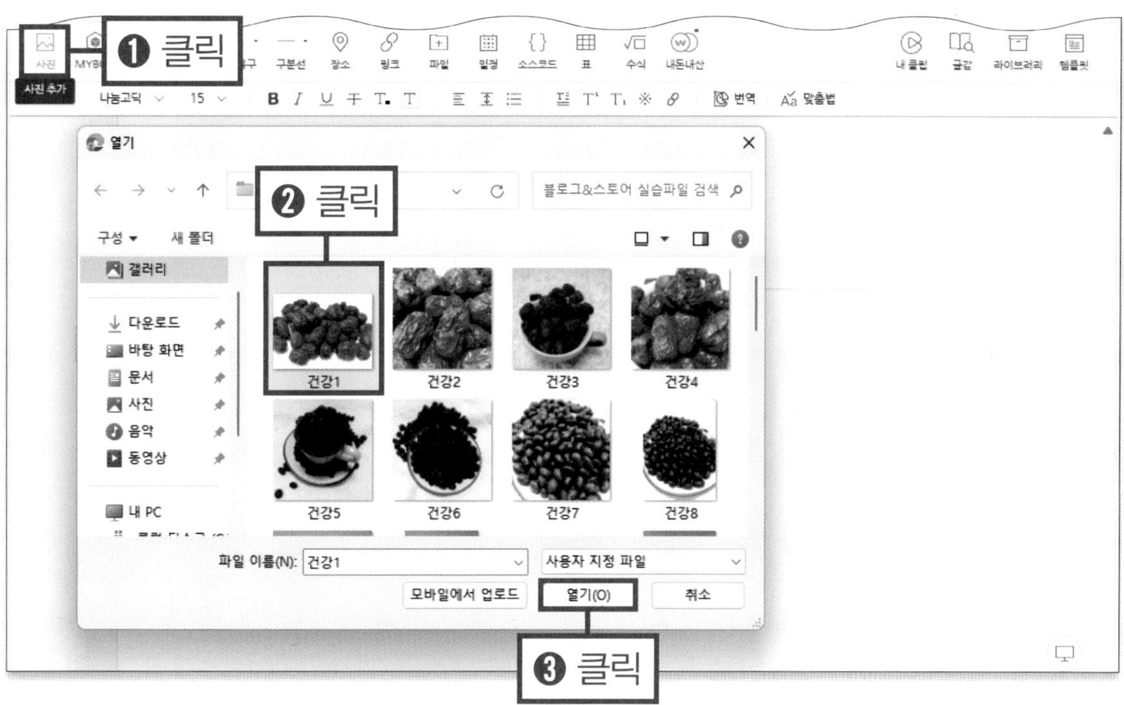

조금 더 배우기

사진을 한 장 선택할 때는 더블 클릭하여 삽입해도 됩니다.

04 삽입된 사진을 확인하고 사진 아래를 클릭하여 다시 본문 내용을 입력합니다.

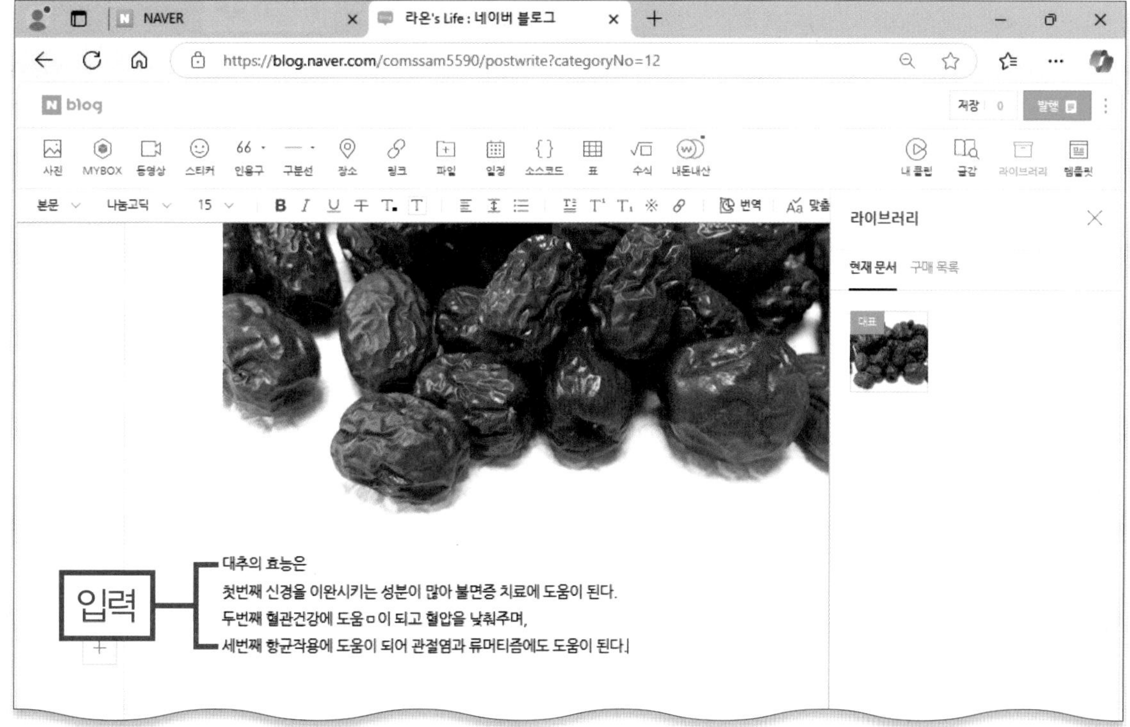

05 다시 한 번 [사진]을 클릭하여 업로드할 사진을 선택한 후 [열기]를 클릭합니다.

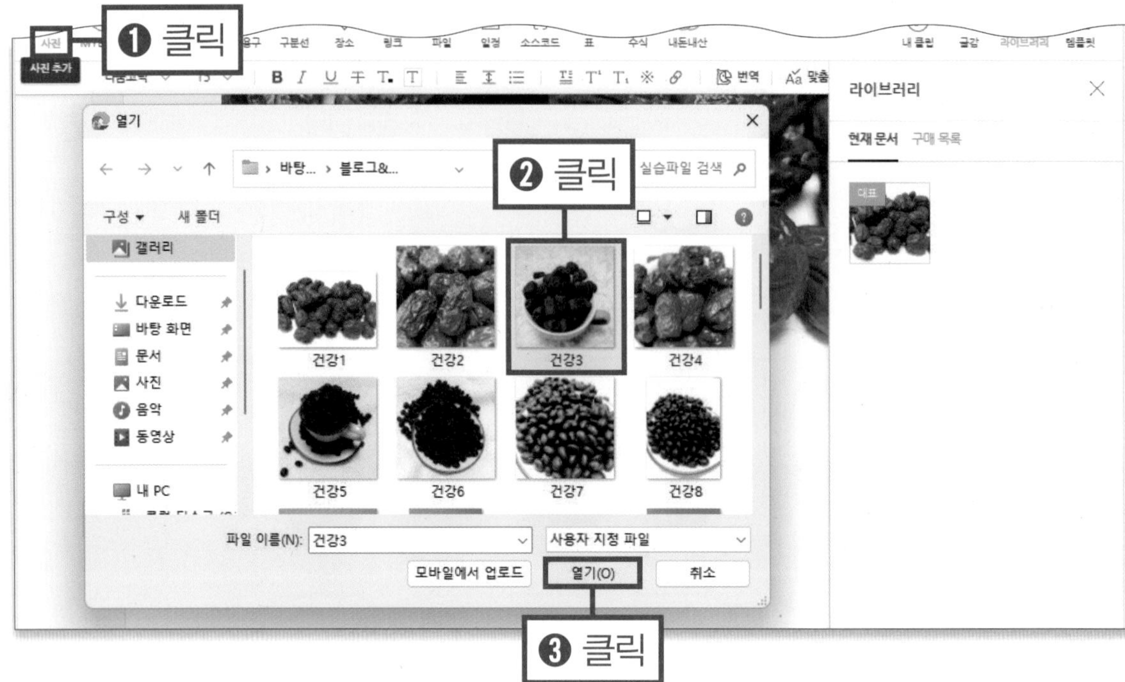

06 오른쪽 위 [발행]을 클릭하여 [카테고리]를 변경하고, '태그 편집'에 내용을 입력하고 [발행]을 클릭합니다.

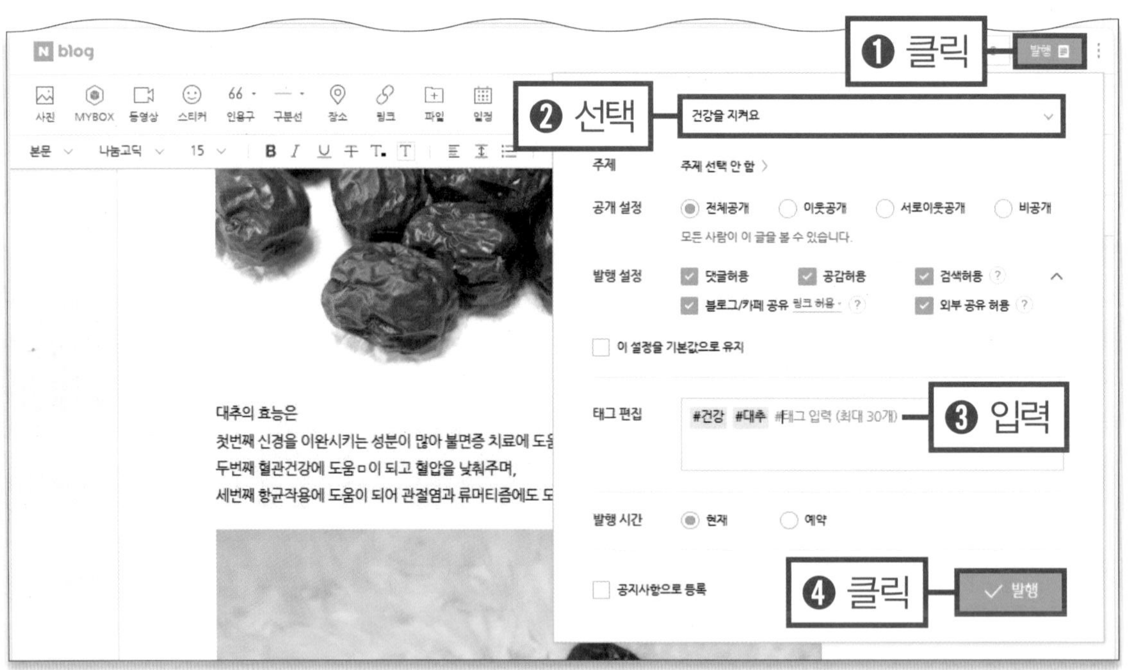

조금 더 배우기

- '공감 허용'을 체크하면 블로그 글 아래에 [공감/댓글 버튼]가 나타납니다. 일종의 '좋아요'와 비슷한 개념으로 글을 읽고 감정을 표현하는 것입니다.
- '태그'는 분류 및 검색을 용이하게 하기 위함입니다. 제목과 본문에 관련된 내용으로 입력하는 것이 좋습니다.

STEP 03 콜라주 형식의 사진을 활용하여 글쓰기

01 내 블로그의 게시글을 확인하고 프로필 영역의 [글쓰기]를 클릭합니다.

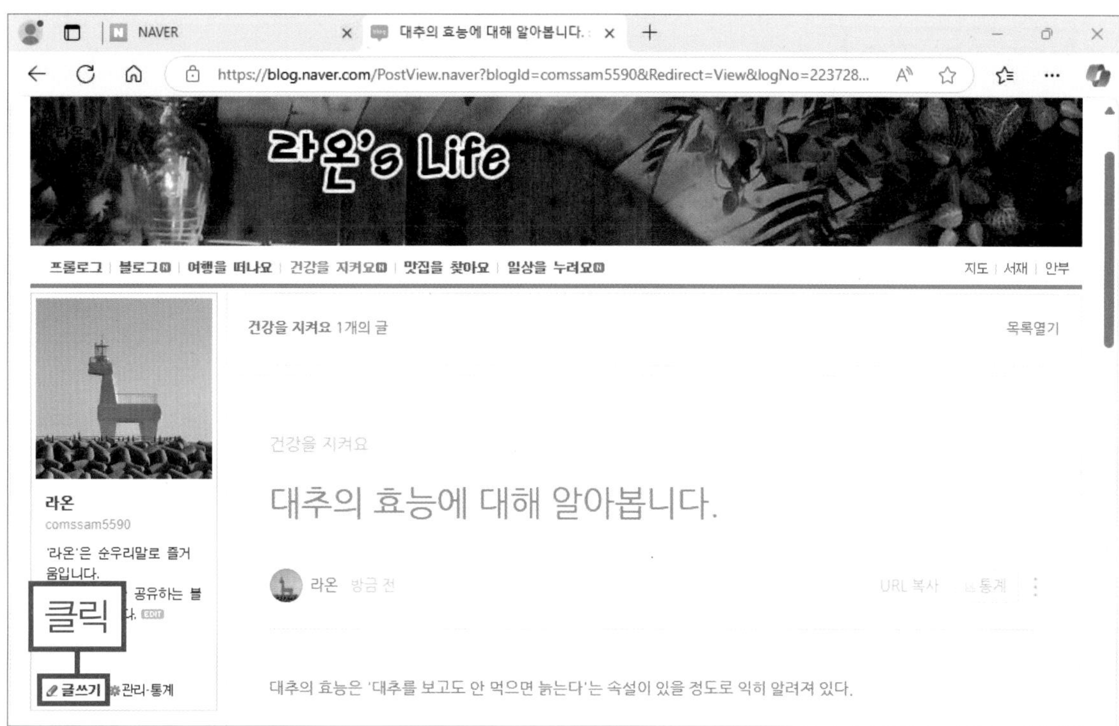

02 '제목'을 클릭하여 제목을 입력하고 본문의 왼쪽 [메뉴](+)를 클릭한 후 목록에서 [사진]을 클릭합니다. 업로드할 사진을 선택한 후 [열기] 버튼을 클릭합니다.

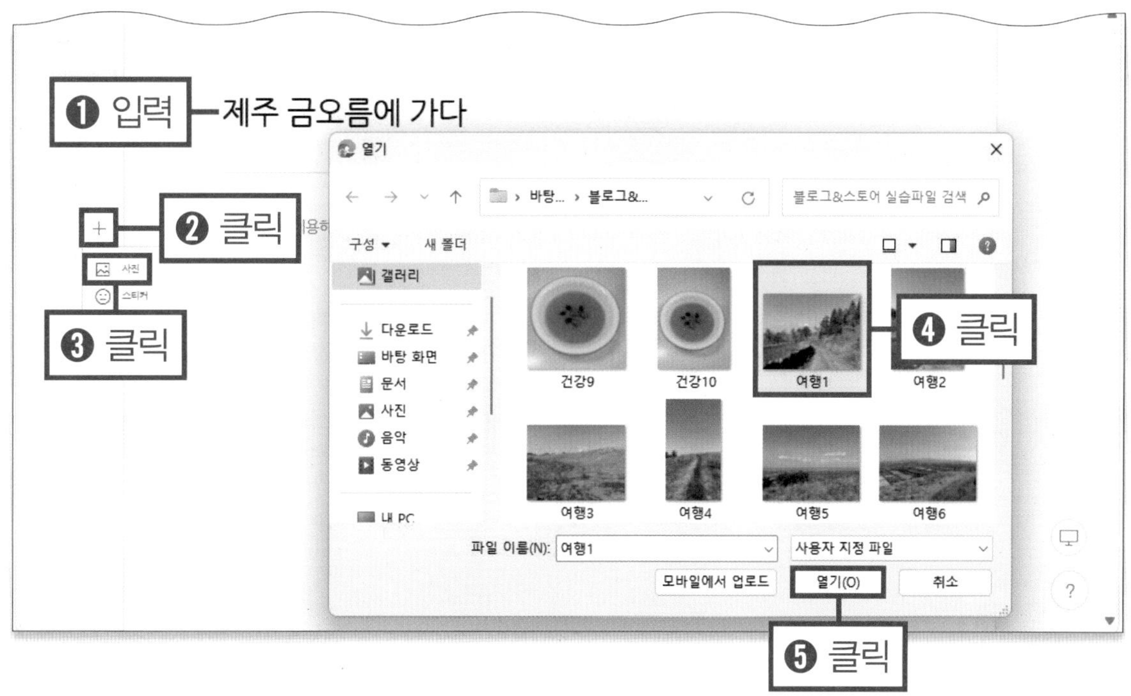

03 삽입된 사진을 확인하고 사진 아래에 글을 입력합니다.

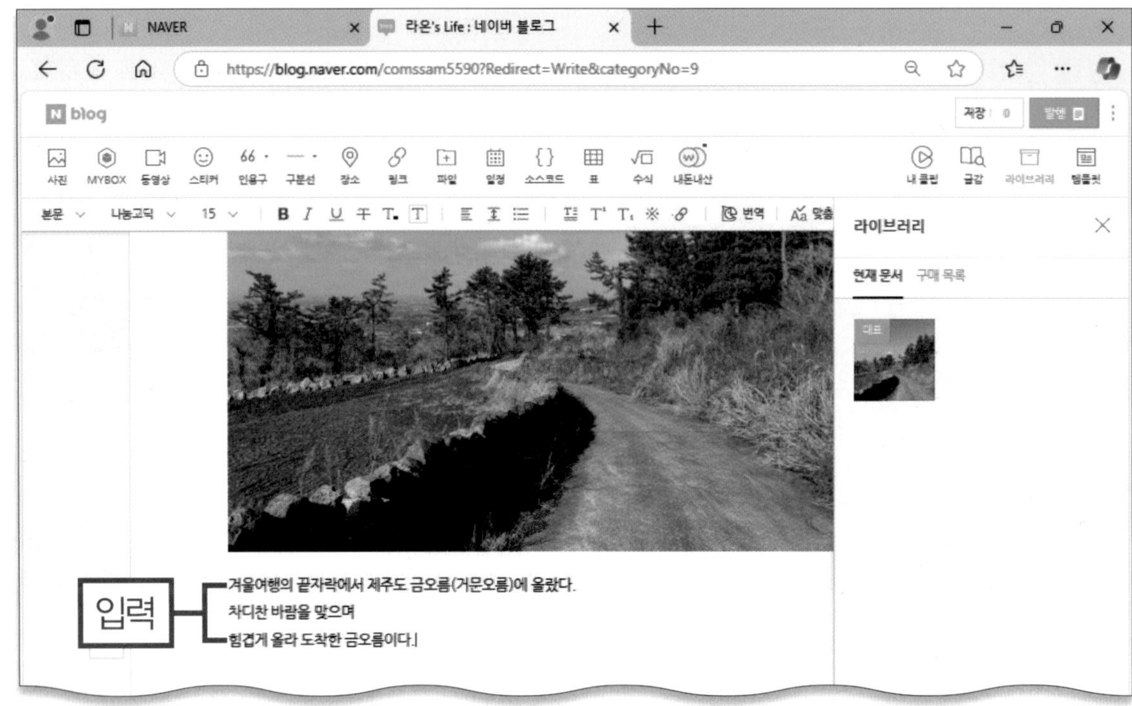

04 다시 한 번 [메뉴](+)-[사진]을 차례대로 클릭한 후 업로드할 사진을 선택하고 [열기]를 클릭합니다.

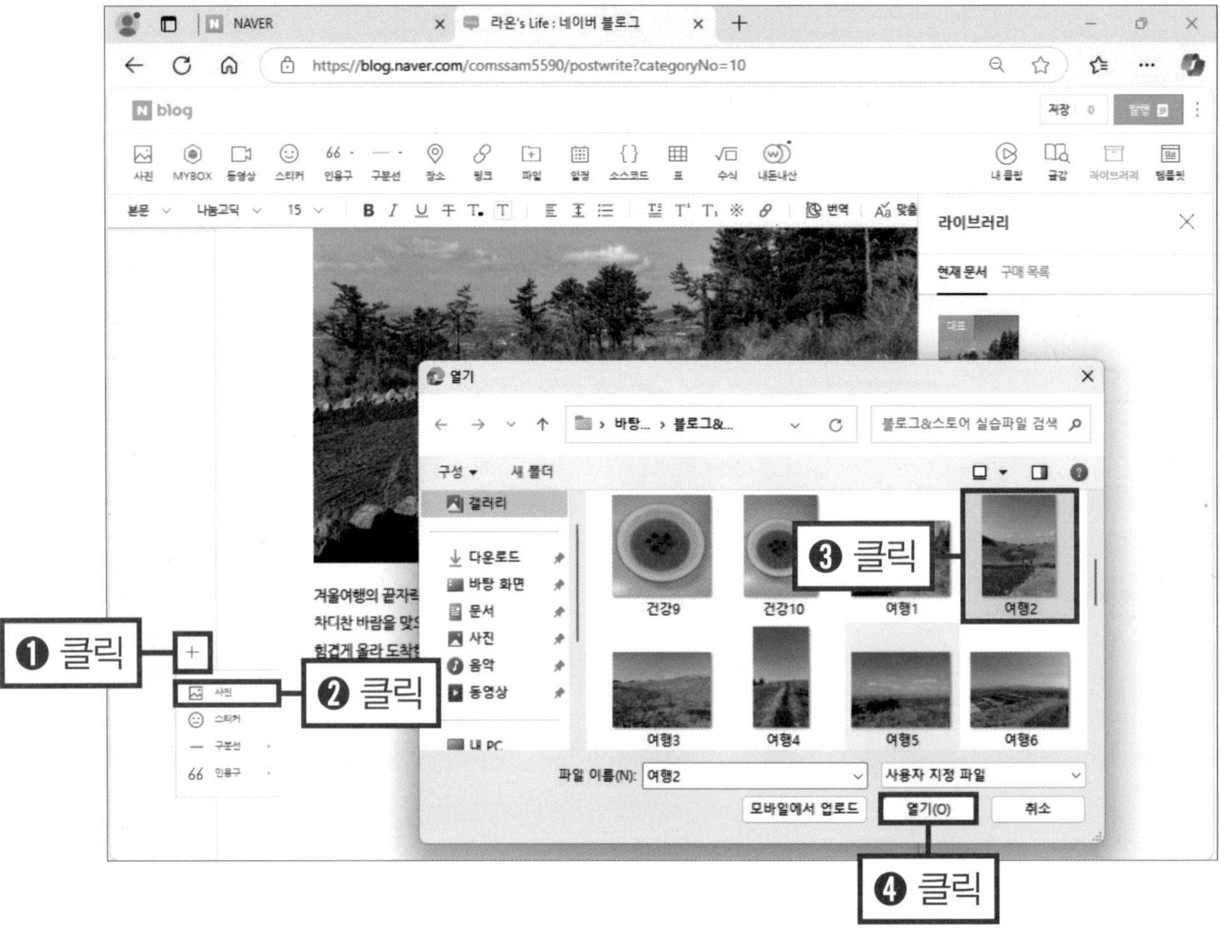

05 삽입된 사진을 클릭한 후 [조절점]( )을 드래그해 크기를 조절합니다. [왼쪽 정렬]( )을 클릭하여 [가운데 정렬]( )로 변경합니다.

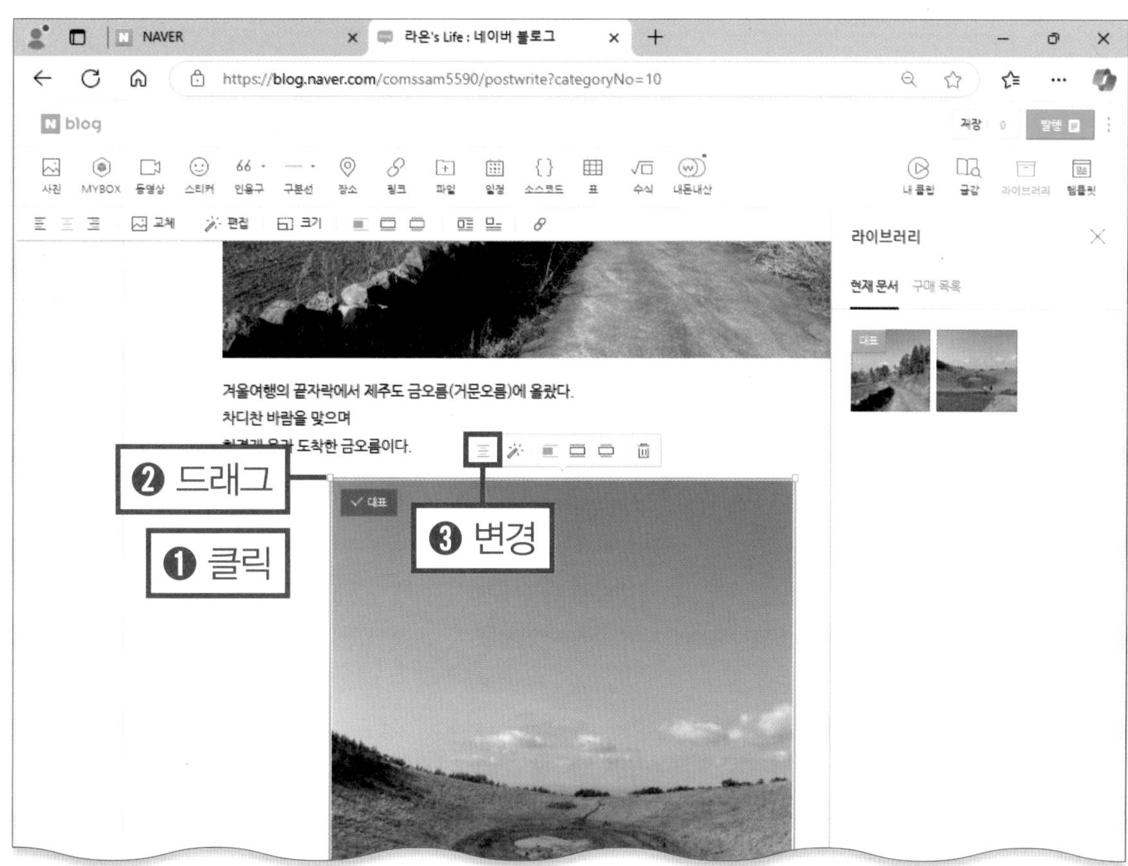

조금 더 배우기

사진 크기에 따라 메뉴가 다르게 나타납니다.

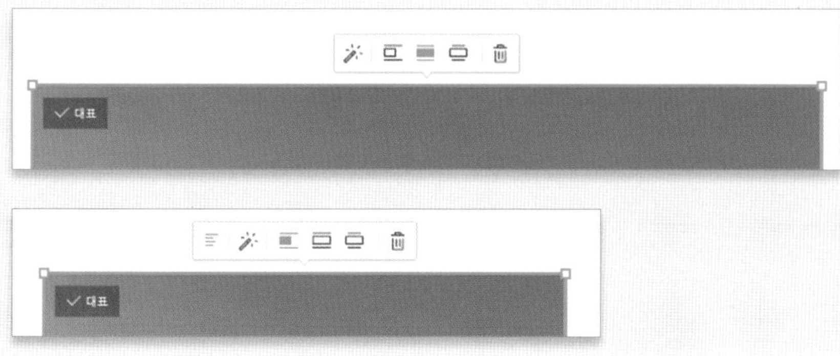

06 사진 아래를 클릭하여 내용을 입력합니다. [메뉴](+)-[사진]을 차례대로 클릭한 후 업로드할 사진 2장을 선택하고 [열기]를 클릭합니다.

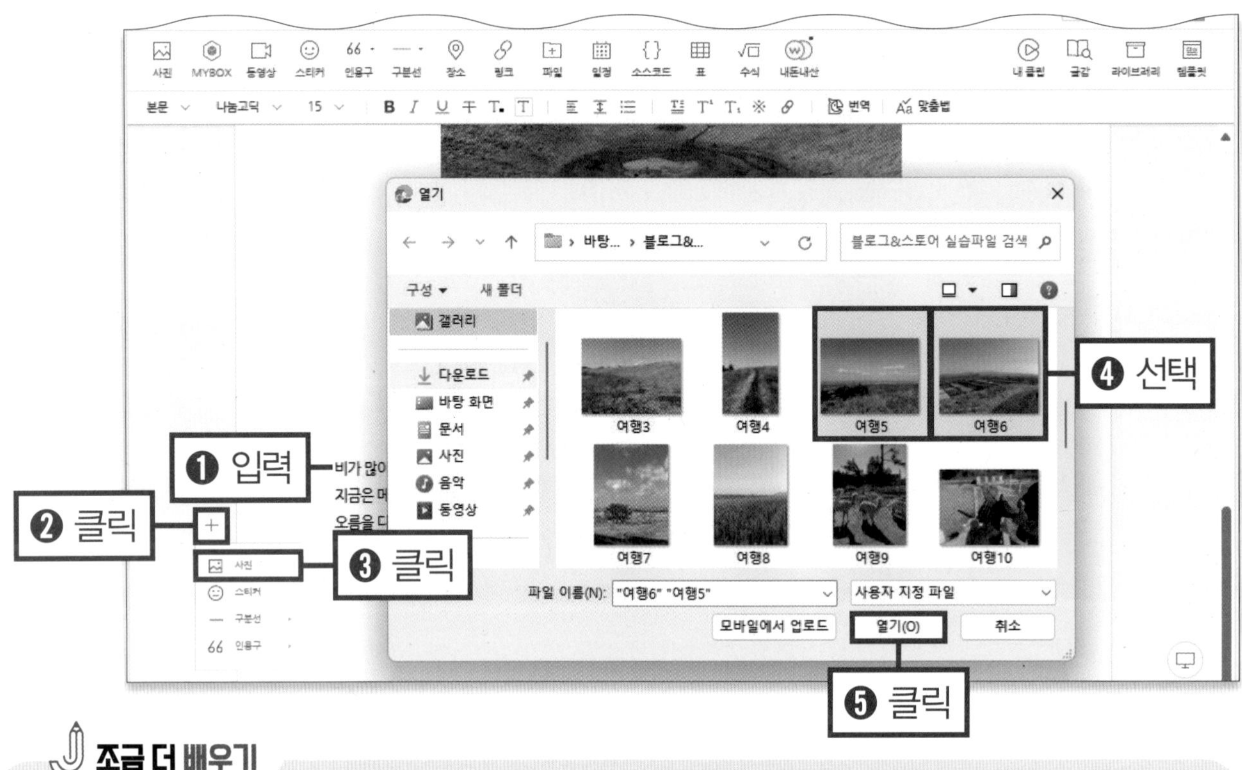

조금 더 배우기

- **연결된 사진 선택** : 첫 번째 사진 클릭 후 Shift + 마지막 사진 클릭
- **떨어져 있는 사진 선택** : 첫 번째 사진 클릭 후 Ctrl + 떨어져 있는 사진 클릭

07 '사진 첨부 방식' 대화상자에서 [콜라주]를 클릭합니다.

조금 더 배우기

'사진 첨부 방식'으로 이용 가능한 사진은 10장 이내입니다.

08 [문서 너비](▬)를 클릭하여 문서 너비(본문 크기)에 맞춥니다.

조금 더 배우기

사진과 같은 개체를 클릭하면 해당하는 메뉴가 나타납니다.

09 오른쪽 위 [발행]을 클릭합니다. [카테고리]를 변경하고 '발행 설정'의 [블로그/카페 공유]의 선택을 해제한 후 [이 설정을 기본값으로 유지]를 클릭하여 체크합니다. '태그 편집'에 내용을 입력한 후 아래쪽에 [발행]을 클릭합니다.

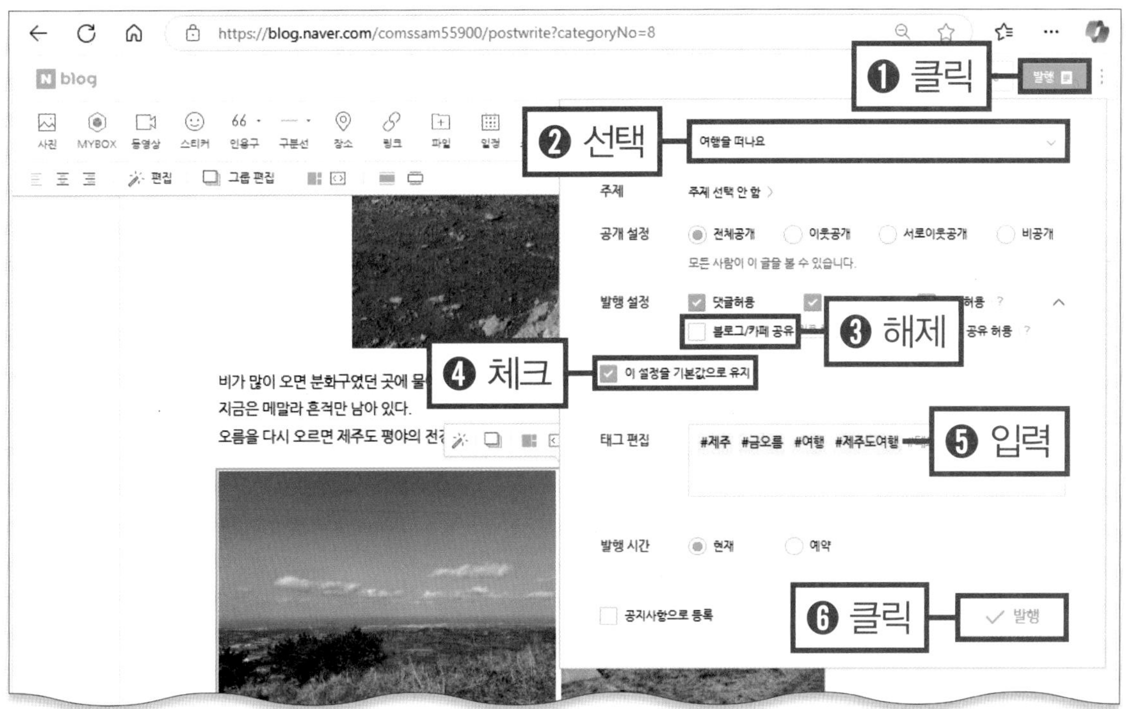

조금 더 배우기

[이 설정을 기본값으로 유지]를 적용하면 글쓰기할 때마다 '발행 설정'을 변경하지 않아도 됩니다.

CHAPTER

06 블로그 글쓰기 2

POINT

블로그의 대부분은 글과 사진으로 구성되어 있습니다. 최근에는 직접 촬영한 동영상이나 유튜브 영상 링크를 첨부하여 다양한 정보를 제공합니다. 동영상을 활용하여 글쓰기를 하는 방법을 알아봅니다.

완성 화면 미리 보기

여기서 배워요!

동영상 삽입하여 글쓰기, 유튜브 동영상 활용하여 글쓰기

STEP 01 동영상 삽입하여 글쓰기

01 블로그 프로필 영역의 [글쓰기]를 클릭합니다.

02 [제목]을 클릭하여 입력한 후 제목 영역의 오른쪽 위 [내 컴퓨터에서 배경사진 첨부]( )를 클릭합니다. 제목 배경으로 업로드할 사진을 선택하고 [열기] 버튼을 클릭합니다.

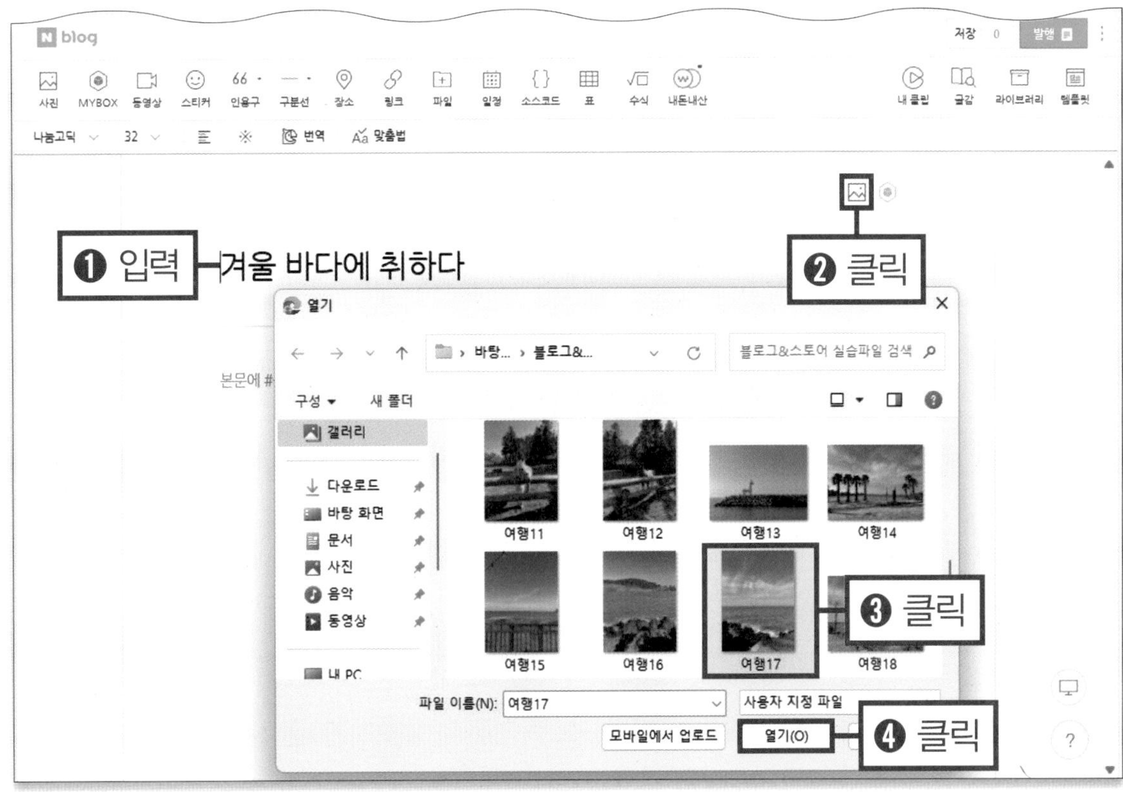

03 삽입된 제목 배경의 [위치이동]을 클릭합니다. 이미지를 드래그하여 위치를 조정한 후 [확인]을 클릭합니다.

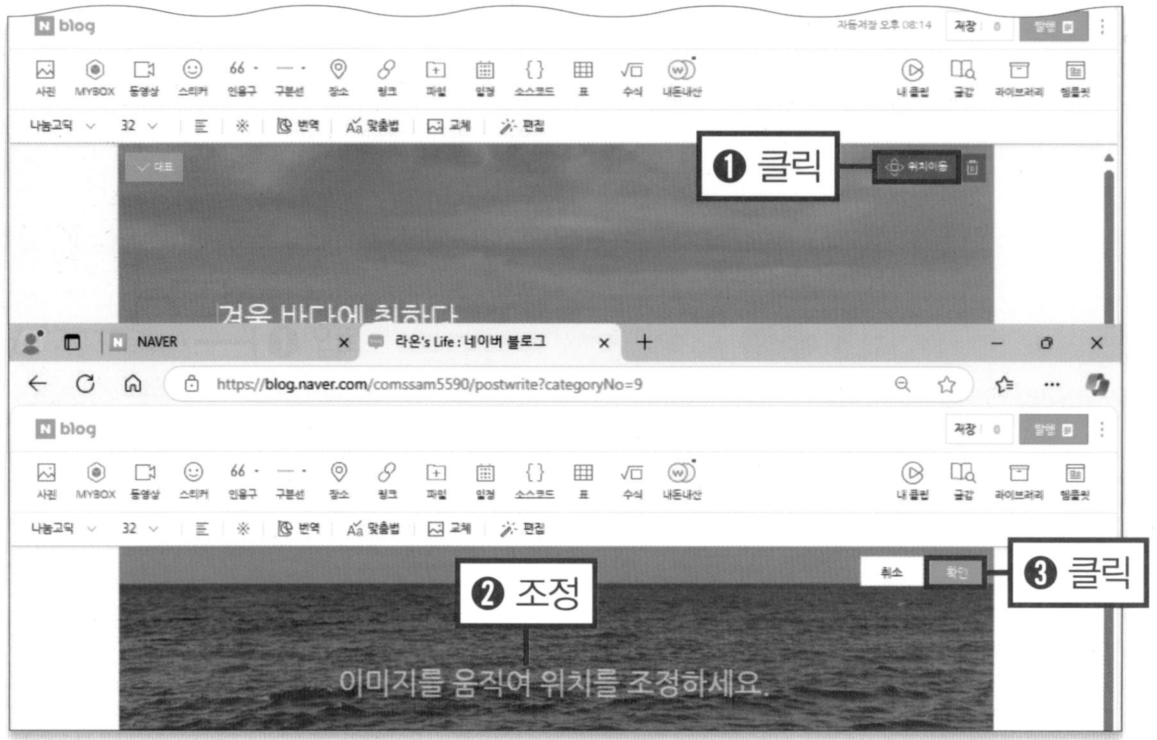

04 글쓰기 도구 중 [스티커]를 클릭한 후 삽입할 스티커를 클릭합니다.

조금 더 배우기

삽입된 스티커를 클릭하여 스티커 크기 및 정렬을 할 수 있습니다. [왼쪽 정렬] → [가운데 정렬]을 차례대로 클릭합니다.

05 글쓰기 도구 중 [동영상]을 클릭한 후 [동영상 추가]를 클릭합니다.

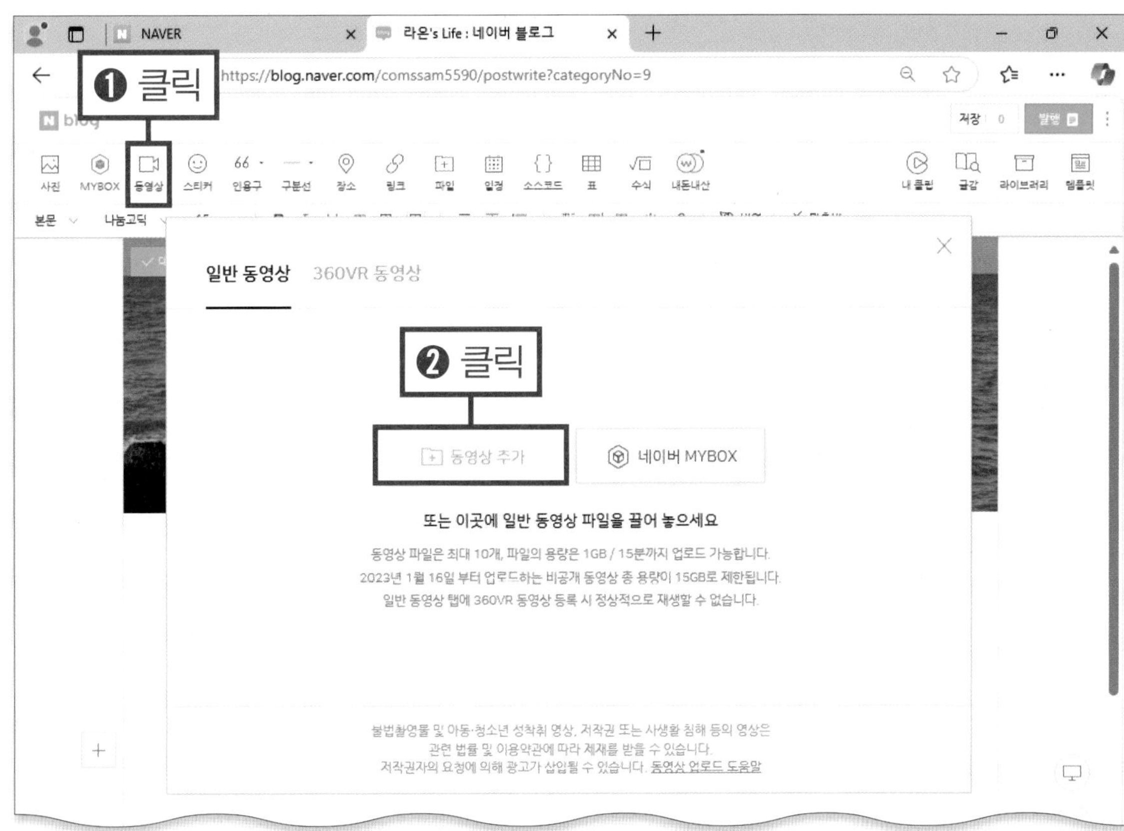

06 업로드할 동영상이 있는 폴더를 선택한 후 동영상을 더블 클릭합니다.

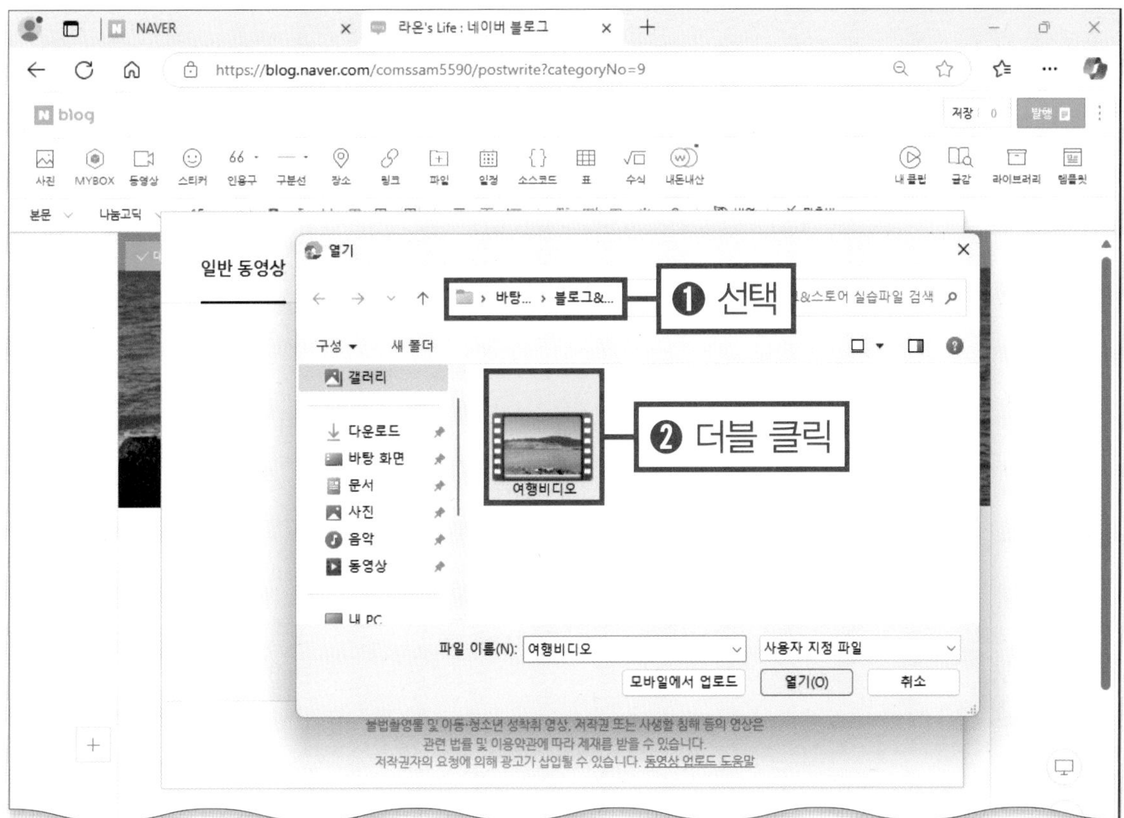

07 동영상이 100% 업로드될 때까지 기다립니다.

08 동영상 업로드가 완료되면 대표 이미지를 추출하여 표시해 줍니다. 동영상 제목과 정보를 입력하고 [완료]를 클릭합니다.

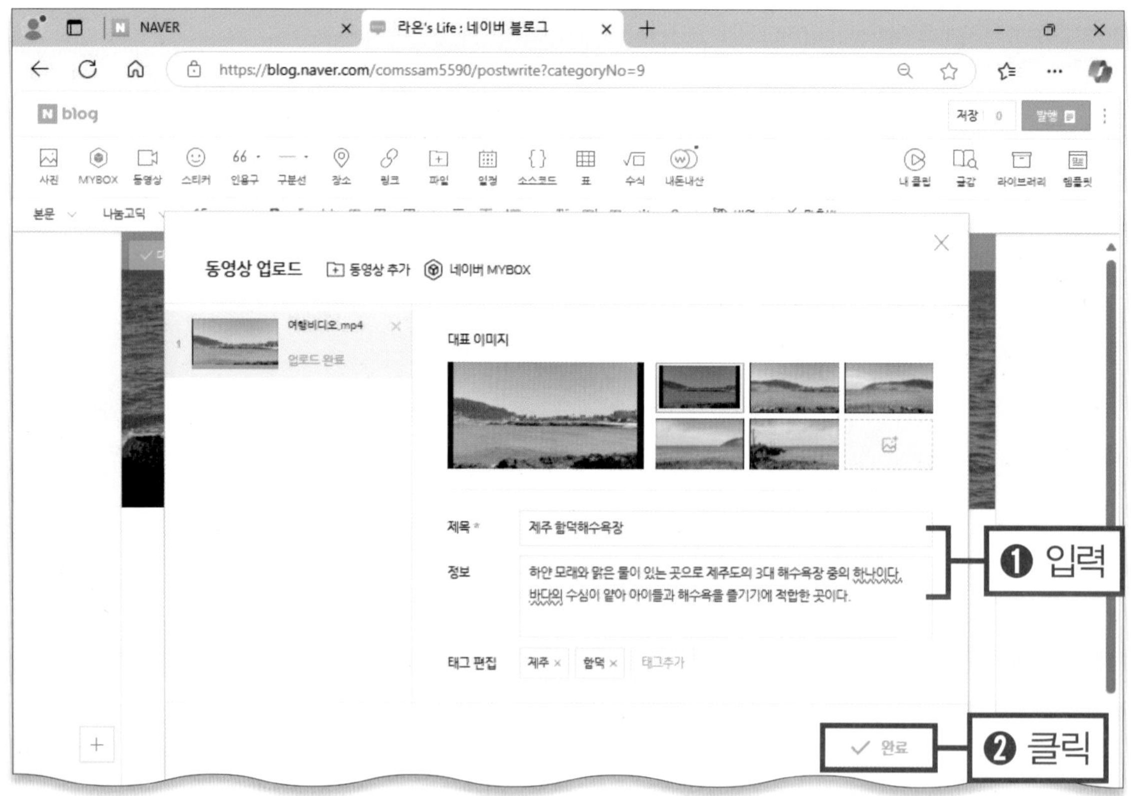

조금 더 배우기

원하는 대표 이미지로 변경 가능합니다.

09 삽입된 동영상을 확인하고 오른쪽 위 [발행]을 클릭합니다. [카테고리]를 선택하고 '태그 편집'에 내용을 입력한 후 아래쪽의 [발행]을 클릭합니다.

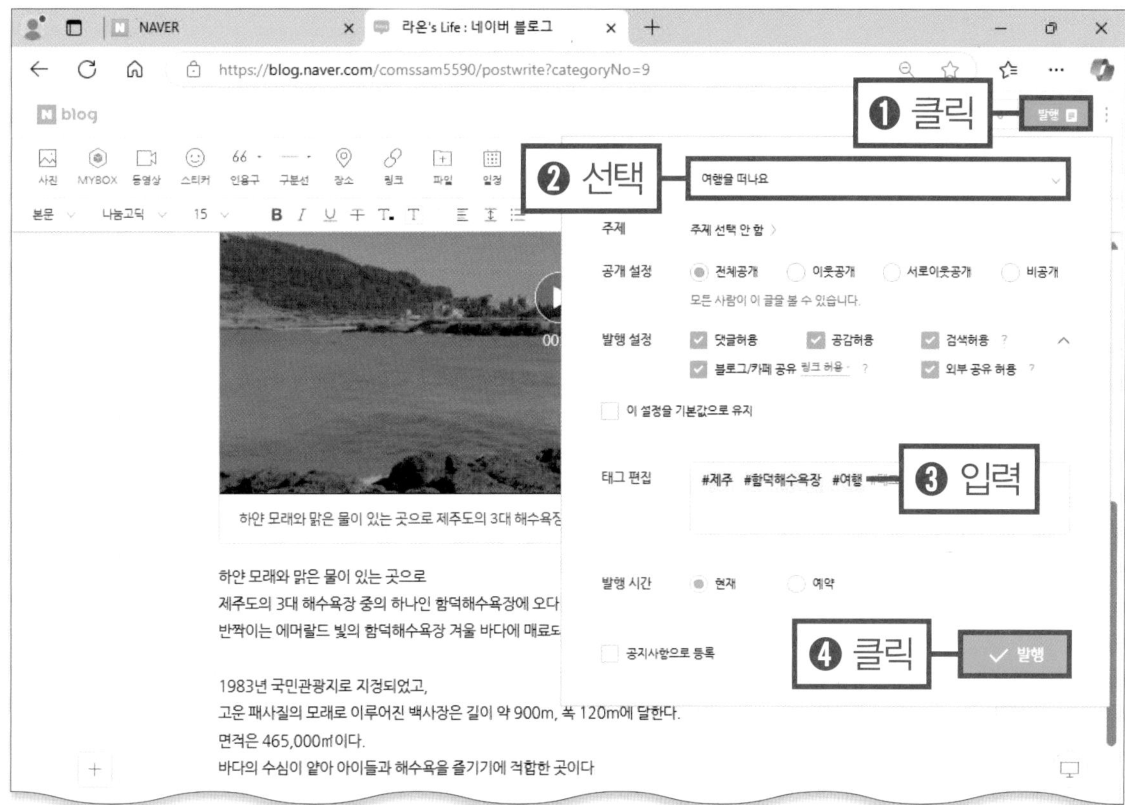

10 제목 배경과 동영상이 삽입된 블로그 게시물을 확인합니다.

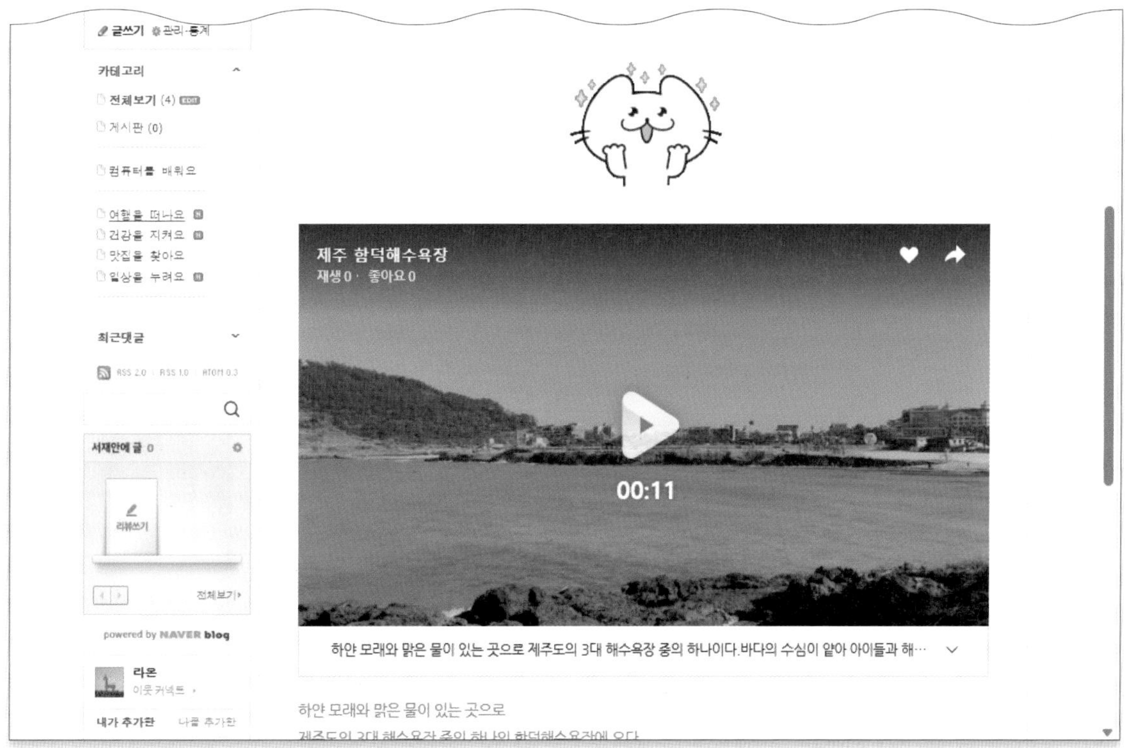

STEP 02 유튜브 동영상을 활용하여 글쓰기

01 엣지 상단에 '네이버' 탭을 클릭한 후 검색 란에 '유튜브'를 입력합니다. 목록에서 [유튜브]를 클릭합니다.

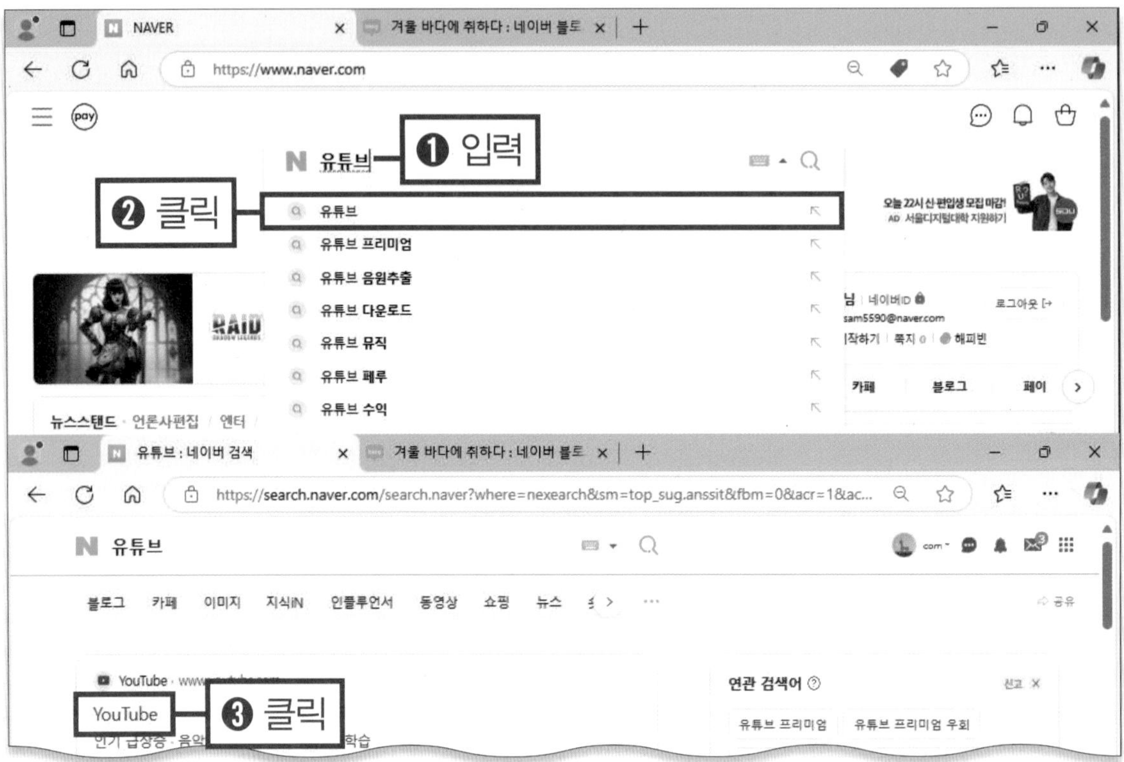

02 유튜브 사이트에 접속하면 검색 란에 '검정콩요리'를 입력하고 Enter를 누릅니다.

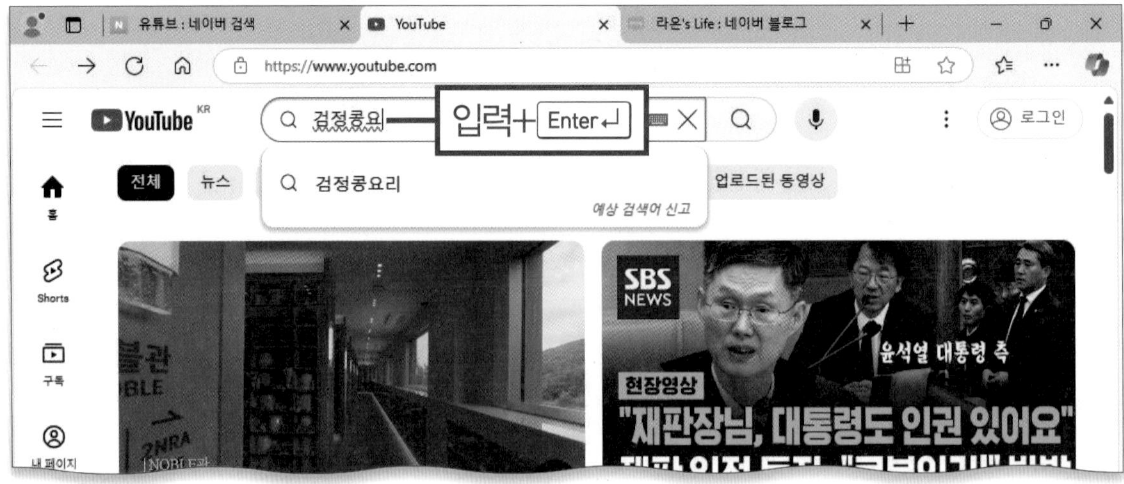

조금 더 배우기

'유튜브 프리미엄 체험하기' 대화상자가 나오면 [닫기] 또는 [나중에]를 클릭합니다.

03 블로그에 올리고자 하는 동영상을 클릭합니다.

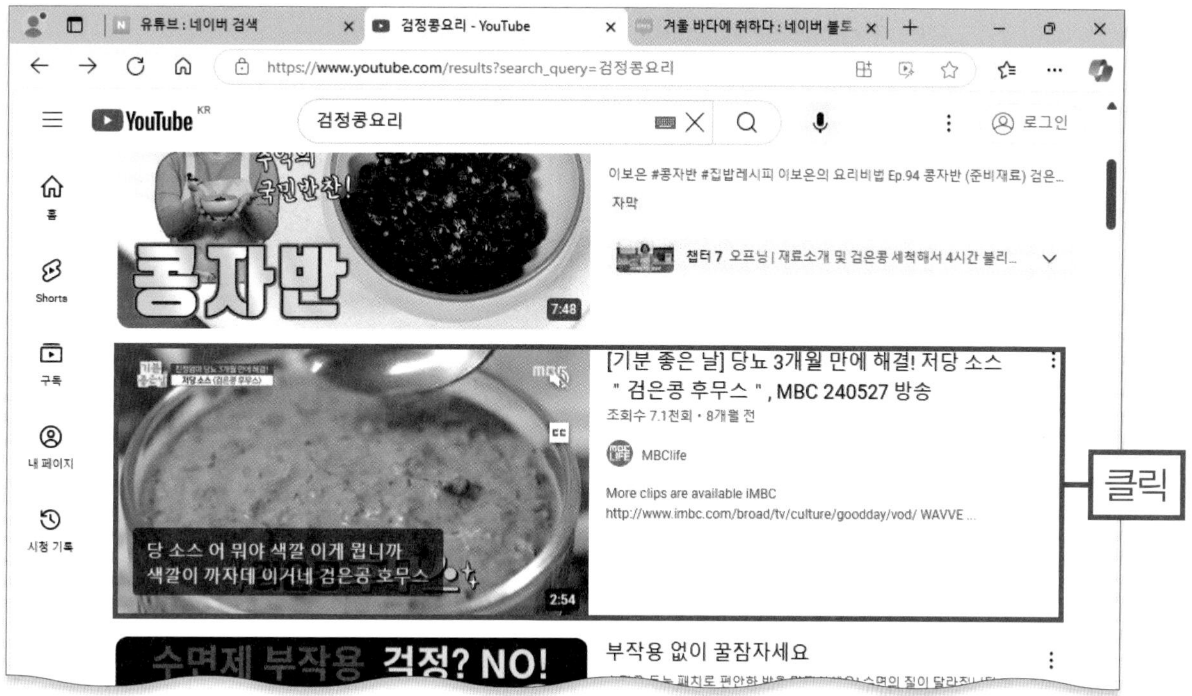

04 동영상이 재생되면 화면 아래 [공유]를 클릭합니다.

조금 더 배우기

동영상 광고가 나오면 [건너뛰기]를 클릭합니다.

05 '공유' 대화상자가 나타나면 하단 URL 옆의 [복사]를 클릭합니다.

06 내 블로그로 이동한 후 프로필 영역의 [글쓰기]를 클릭합니다.

07 '제목'과 '본문 내용'을 입력합니다.

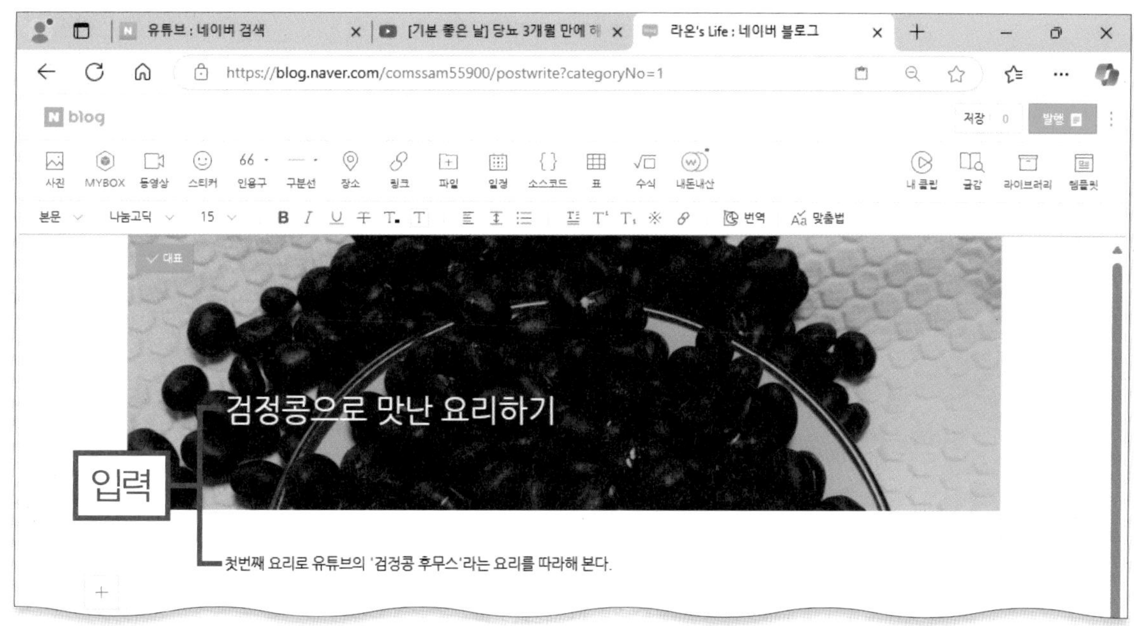

08 글쓰기 도구 중 [링크]를 클릭합니다. '링크' 대화상자에 복사한 주소와 함께 영상이 나타납니다. [확인]을 클릭합니다.

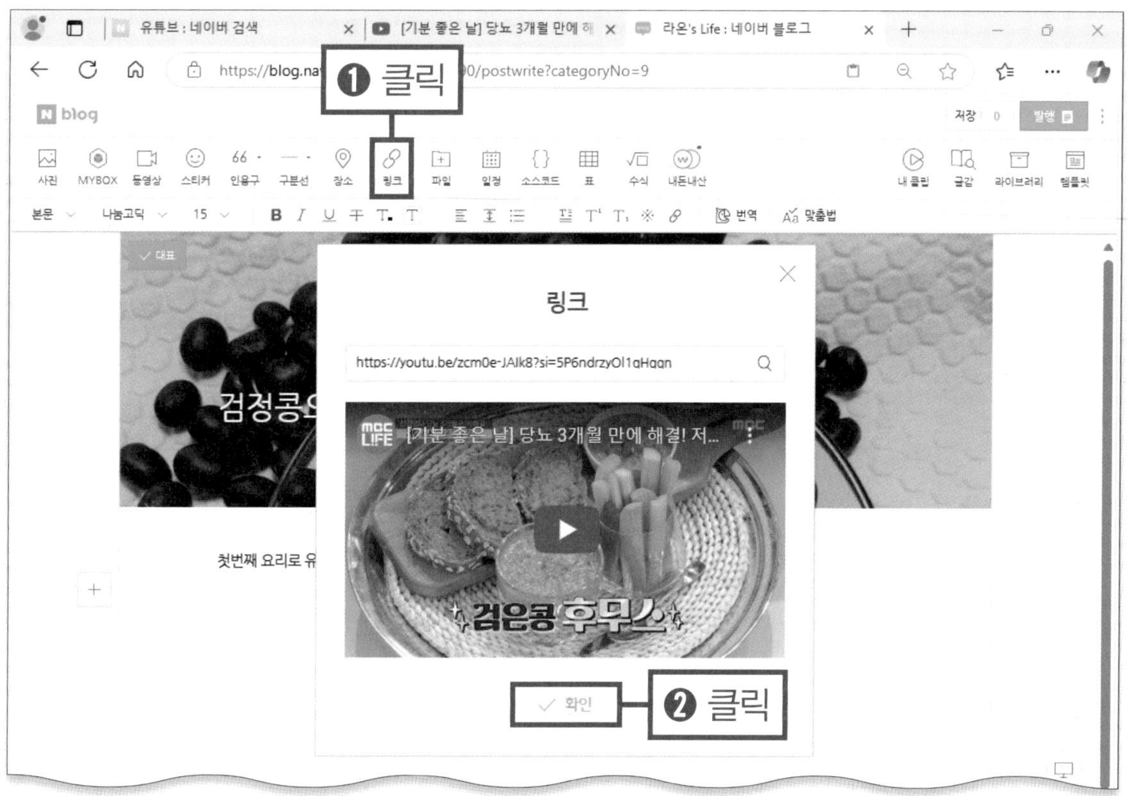

조금 더 배우기

'링크' 대화상자에 복사한 주소가 나타나지 않으면 Ctrl+V(붙여넣기)를 합니다.

09 연결된 동영상을 확인한 후 오른쪽 위 [발행]을 클릭합니다. [카테고리]를 선택하고 '태그 편집'에 내용을 입력한 후 아래쪽의 [발행]을 클릭합니다.

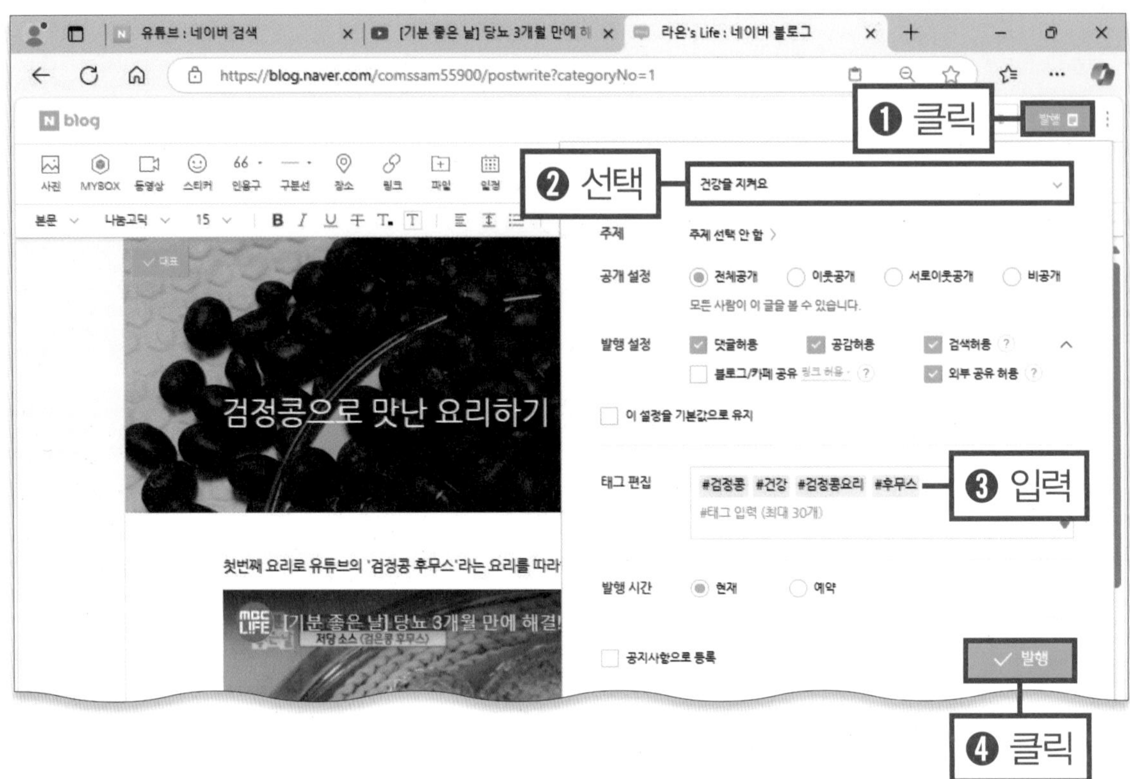

10 업로드된 게시물을 확인합니다.

조금 더 배우기

게시된 글 제목 옆 [더보기](⋮)를 클릭하면 게시된 글의 수정 및 삭제가 가능합니다.

수정하기
삭제하기

수정 | 삭제 | 설정

혼자서도 만들 수 있어요!

1 블로그 글쓰기로 자신이 좋아하는 시 한 편을 올려 보세요.

hint 제목 입력 → 본문 클릭 후 '글쓰기 도구'에서 [스티커] 선택 → 내용 입력 → 범위 지정하여 글꼴, 글자 크기, 정렬 등 수정

2 유튜브 동영상이 삽입된 포스트에 동영상을 하나 더 연결해 보세요.

hint 엣지 상단 [유튜브] 탭 클릭 → 검색 란에 검색어 입력하고 Enter↵ → 삽입할 동영상 선택하여 [공유] 클릭 → 내 블로그 탭으로 이동하여 '검정콩으로 맛난 요리하기' 포스트를 클릭 → 제목 옆 [더보기] 클릭한 후 [수정하기] 클릭→ '글쓰기 도구'에서 [링크] 클릭

CHAPTER 07

다른 블로그와 소통하기

POINT

다른 블로그와 서로의 글을 공유하고 소통할 수 있는 기능이 이웃 기능입니다. 이웃 추가와 다른 블로그 게시물에 댓글 달기를 배워 봅니다.

완성 화면 미리 보기

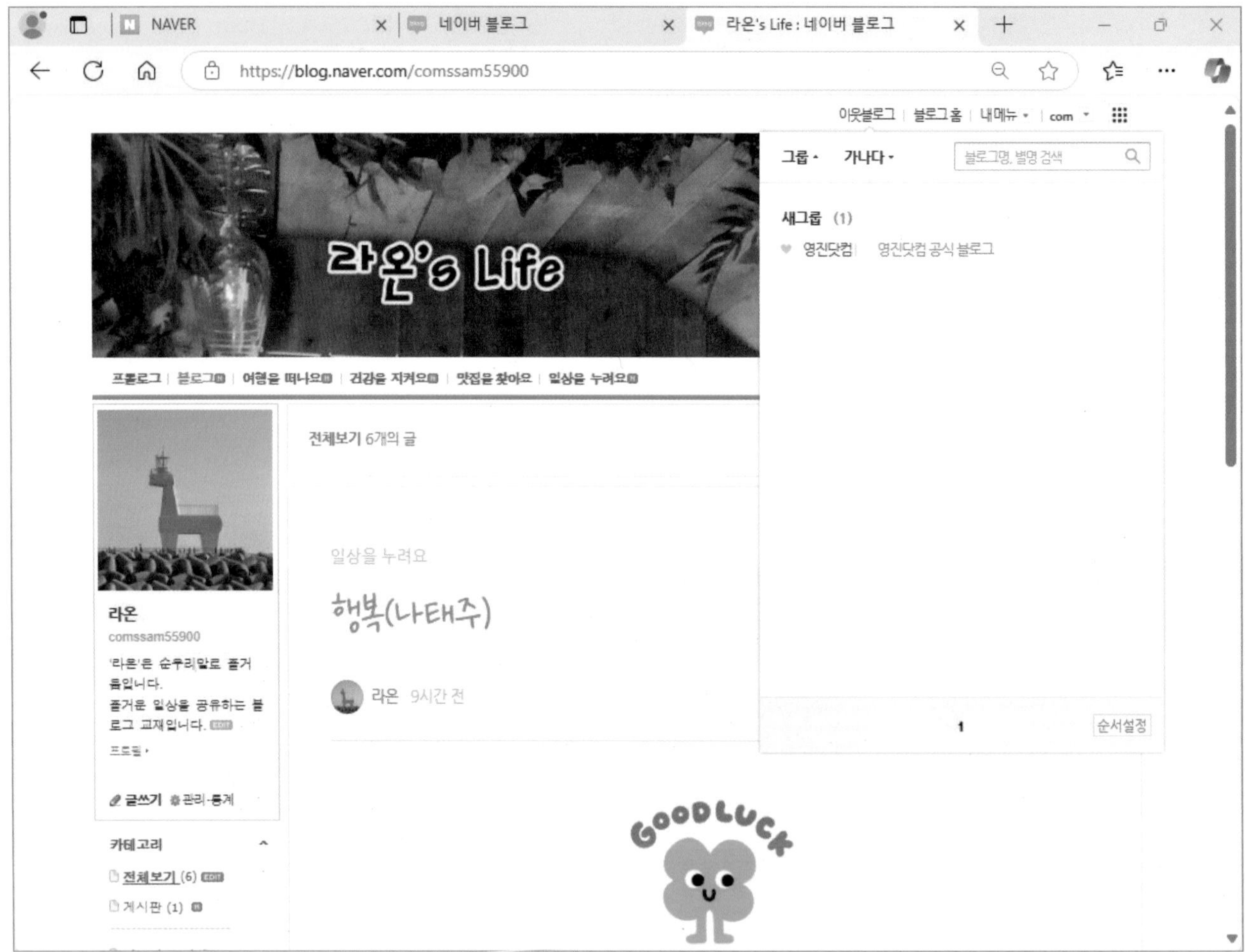

여기서 배워요!

이웃 추가하기, 댓글 달기

STEP 01 이웃 추가하기

01 '네이버' 사이트에 접속한 후 메뉴에서 [블로그]를 클릭합니다.

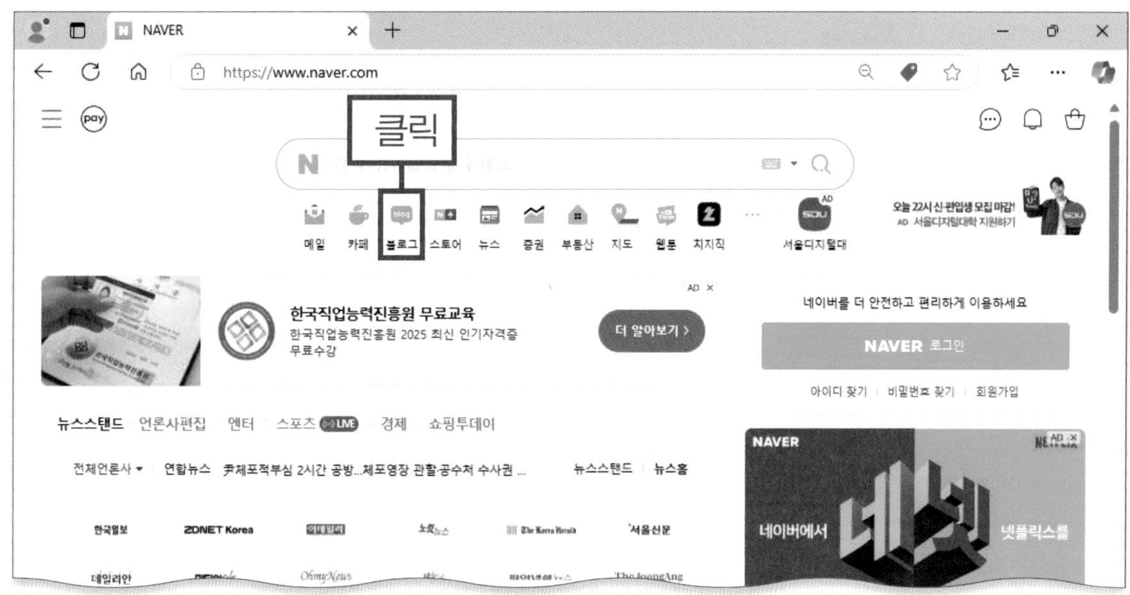

02 블로그 검색 상자의 [글]을 클릭하여 [블로그]로 변경한 후 검색어를 입력하고 Enter를 누릅니다. 원하는 블로그 명을 클릭합니다.

조금 더 배우기

'글'은 제목이나 내용을 담고 있는 블로그를 검색하고 '블로그'는 블로그 명에 해당하는 블로그를 위주로 검색합니다. '별명 · 아이디'는 별명, 아이디를 포함하는 블로그를 검색합니다.

03 검색한 블로그의 프로필 영역에 있는 [이웃추가]를 클릭한 후 내 아이디와 비밀번호를 입력하고 [로그인]을 클릭합니다.

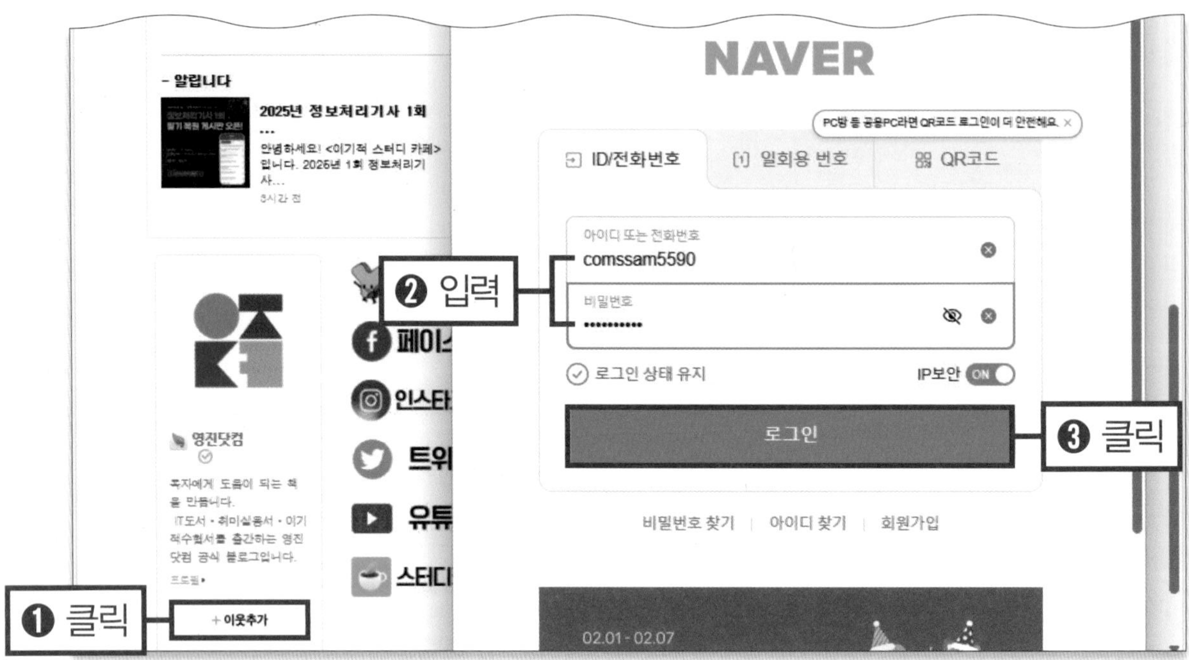

조금 더 배우기

네이버에 로그인을 하고 검색하였다면 [로그인] 과정이 나오지 않습니다.

04 '이웃추가' 대화상자에서 [이웃]을 선택하고 [다음]을 클릭합니다. 그룹 선택을 하지 않고 [다음]을 클릭합니다.

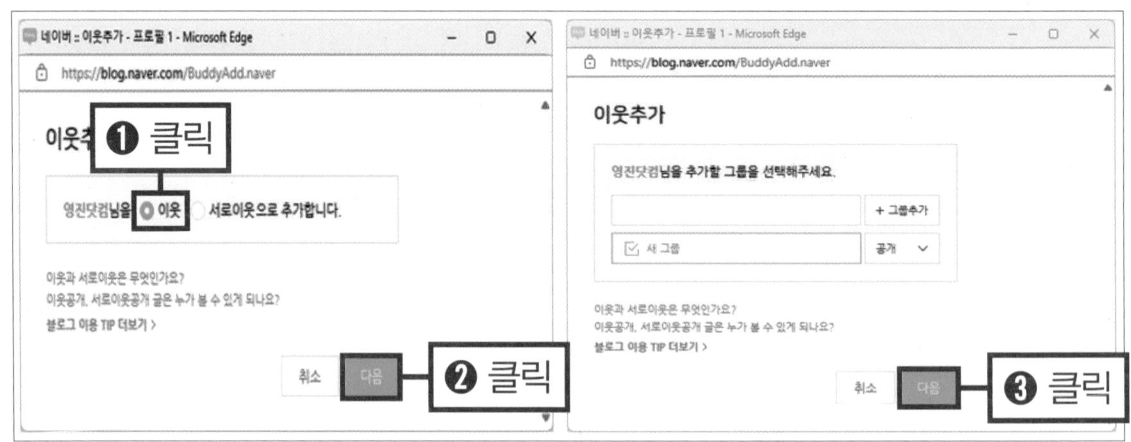

조금 더 배우기

그룹 명으로 분류하고자 한다면 [+그룹추가]를 클릭하여 그룹 명을 입력합니다.

05 해당 블로그의 이웃 목록이 확인되면 [닫기]를 클릭합니다.

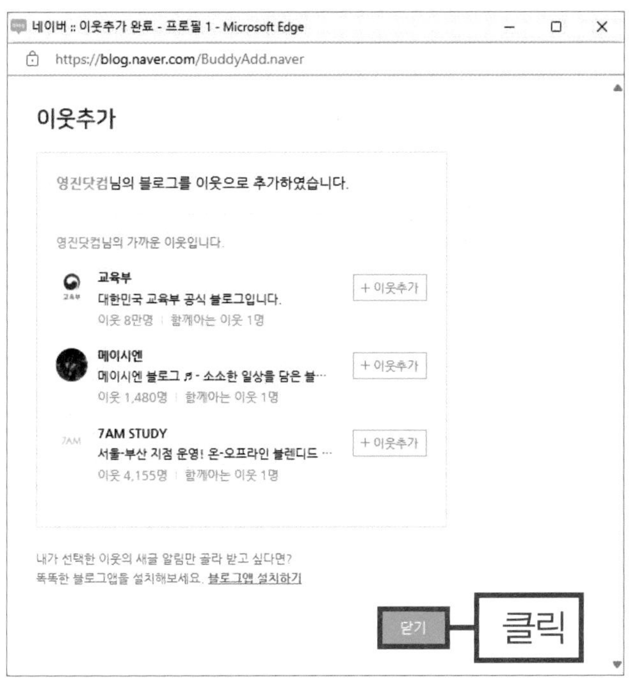

06 블로그 화면 오른쪽 위 [내 블로그]를 클릭하여 내 블로그로 이동합니다. 오른쪽 위 [이웃블로그]를 클릭하여 이웃추가된 블로그를 확인하고 추가된 이웃블로그를 클릭해 봅니다.

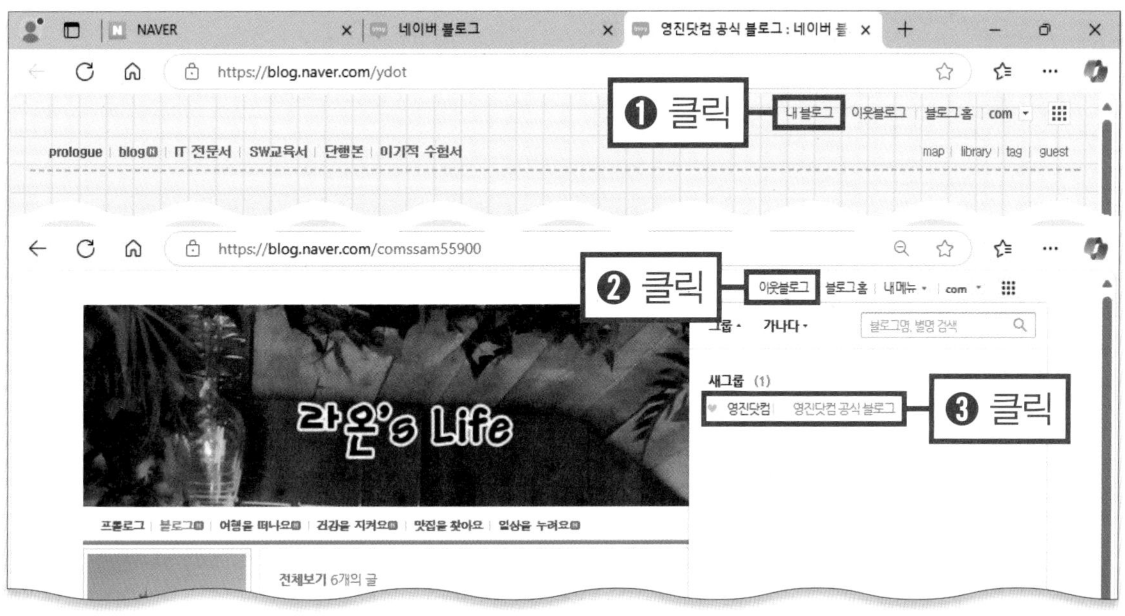

조금 더 배우기

'내블로그' 옆에 있는 [이웃블로그]를 클릭하여 확인할 수도 있습니다.

07

[내 블로그]로 이동한 후 프로필 영역의 [관리]를 클릭합니다. [기본 설정]-[이웃 관리] 탭에서 [내가 추가한 이웃]을 클릭합니다. 추가된 이웃 목록을 확인합니다.

조금 더 배우기

그룹 명을 수정하고자 한다면 '이웃그룹' 탭에서 '새그룹' 명의 [수정]을 클릭합니다.

열린이웃 | 이웃그룹 | 이웃순서

공개변경 | 삭제 | + 그룹추가 | 정렬된 이웃 2명

이웃그룹	공개여부	이웃수	새글알림수
새그룹 수정	공개	2명	2명

공개변경 | 삭제 | + 그룹추가

OPML파일 가져오기 내보내기

조금 더 배우기

'이웃'과 '서로이웃'의 차이가 뭘까요?

- **이웃** : 인터넷의 즐겨찾기와 비슷한 개념으로 관심 있는 블로그를 등록해 두는 것을 뜻하며, 나의 글은 상대방에게 보이지 않습니다.
- **서로이웃** : 상호 교류를 위한 것으로 상대방에게 서로이웃을 요청하여 수락을 받아야 하며, 서로의 소식을 확인할 수 있습니다.

1. 다른 블로그를 방문합니다. 프로필 영역의 [이웃추가]를 클릭한 후 [서로이웃으로 신청합니다.]를 클릭합니다. 순서에 알맞게 따라 하기를 진행합니다.

2. 프로필 영역의 [관리]를 클릭합니다. [기본 설정]-[이웃 관리] 탭에서 [서로이웃 신청]을 클릭한 후 [수락]을 클릭합니다.

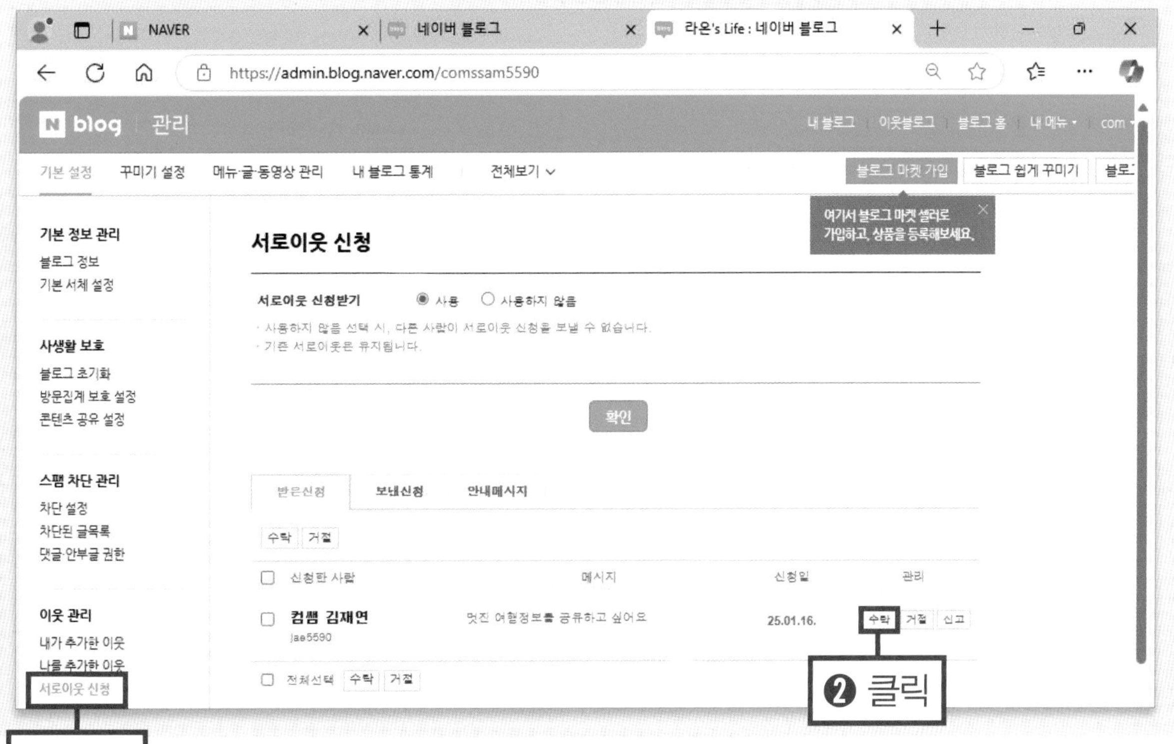

3. 그룹을 선택한 후 [확인]을 클릭합니다.

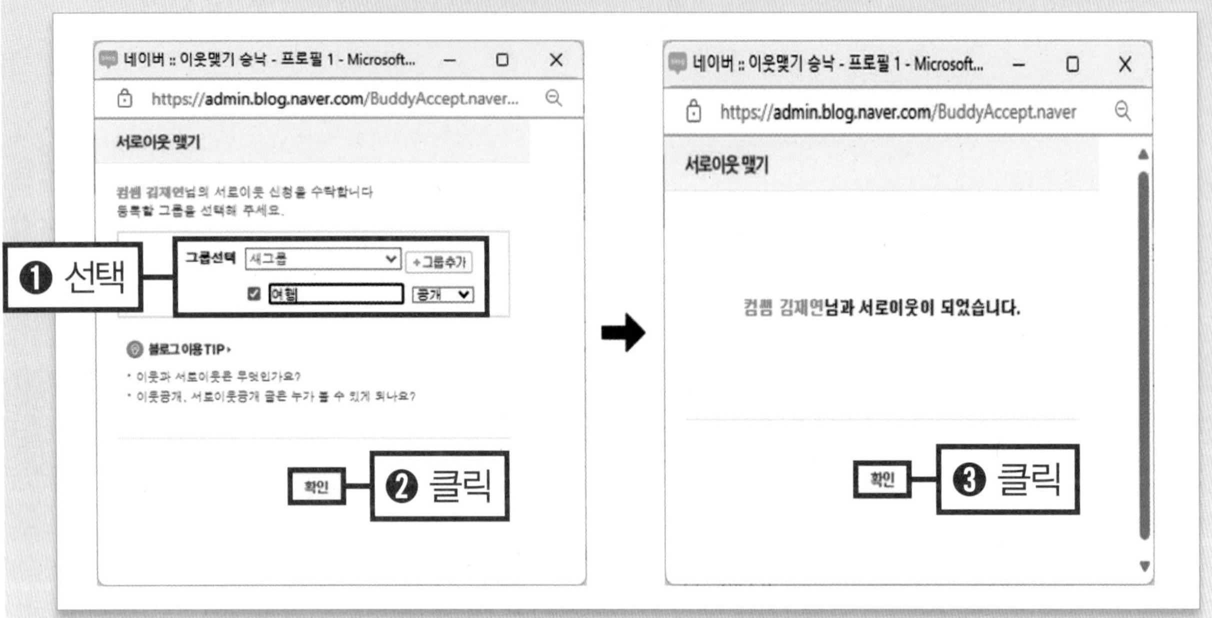

4. 블로그 오른쪽 위 [이웃블로그]를 클릭하여 [이웃](♡)과 [서로이웃](♥)을 확인합니다.

STEP 02 댓글 달기

01 블로그 오른쪽 위 [이웃블로그]를 클릭하여 추가된 [이웃블로그]를 선택합니다.

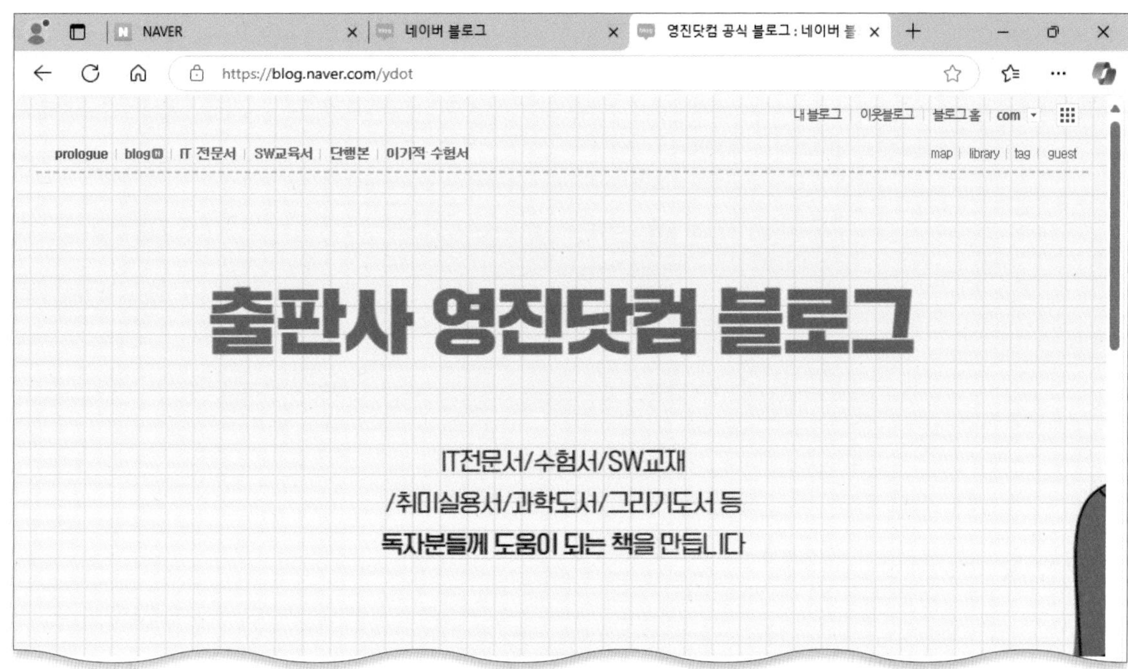

02 이웃블로그에 관심 있는 글을 클릭하여 게시글을 읽은 후 아래쪽으로 드래그합니다.

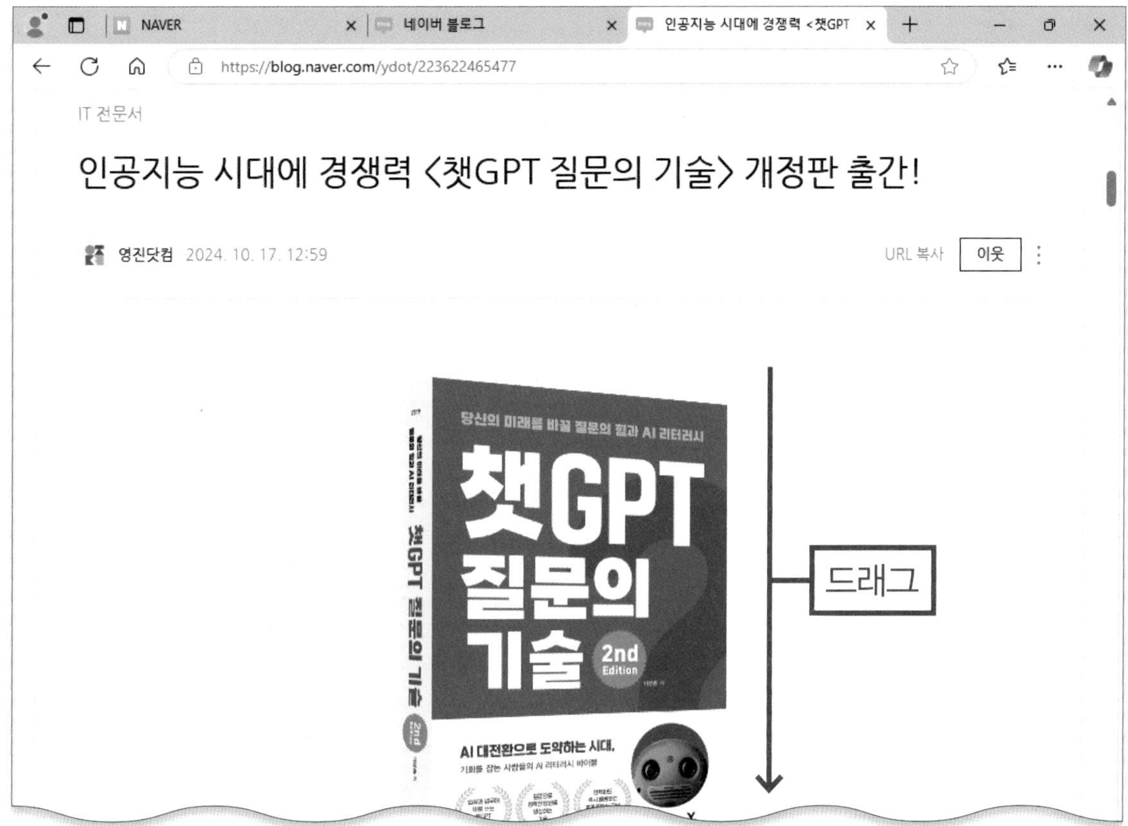

03 [댓글 쓰기]를 클릭하여 내용을 입력하고 [등록] 버튼을 클릭합니다.

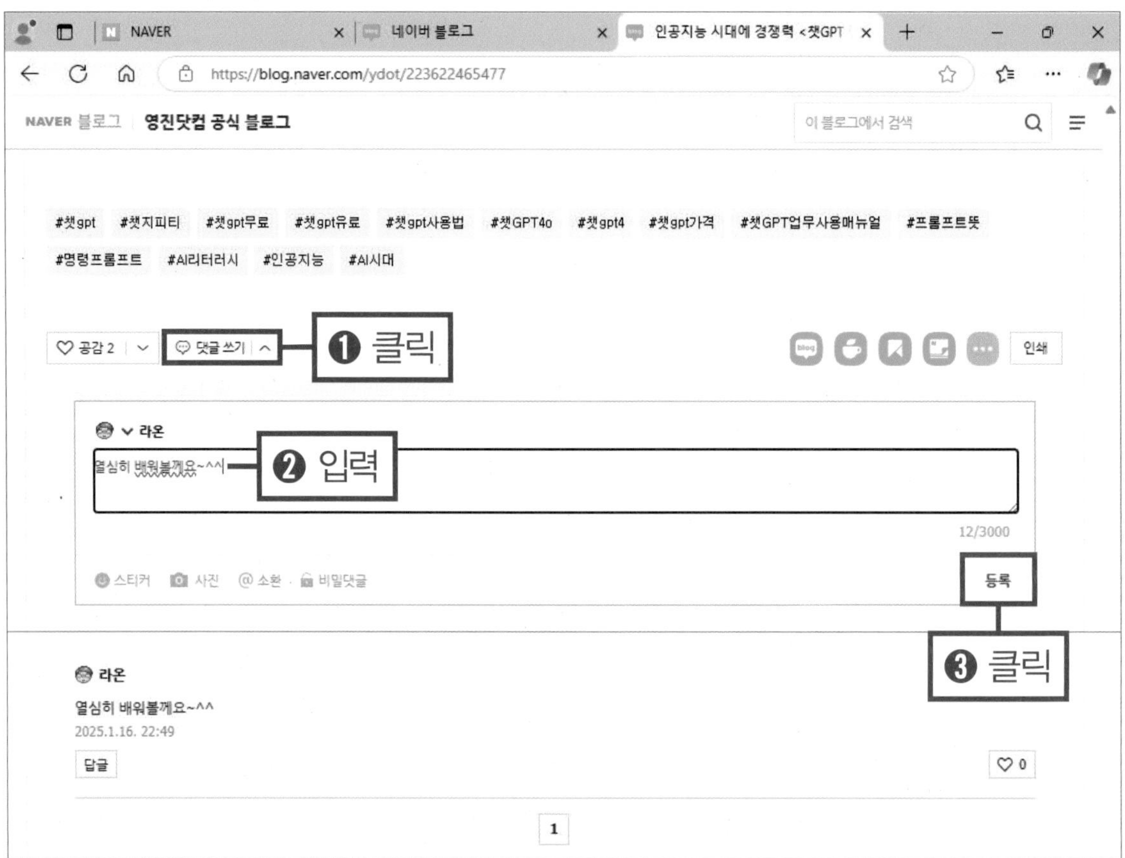

CHAPTER

08 모바일로 블로그 활용하기

POINT

블로그는 PC 기반으로 구성되어 있었지만, 최근에는 모바일의 활성화로 스마트폰에서의 사용이 늘어나고 있습니다. 블로그 앱을 설치하여 앱에서의 사용법을 배웁니다.

완성 화면 미리 보기

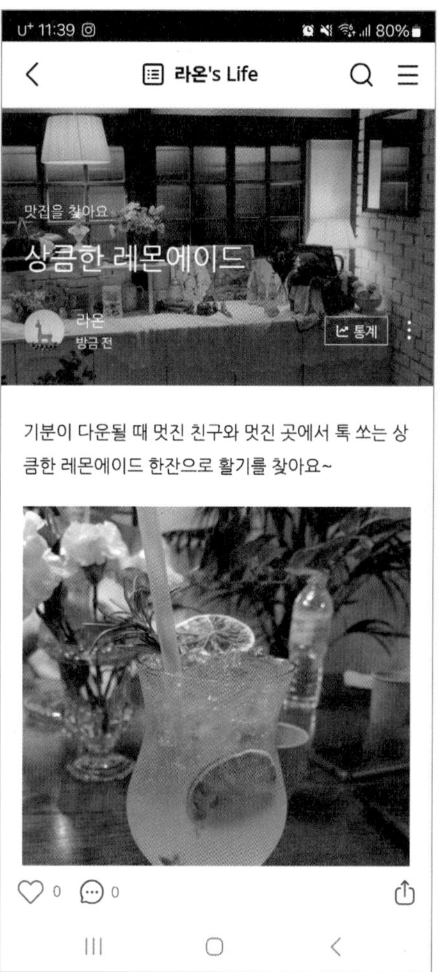

여기서 배워요!

블로그 앱 설치, 블로그 앱에서 글쓰기, 블로그 게시글 내보내기

STEP 01 블로그 앱 설치하기

01 자신의 스마트폰에서 [Play 스토어]를 터치합니다. 검색 란에 '네이버 블로그'를 입력하여 검색한 후 [설치]를 터치합니다.

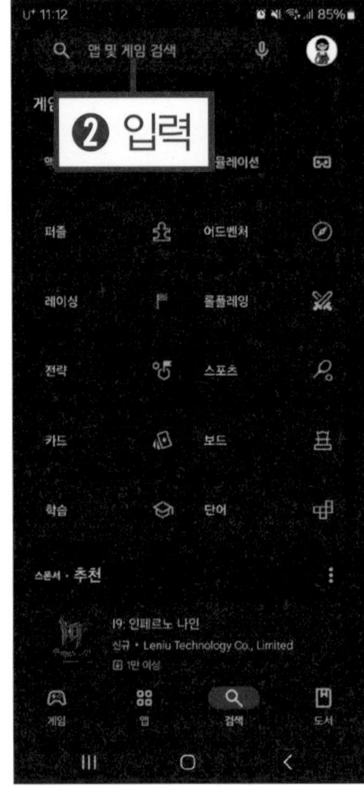

02 설치가 완료되면 [열기]를 터치합니다. '아이디'와 '비밀번호'를 입력하고 [로그인]을 터치합니다. 블로그 메인 화면이 나타납니다.

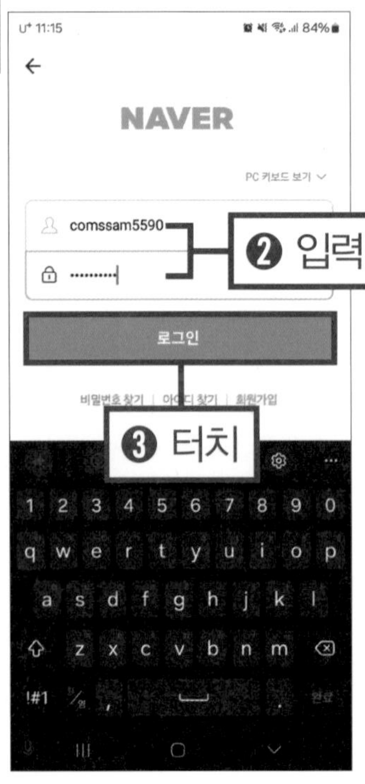

조금 더 배우기

블로그 앱 화면 구성

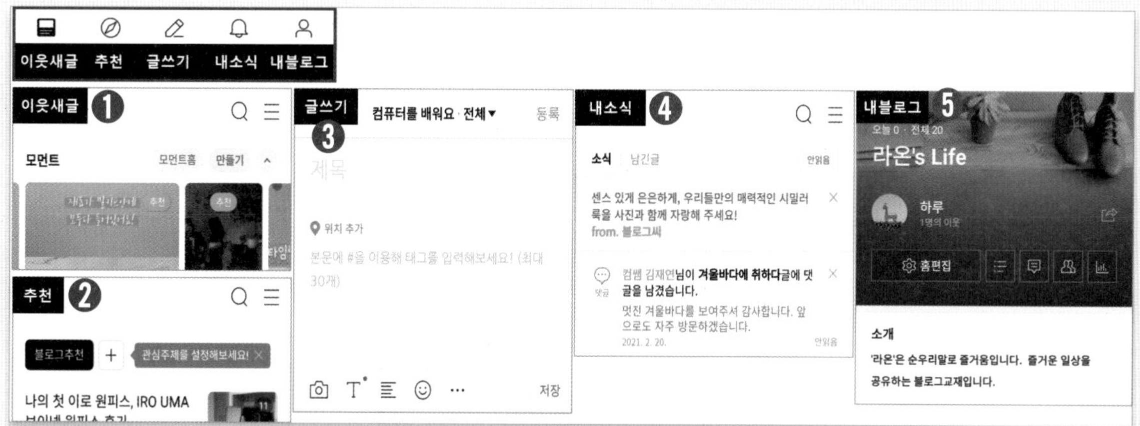

❶ **이웃새글** : 나의 이웃의 새 글을 모아서 보여 줍니다.

❷ **추천** : 네이버에서 추천하는 블로그 글을 주제별로 보여 줍니다.

❸ **글쓰기** : 블로그 글쓰기입니다.

❹ **내소식** : 내블로그에 달린 공감, 댓글 등을 보여 줍니다.

❺ **내블로그** : 내블로그 화면을 보여 줍니다.

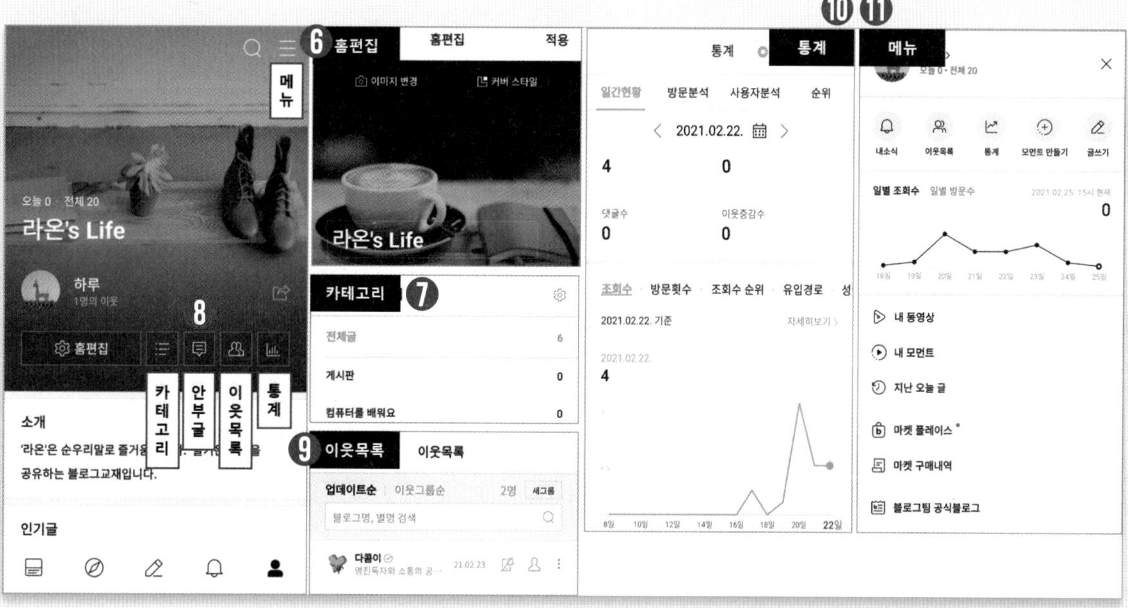

❻ **홈편집** : 커버 스타일과 블로그 명, 별명을 입력할 수 있습니다. 블로그 명과 별명을 수정하면 PC 화면에서도 수정된 내용으로 나타납니다.

❼ **카테고리** : 내블로그의 카테고리와 카테고리별 게시물 개수가 보여집니다.

❽ **안부글** : 내블로그에 남겨진 안부글을 살피고 답글을 남길 수 있습니다.

❾ **이웃목록** : 추가한 이웃목록을 확인합니다.

❿ **통계** : 조회수, 방문횟수, 순위 등을 일별로 확인할 수 있습니다.

⓫ **메뉴** : 블로그 관리에 필요한 모든 메뉴들이 담겨 있습니다. 로그인 정보도 확인할 수 있습니다.

STEP 02 블로그 앱 커버 화면 바꾸기

01 [내블로그]를 터치한 후 [홈편집]을 터치합니다. [이미지 변경]-[촬영 또는 앨범에서 선택]을 차례대로 터치합니다. 내 휴대폰에 저장된 갤러리가 나타나면 커버 배경으로 사용하고자 하는 사진을 선택한 후 [첨부]를 터치합니다.

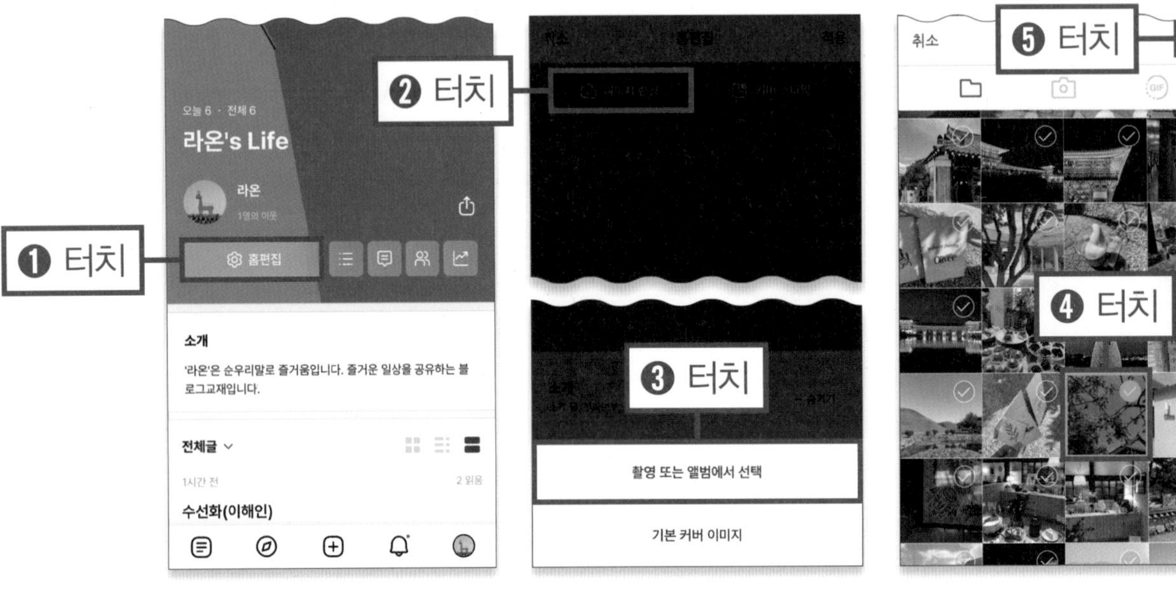

조금 더 배우기

앱을 처음 설치하고 사용하면 액세스 허용 관련 메시지가 나타납니다. [허용]을 터치합니다.

02 다시 [이미지 변경]을 터치한 후 이번엔 [기본 커버 이미지]를 터치합니다. '기본 커버 이미지'에서 사진을 선택한 후 [확인]을 터치합니다. [적용]을 터치합니다.

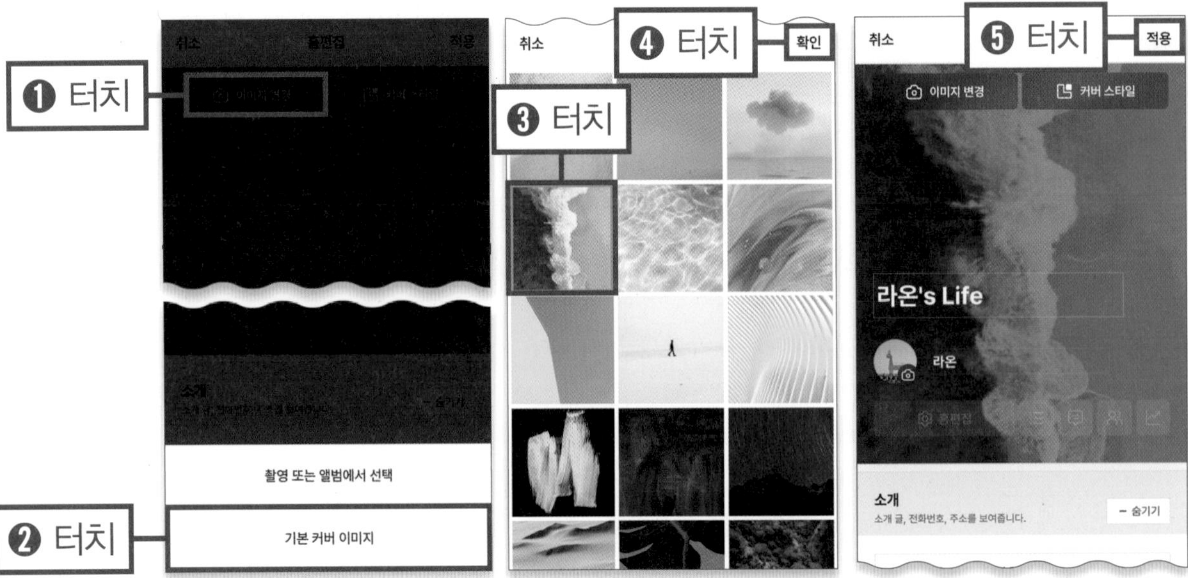

STEP 03 블로그 앱에서 글쓰기

01 하단 메뉴에서 (⊞)를 터치한 후 [블로그 글쓰기]를 터치합니다. 제목과 내용을 입력하고 제목의 [사진](🖼)을 터치합니다. 갤러리에서 배경으로 이용하고자 하는 사진을 선택하고 [첨부]를 터치합니다.

02 본문 내용글 아래를 터치한 후 [사진](📷)을 터치합니다. 갤러리에서 사진을 선택한 후 [첨부]를 터치합니다. 글쓰기 위 [카테고리(예:일상을 누려요 전체)]를 터치한 후 다시 한 번 카테고리를 터치합니다.

03 '카테고리 설정'에서 카테고리를 변경하고 [확인]을 터치합니다. [태그 편집]을 터치하여 태그를 입력한 후 [+추가]를 터치합니다. 태그를 다 입력하였다면 [확인]을 터치합니다.

조금 더 배우기

'태그'란 검색을 위한 분류이며, 최대 30개까지 입력할 수 있습니다.

04 게시글을 올리기 위해 [등록]을 터치합니다. 블로그 앱에 게시된 글을 확인하고 수정이 필요하다면 [더보기](⋮)-[수정하기]를 차례대로 터치합니다.

STEP 04 블로그 게시글 내보내기

01 블로그 홈의 게시글 아래 [내보내기]( )를 터치하여 사용할 앱을 선택합니다. 여기서는 카카오톡을 선택하였습니다. 공유 대상을 선택하고 [확인]을 터치합니다. 전송된 내용을 확인합니다.

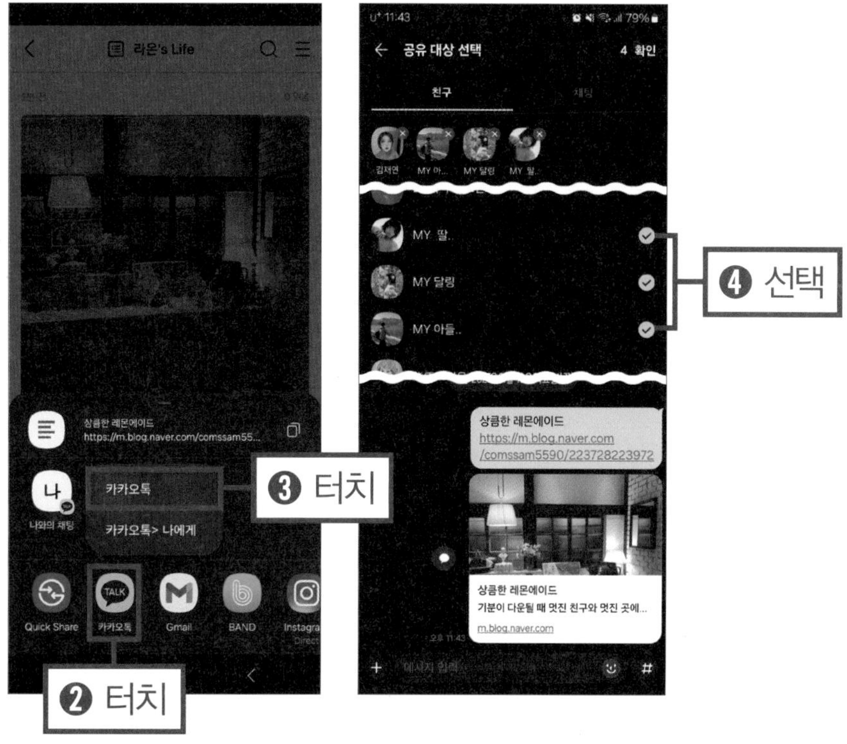

조금 더 배우기

'친구'에서 공유 대상 선택은 10명까지입니다.

CHAPTER

스마트스토어란?

POINT

스마트스토어는 누구나 쉽고 편리하게 이용 가능하도록 네이버에서 제공하는 쇼핑몰입니다. 스마트스토어에 대해 알아봅니다.

완성 화면 미리 보기

블로그형 원스톱 쇼핑몰 구축 솔루션

네이버의 다양한 판매영역과 검색결과에 상품 노출

판매수수료가 합리적

여기서 배워요!

다양한 쇼핑몰 비교, 스마트스토어란? 스마트스토어의 장점

STEP 01 다양한 쇼핑몰 비교하기

01 온라인 쇼핑몰이란?

인터넷이 일상생활에 파고들면서 오프라인으로 거래하던 것들이 온라인이라는 공간에서 이루어지고 있습니다. 온라인 쇼핑몰은 전자상거래를 기반으로 상품을 전시하고 판매하는 가상의 공간입니다.

02 온라인 쇼핑몰의 종류와 특징

❶ 자사몰(독립형)

▶ 판매자가 직접 쇼핑몰을 제작하여 운영하며 상품 판매가, 정책 수수료를 자유롭게 변경할 수 있습니다.

▶ 카페24, 고도몰, 메이크샵 등에서 좀 더 빠르게 만들 수 있습니다.

▶ 쇼핑몰 구축 및 홍보에 많은 시간과 비용이 투자됩니다.

cafe24

❷ 오픈 마켓

▶ 누구나 쉽게 상품을 등록하고 판매할 수 있는 공간입니다.

▶ 상품 등록 후 바로 판매가 가능하며 입점이 쉽습니다.

▶ 수수료가 낮은 편이며 자금 회전력이 좋습니다.

▶ 11번가, 인터파크, G마켓, 옥션, 네이버 스마트스토어 등이 있습니다.

Gmarket
AUCTION.
나만의 온라인 쇼핑몰
스마트스토어
11번가

❸ 소셜커머스

▶ 최저가 낮은 가격에 판매하는 형태의 쇼핑몰입니다.

▶ 다양한 이벤트 등의 혜택을 제공합니다.

▶ 티몬, 위메프 등이 있습니다.

TMON 위메프

❹ 종합몰

▶ 오프라인 백화점, 홈쇼핑과 연계되는 대형 쇼핑몰입니다.

▶ 타 쇼핑몰에 비해 입점하기가 까다롭습니다.

▶ 수수료가 높은 편이며 자금 회전력이 낮습니다.

▶ 신세계몰, 현대Hmall, 롯데ON, AK몰, GS 숍, CJ오쇼핑 등이 있습니다.

❺ 전문몰

▶ 특정 카테고리 및 상품만을 전문적으로 판매하는 쇼핑몰입니다.

▶ 구매자의 의견 및 후기 등이 많으며, 리뷰 관리가 어느 쇼핑몰보다 중요합니다.

▶ 오늘의집, 텐바이텐, 하프클럽, 패션플러스, 무신사 등이 있습니다.

오늘의집
패션플러스
하프클럽

03 온라인 쇼핑몰의 장점

❶ 오프라인 상점과 달리 공간의 제약이 없기 때문에 매장이 필요하지 않습니다.

❷ 온라인에서 판매되고 있는 상품의 가격, 품질, 브랜드, 신뢰성, 단골, 이벤트 등을 비교하여 구매할 수 있습니다.

❸ 바쁜 일상에서의 쇼핑 시간 단축과 구입의 편의성을 도모합니다.

❹ 무통장입금(가상계좌), 신용카드, 휴대폰, 페이 형식의 다양한 결제 방법을 사용합니다.

❺ 생활용품을 비롯하여 식자재, 가전제품, 건강식품 등 다양하며 최근에는 보험과 서비스를 제공하는 온라인 쇼핑몰도 운영되고 있습니다.

STEP 02 스마트스토어에 대해 알아보기

01 스마트스토어란?

❶ 쇼핑몰과 블로그의 장점을 결합한 블로그형 원스톱 쇼핑몰 구축 솔루션입니다.

❷ 네이버의 다양한 판매 영역과 검색 결과에 상품을 노출할 수 있습니다.

❸ 네이버페이 결제 수수료를 제외한 추가 운영비가 없어 안정적이고 합리적입니다.

02 스마트스토어를 해야 하는 이유

❶ 누구나 쉽게 만들 수 있는 쇼핑몰 구축 솔루션

스마트스토어 입점은 누구나 가능합니다. 다양한 스킨과 배너가 무료로 제공되어 디자인에 익숙하지 않은 초보 판매자도 쉽게 만들 수 있습니다.

❷ 고객의 신뢰와 만족도를 확보할 수 있는 무료 판매 플랫폼

네이버페이 결제를 이용하여 고객이 간편하게, 그리고 안심하고 구매할 수 있는 환경을 제공합니다. 스마트스토어 판매 회원의 경우 별도 심사 없이 네이버 쇼핑 광고주 입점이 가능합니다(스마트스토어 수수료=네이버페이 수수료+매출연동수수료).

❸ 다양한 채널과 연동하여 마케팅이 가능

스마트스토어는 입점&판매 수수료가 없는 무료 판매 플랫폼이며, 동시에 네이버의 여러 서비스와의 연동을 통해 다양한 마케팅이 가능하다는 장점을 가지고 있습니다.

▶ 네이버 쇼핑 입점

▶ 검색 광고 등록

▶ 개인화 소셜 플러그인 활용

03 스마트스토어 판매 수수료

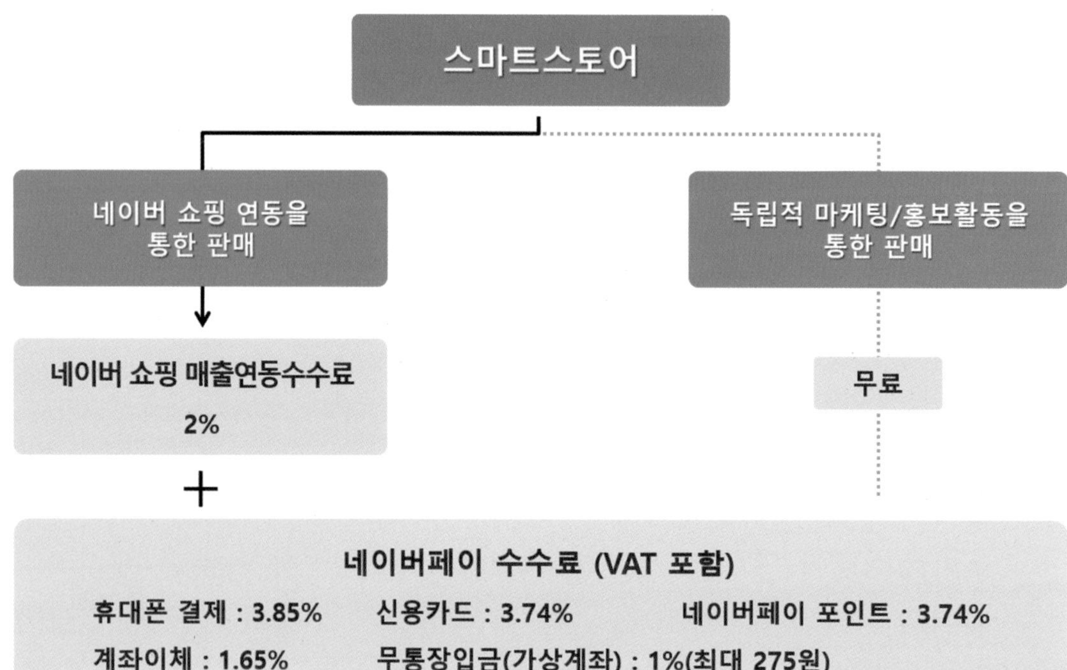

CHAPTER 10

스마트스토어 시작하기

POINT

무료 판매 플랫폼 스마트스토어 쇼핑몰을 개설하기 위해 회원가입을 진행합니다.

완성 화면 미리 보기

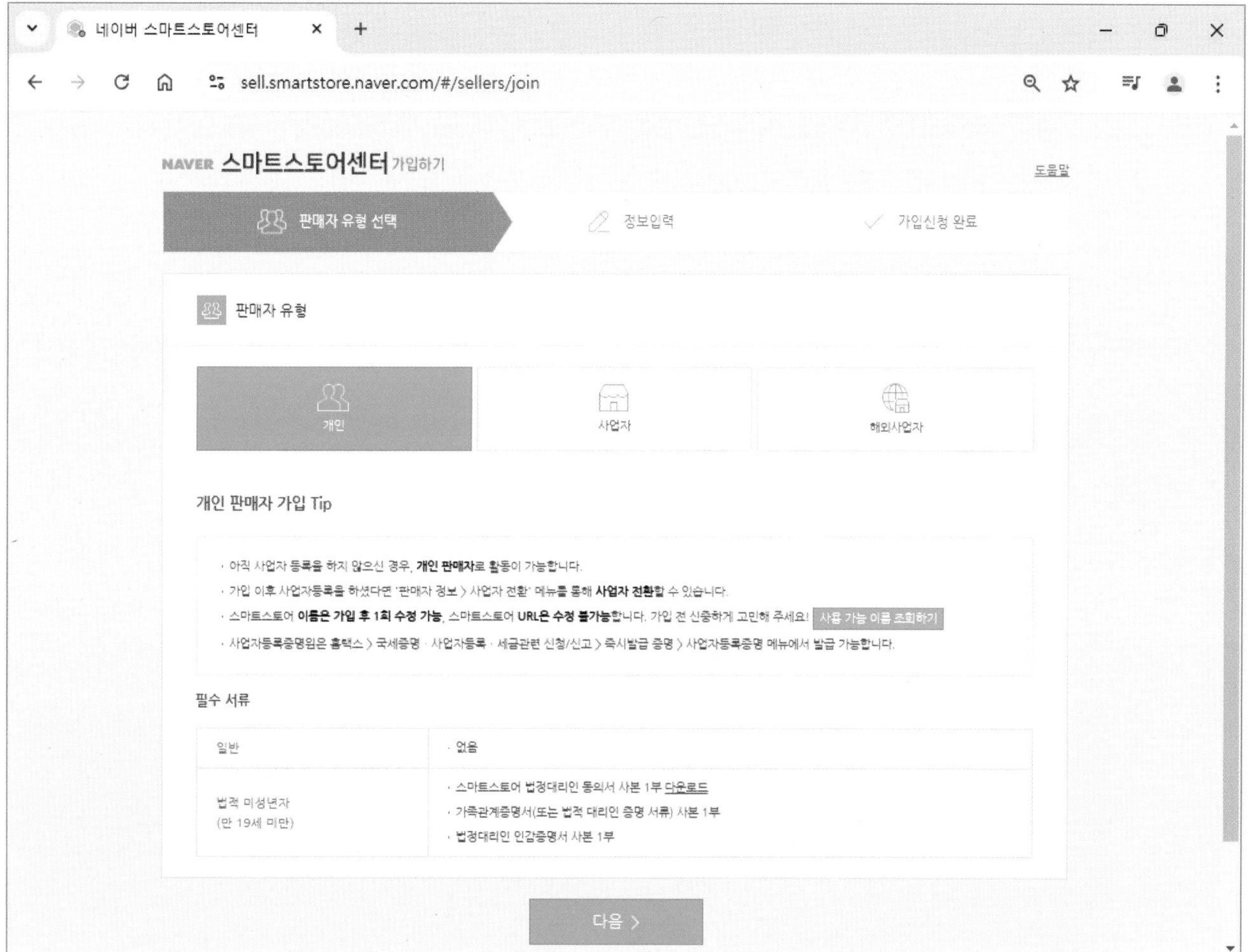

여기서 배워요!

스마트스토어 회원가입하기, 스마트스토어 로그인하기

STEP 01 스마트스토어 회원가입하기

01 [크롬]( ) 브라우저를 실행합니다. 검색 란에 '스마트스토어센터'를 입력하고 Enter를 누릅니다. [네이버 스마트스토어센터]를 클릭합니다.

조금 더 배우기

스마트스토어는 [크롬]( ) 브라우저에 최적화되어 있습니다.

02 [가입하기]를 클릭합니다.

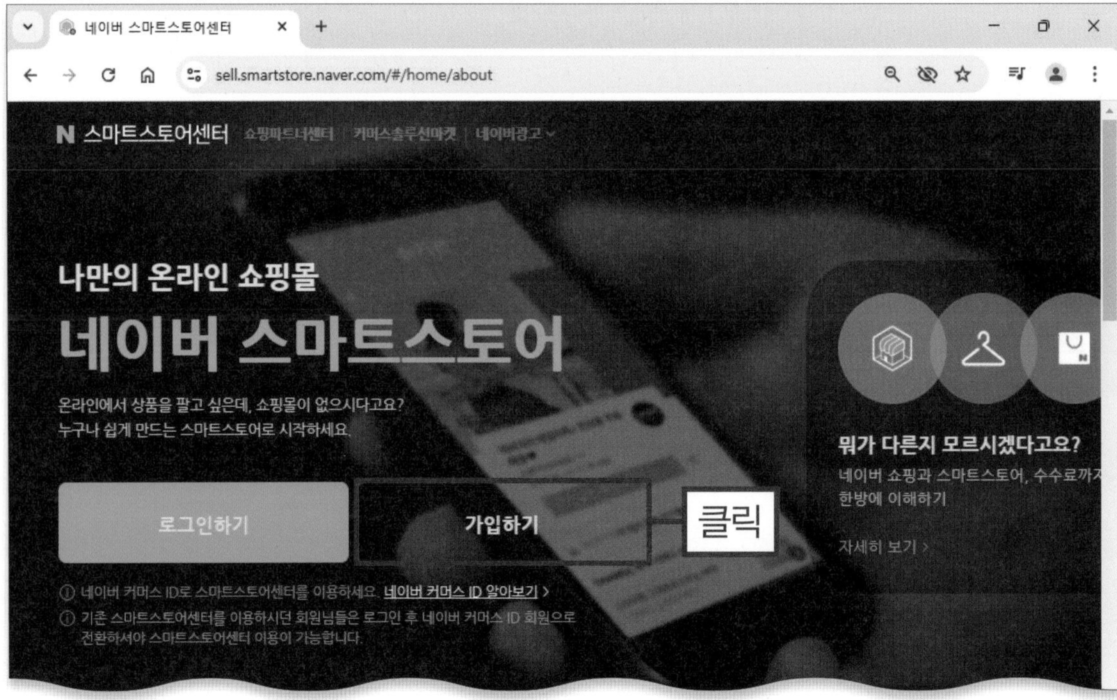

[크롬]( ) 브라우저가 없다면 다운로드합니다.

1. 검색 란에서 '크롬'을 입력하고 Enter↵를 누릅니다. [Chrome 웹브라우저]를 클릭한 후 [Chrome 다운로드]를 클릭합니다.

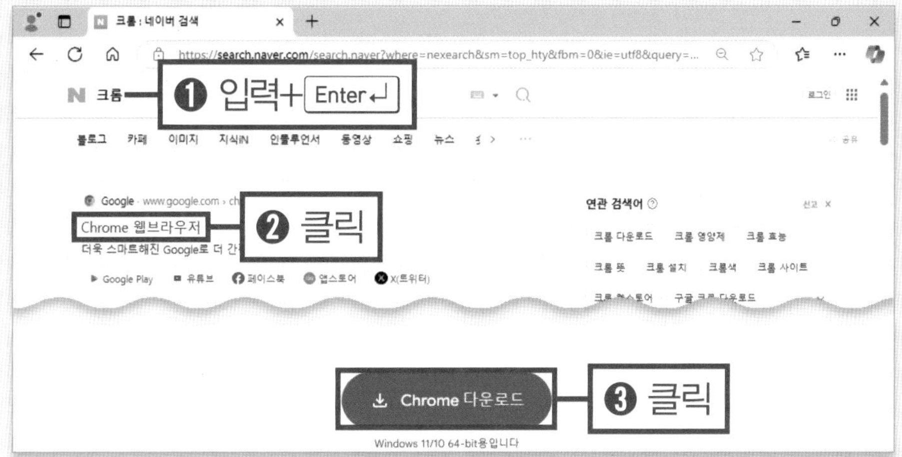

2. 오른쪽 위 [열기]를 클릭한 후 [ChromeSetup.exe]를 클릭하여 설치합니다.

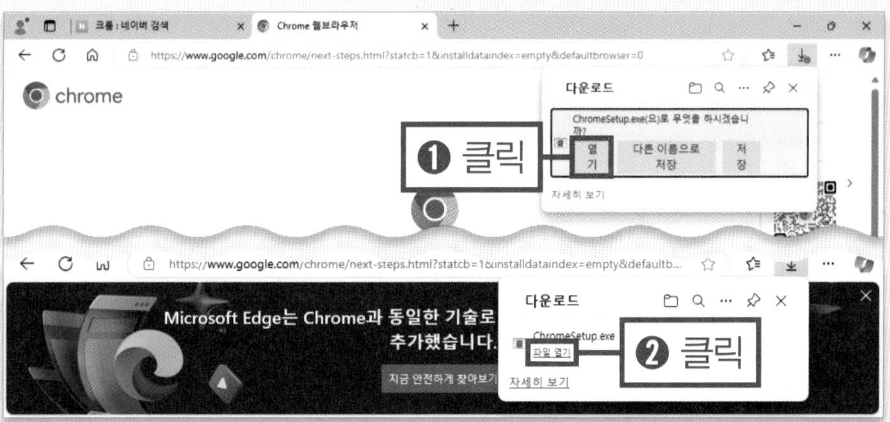

3. 설치가 완료되면 크롬 브라우저가 열립니다.

03

'NAVER 커머스 ID' 회원가입 화면에서 [네이버 아이디로 가입하기]를 클릭합니다.

04

네이버 '아이디'와 '비밀번호'를 입력한 후 [로그인]을 클릭합니다. '네이버 커머스 ID'의 개인정보 제공에 [전체 동의하기]를 선택한 후 [동의하기]를 클릭합니다.

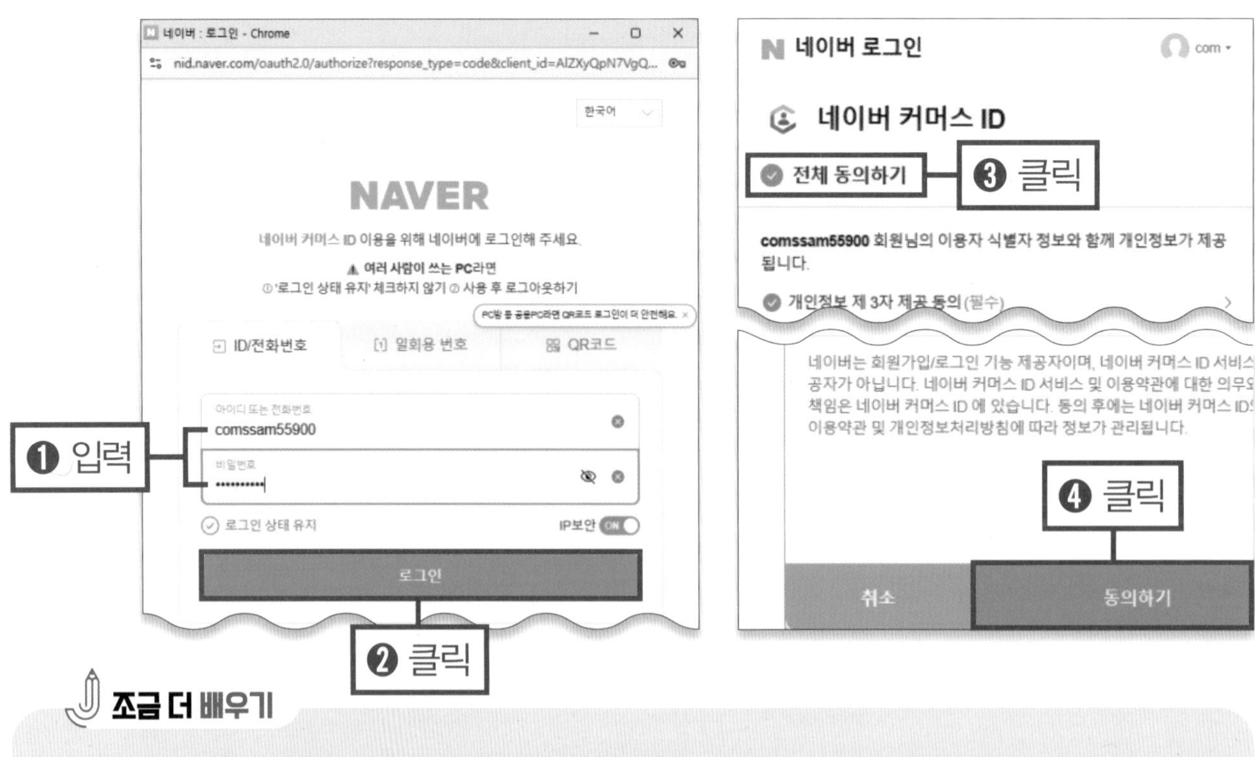

조금 더 배우기

[필수]로 되어 있는 항목을 선택하지 않으면 회원가입이 진행되지 않습니다.

05 '네이버 커머스 ID 회원가입'이 진행됩니다. 휴대전화 번호를 입력하고 [인증] 버튼을 클릭합니다. [확인] 버튼을 클릭하여 인증번호를 입력합니다.

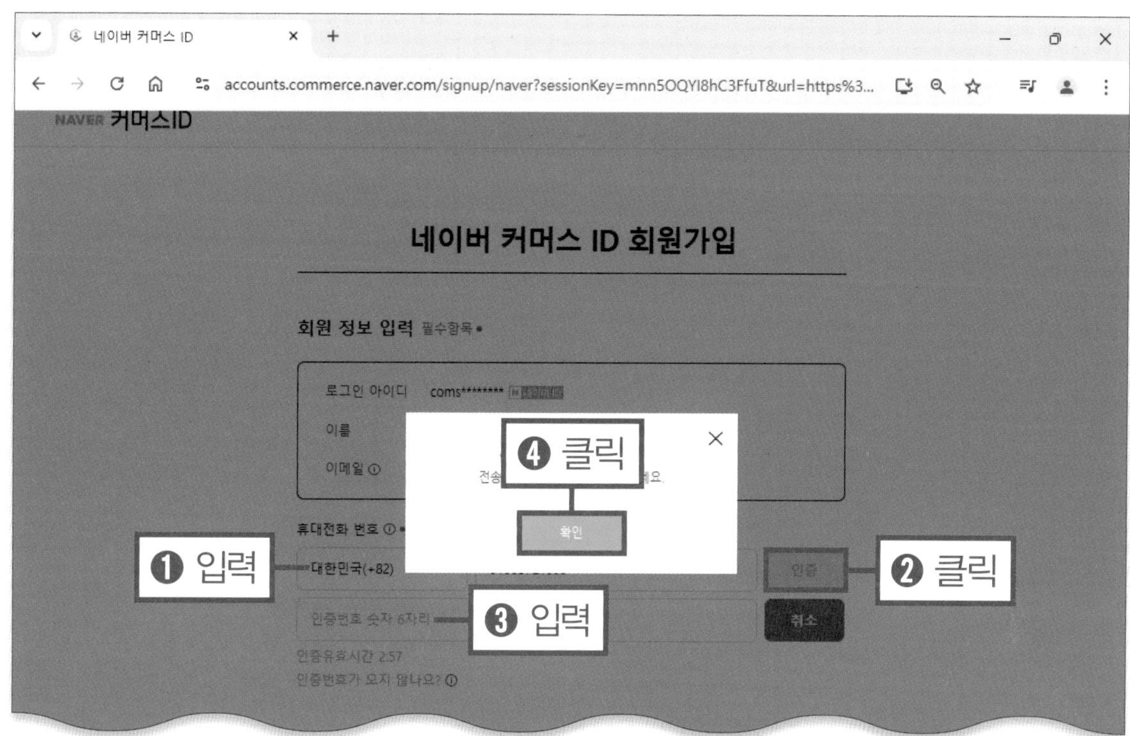

06 [스마트스토어센터 가입하기]를 클릭합니다.

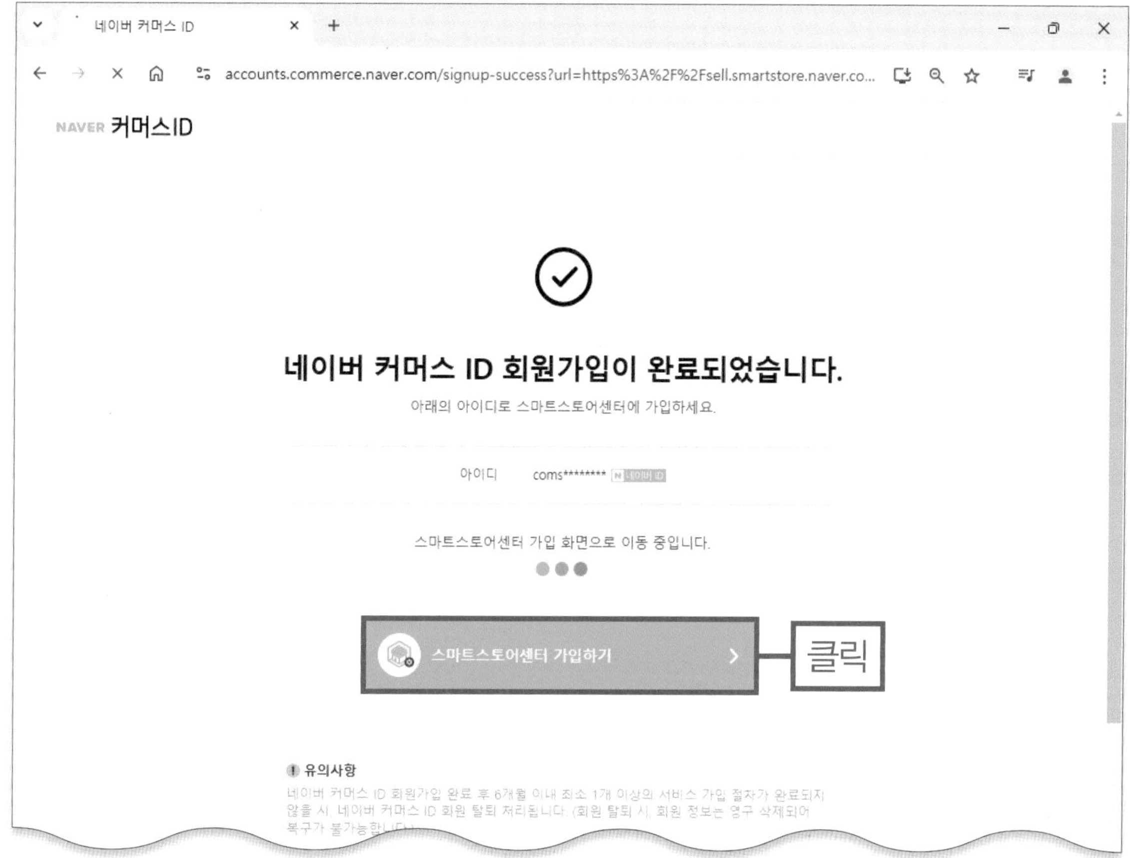

07

'2단계 인증 방법 설정'에서 [휴대전화 번호로 인증]을 선택하여 휴대전화 번호를 입력한 후 [인증] 버튼을 클릭합니다. [확인] 버튼을 클릭하여 인증번호를 입력합니다.

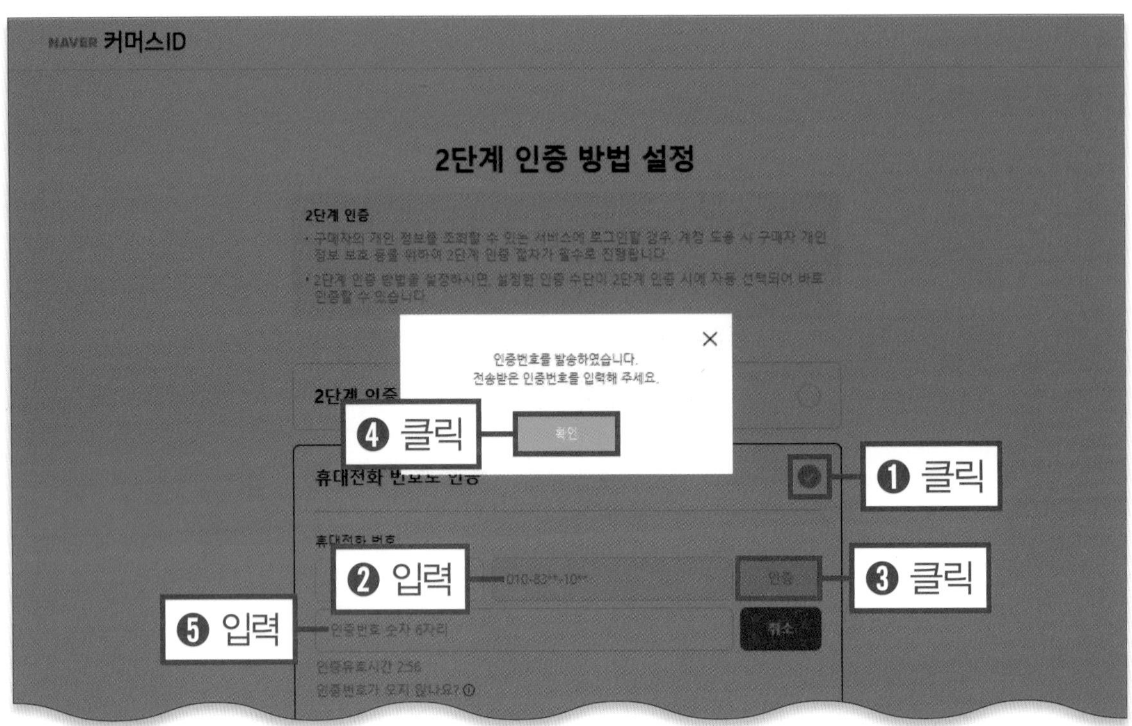

08

판매자 유형을 선택하는 화면이 나옵니다. 여기서는 [개인] 판매자로 가입을 진행합니다. [다음] 버튼을 클릭합니다.

09 '본인인증 및 가입 가능 여부 확인' 화면에서 [휴대전화 본인인증]을 클릭합니다.

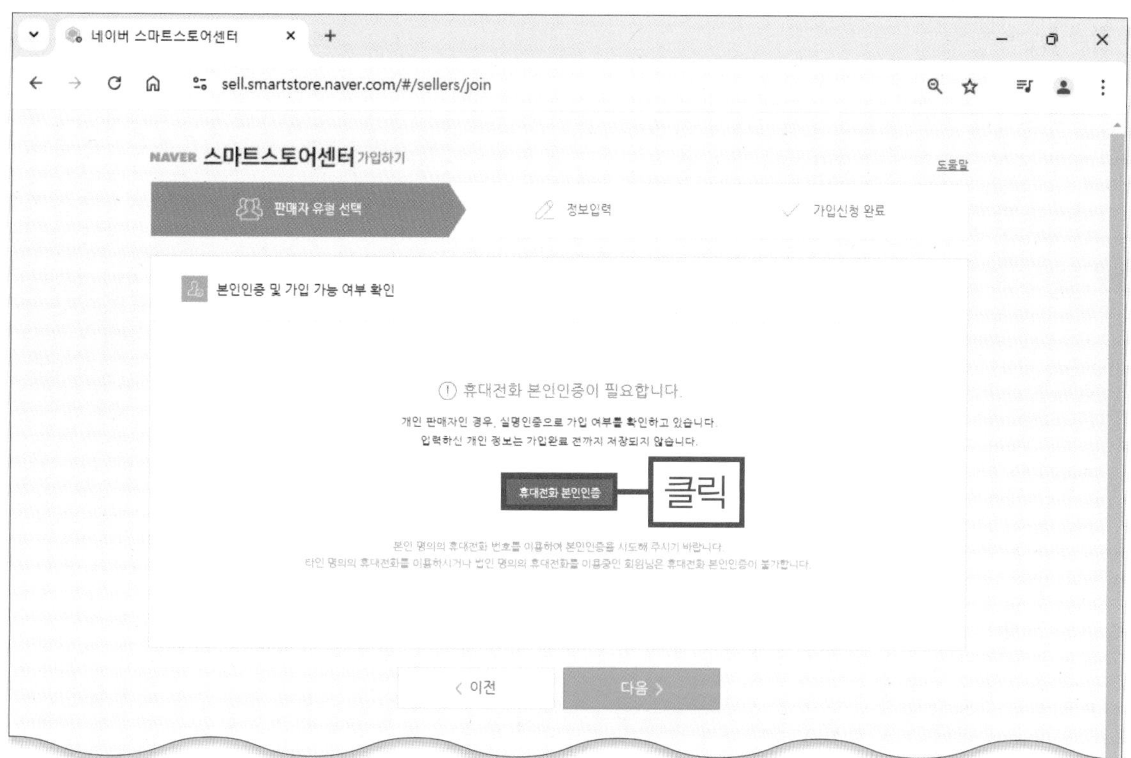

10 '개인정보 수집 및 이용 동의' 메시지의 [동의]를 클릭합니다.

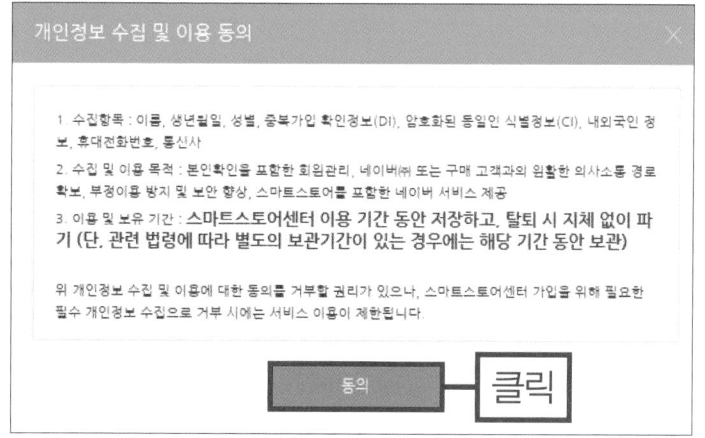

11 '본인확인을 위한 휴대전화 인증이 필요합니다'에 [약관 전체동의]를 체크합니다. 개인 정보와 인증번호를 입력한 후 [다음] 버튼을 클릭합니다.

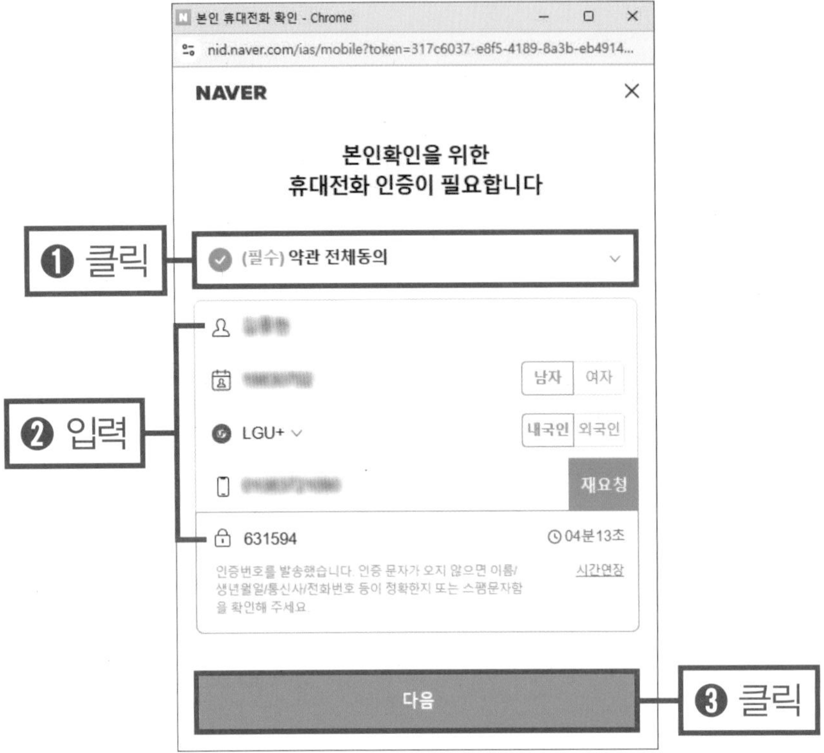

12 '본인인증을 성공하였습니다.' 메시지의 [확인]을 클릭하고 [다음] 버튼을 클릭합니다.

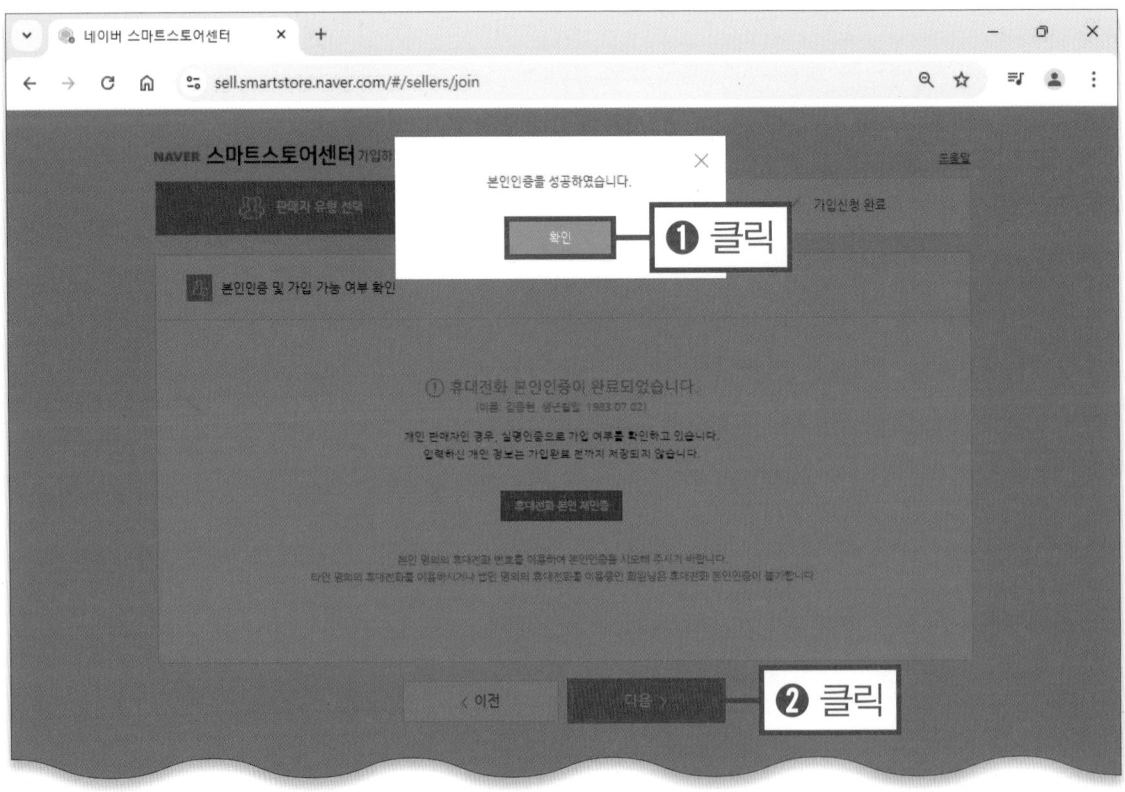

13 '네이버 비즈니스 서비스 연결하기'에서 '네이버 쇼핑'과 '네이버 톡톡'을 [켜기]( )로 설정합니다. [다음] 버튼을 클릭합니다.

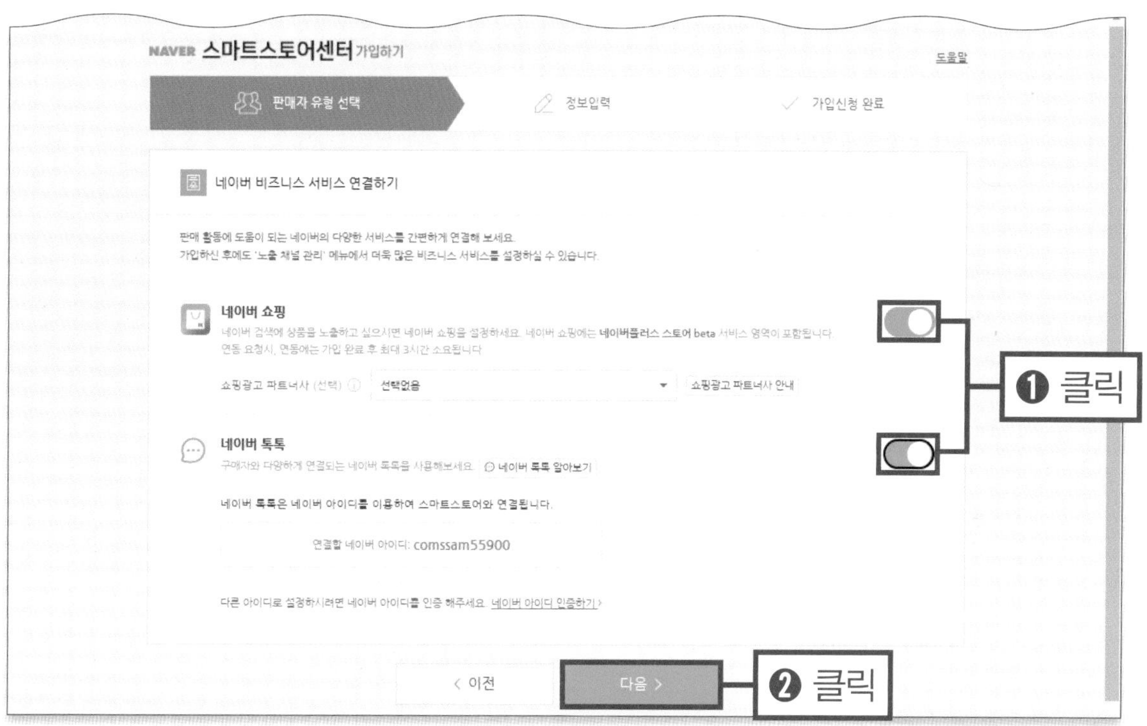

조금 더 배우기

'네이버 톡톡'은 고객과 1:1 채팅을 할 수 있는 서비스입니다.

14 '약관 및 정보 수신 동의'에서 필수에만 체크한 후 [다음] 버튼을 클릭합니다.

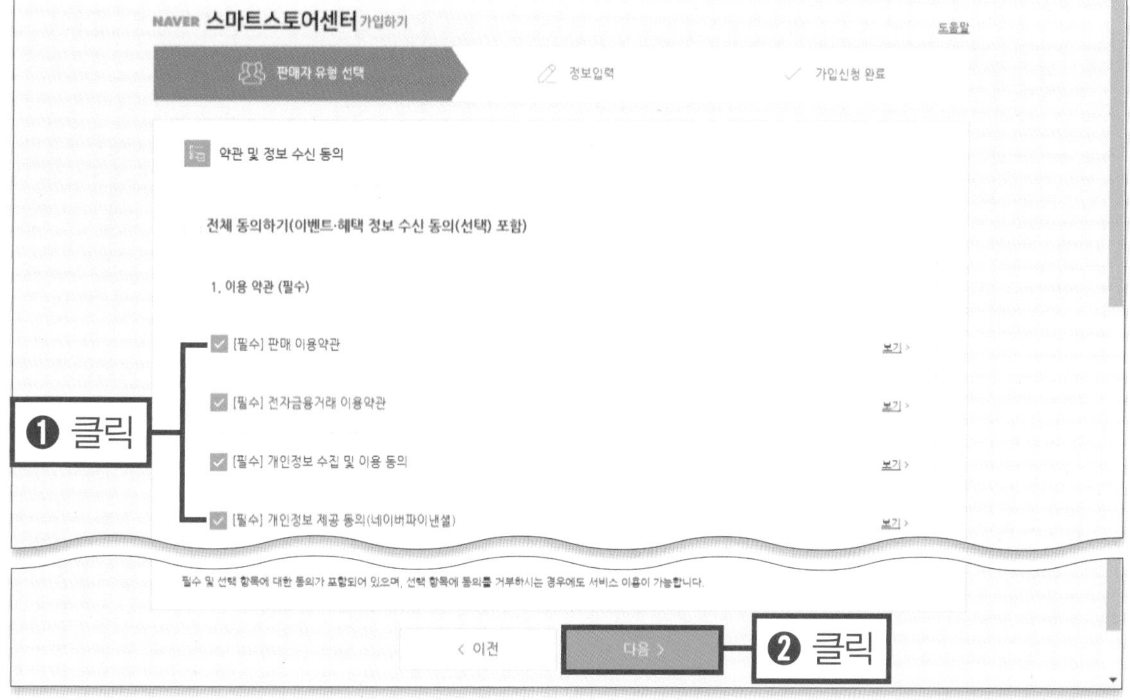

15 '판매자 정보'의 [주소찾기]를 클릭합니다. '주소 검색'에서 주소를 입력하여 검색하고 [저장]–[다음] 버튼을 차례대로 클릭합니다.

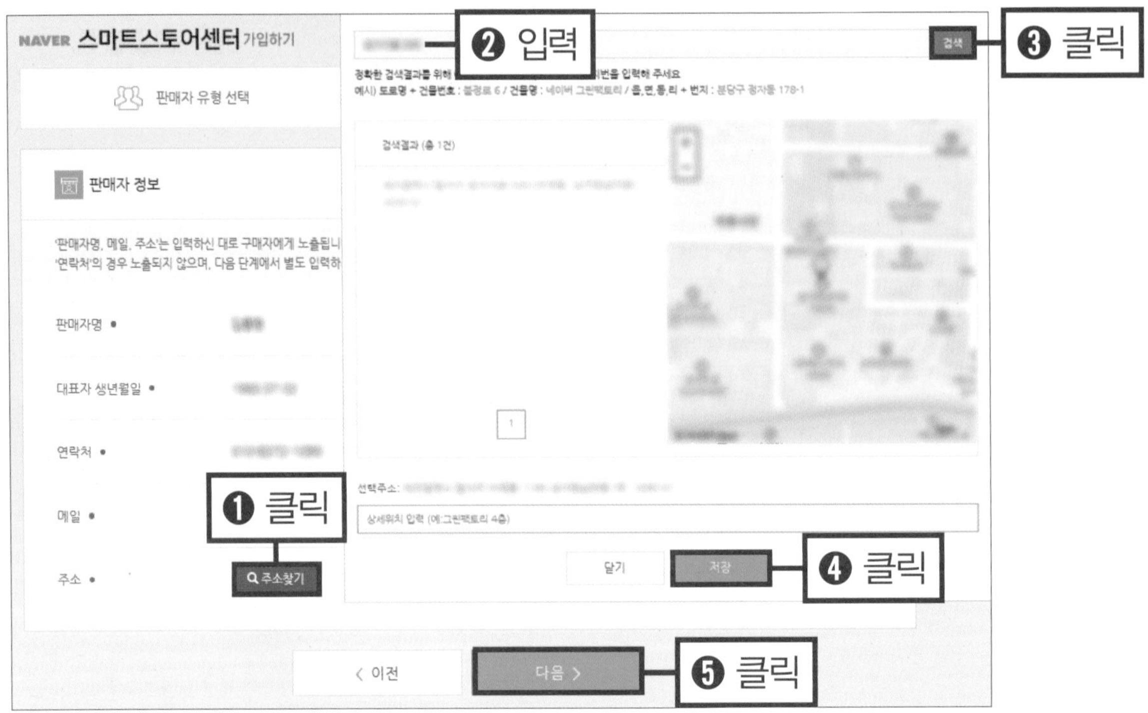

16 '스마트스토어 정보 입력'에서 '스마트스토어 이름(쇼핑몰 이름)', '스마트스토어 URL(쇼핑몰 주소)', '소개글', '고객센터 전화번호' 등을 꼼꼼히 입력하고 [다음] 버튼을 클릭합니다. 필수 입력이니 빠진 게 없는지 확인합니다.

스마트스토어 정보 입력 · 필수항목

입력한 스토어 정보가 노출되는 위치가 궁금하신가요? 노출위치 확인하기

스마트스토어 이름 · 라온s-shop
네이버 검색 시 검색어로도 활용되며, 가입 후 1회 수정 가능합니다.

스마트스토어 URL · https://smartstore.naver.com/ raons-shop
https://smartstore.naver.com/ 뒤에 사용하실 스토어 고유의 주소이며, 가입 후에는 수정이 불가능합니다.

스마트스토어 이용자의 개인정보 보호를 위해 아래와 같은 정책으로 스토어 URL이 활성화 됩니다.
1) 가입 완료 후 1개 이상의 상품이 등록되어야만 스토어 URL이 활성화 됩니다.
2) 가입 완료 후 6개월이 경과하여 처음으로 상품을 등록하실 경우 스토어 URL은 익일에 활성화 됩니다.
3) 스토어 URL이 활성화 된 후에는 상품을 모두 삭제하시더라도 비활성화 상태로 변경되지 않습니다.

소개글 · 일상과 건강을 위한 곳입니다. 16/50
스토어 메인 화면 및 네이버 검색 결과 사이트 설명 글에 활용되며, 항시 수정 가능합니다.

고객센터 전화번호 ·
고객센터 전화번호는 스토어 프로필과 하단 영역에 상시 노출되며 구매자의 주문 내역에 노출됩니다.

1) 고객센터 전화번호는 이전 단계에서 가입 여부 확인 시 휴대전화 본인인증을 통해 인증한 전화번호로 자동 설정됩니다.
2) 고객센터 전화번호 변경이 필요하신 경우, 가입 후 [스토어관리 > 스토어 설정 > 기본정보 관리 > 스토어 관리] 메뉴 하단 '고객센터 전화번호' 항목에서 수정 가능합니다.

❶ 입력

< 이전 · 다음 > · ❷ 클릭

17 '판매 상품정보 입력'에서 '대표상품 카테고리'를 선택하고, '정산대금 입금계좌/수령방법'에 계좌 정보를 입력한 후 [인증] 버튼을 클릭합니다. 1원 입금내역을 확인하고 '네이버' 뒤에 적힌 숫자 4자리를 입력합니다. [확인]을 클릭합니다.

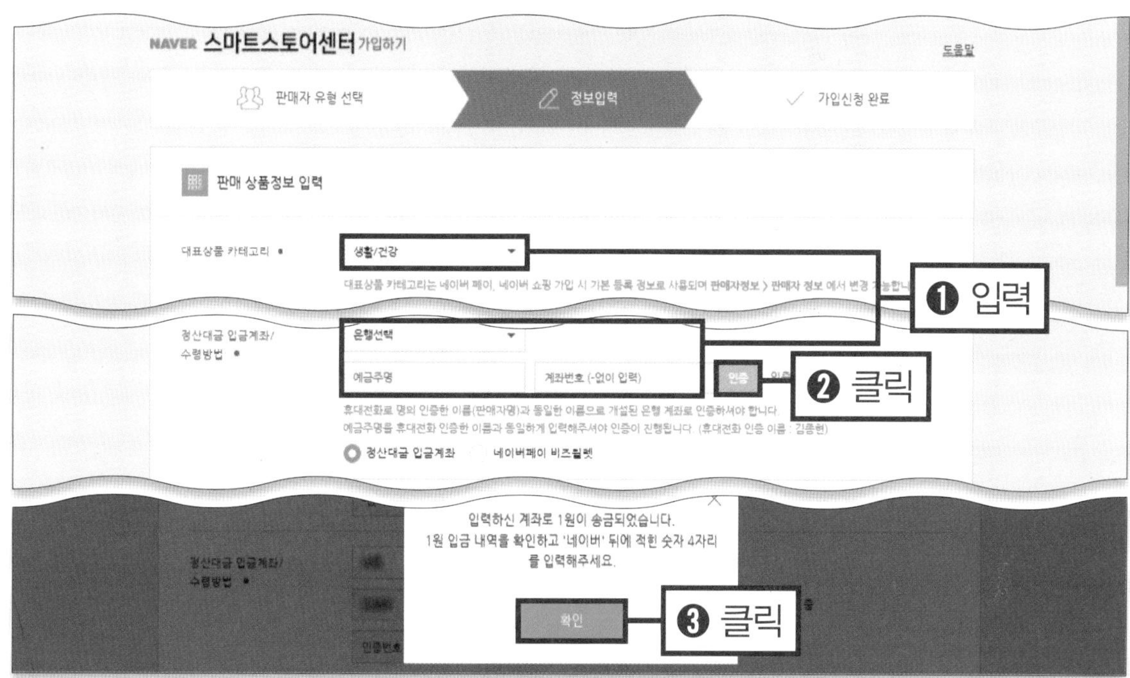

조금 더 배우기

스마트스토어 가입자(휴대폰 인증자)와 계좌 명의자는 같아야 합니다.

18 메시지에서 [본인이 계좌의 실제 소유자가 맞습니다]를 클릭합니다. 화면 아래 '담당자 정보'를 확인한 후 [신청 완료] 버튼을 클릭합니다.

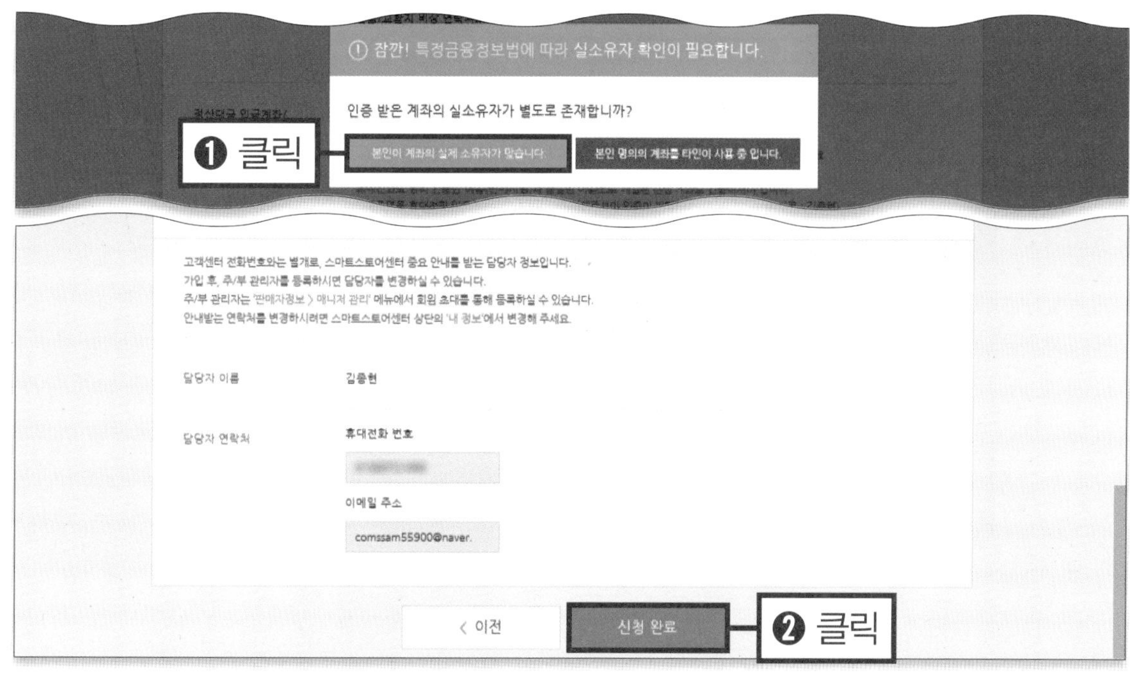

19 스마트스토어센터에 가입이 완료되었습니다. [스마트스토어센터 가기]를 클릭합니다.

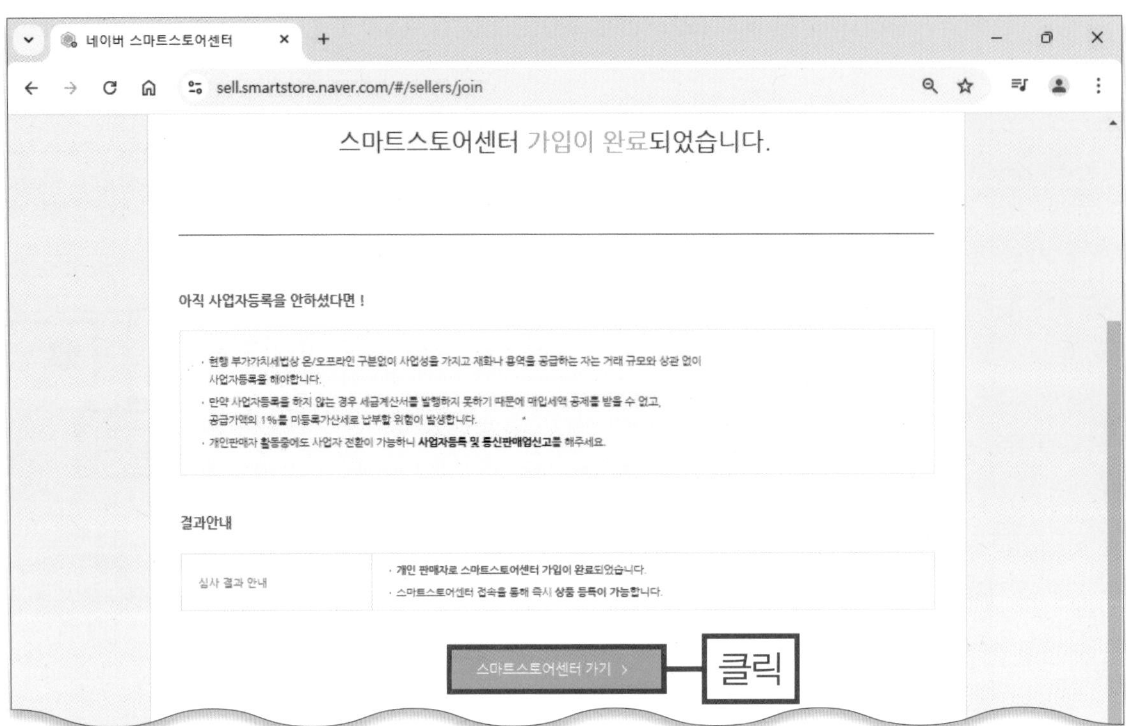

20 스마트스토어센터 관리자 화면을 확인합니다.

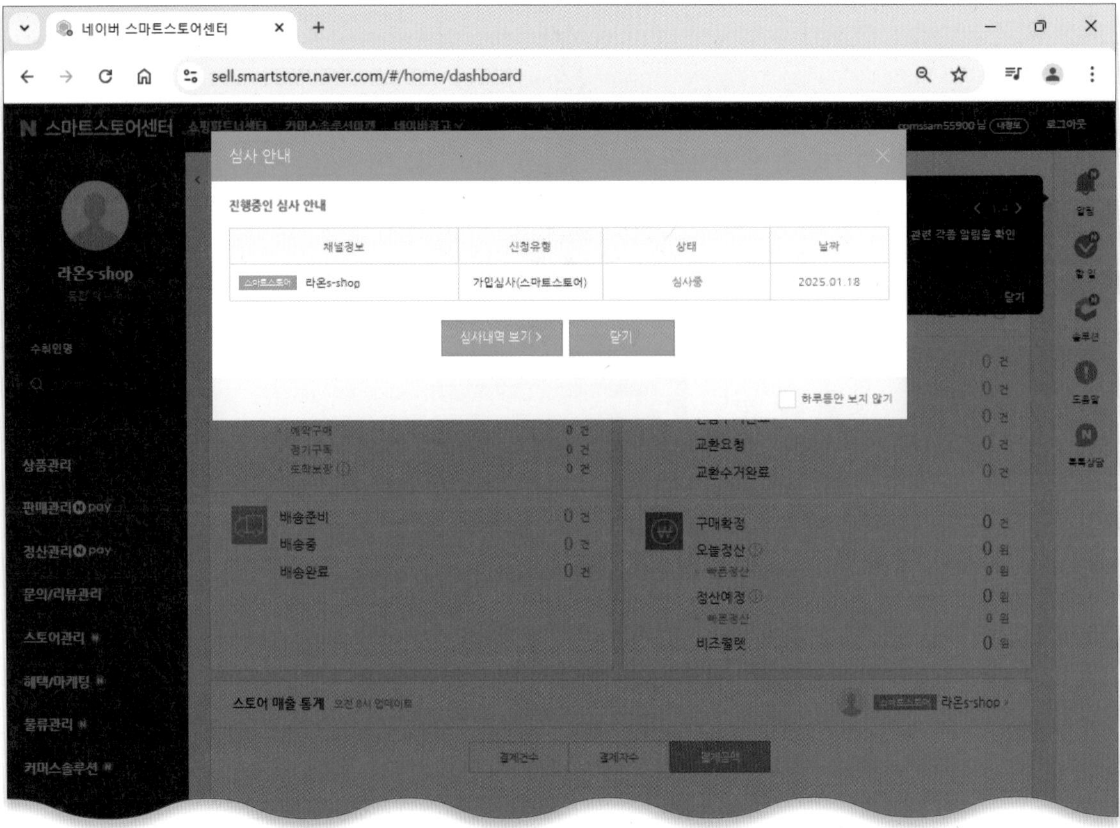

CHAPTER 11

스마트스토어 전시관리 설정하기

POINT

쇼핑몰의 대표 이미지, 레이아웃 등 스마트스토어 전시 관리를 설정합니다.

완성 화면 미리 보기

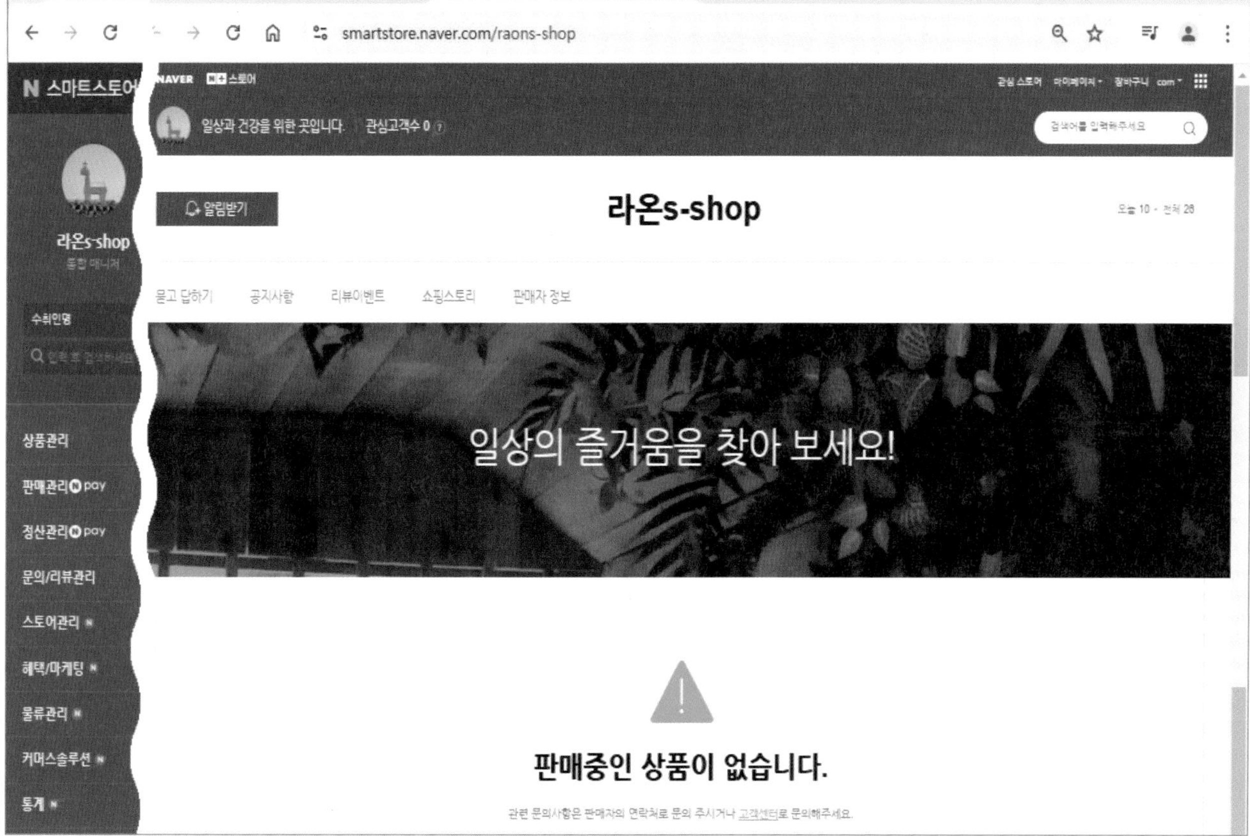

여기서 배워요!

스마트스토어 로그인하기, 스토어 기본 정보 입력하기, 스토어 화면 설정하기

STEP 01 스마트스토어 로그인하기

01 스마트스토어센터에서 [로그인하기]를 클릭합니다.

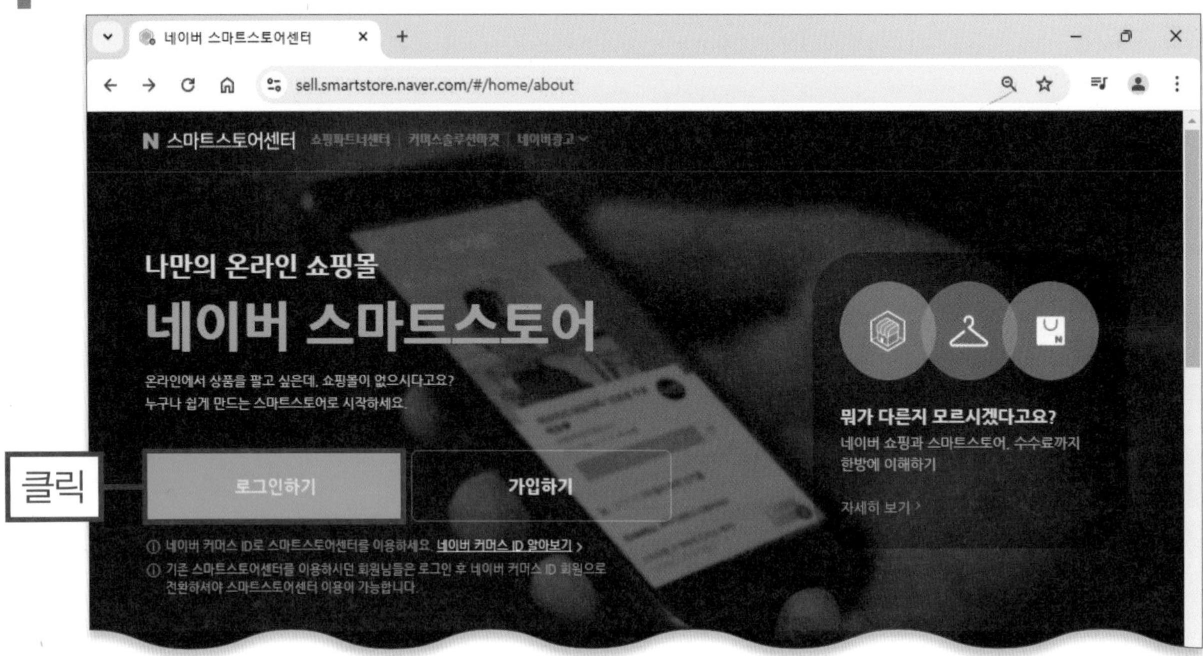

02 [네이버 아이디로 로그인]을 클릭하여 네이버 '아이디'와 '비밀번호'를 입력하고 [로그인]을 클릭합니다.

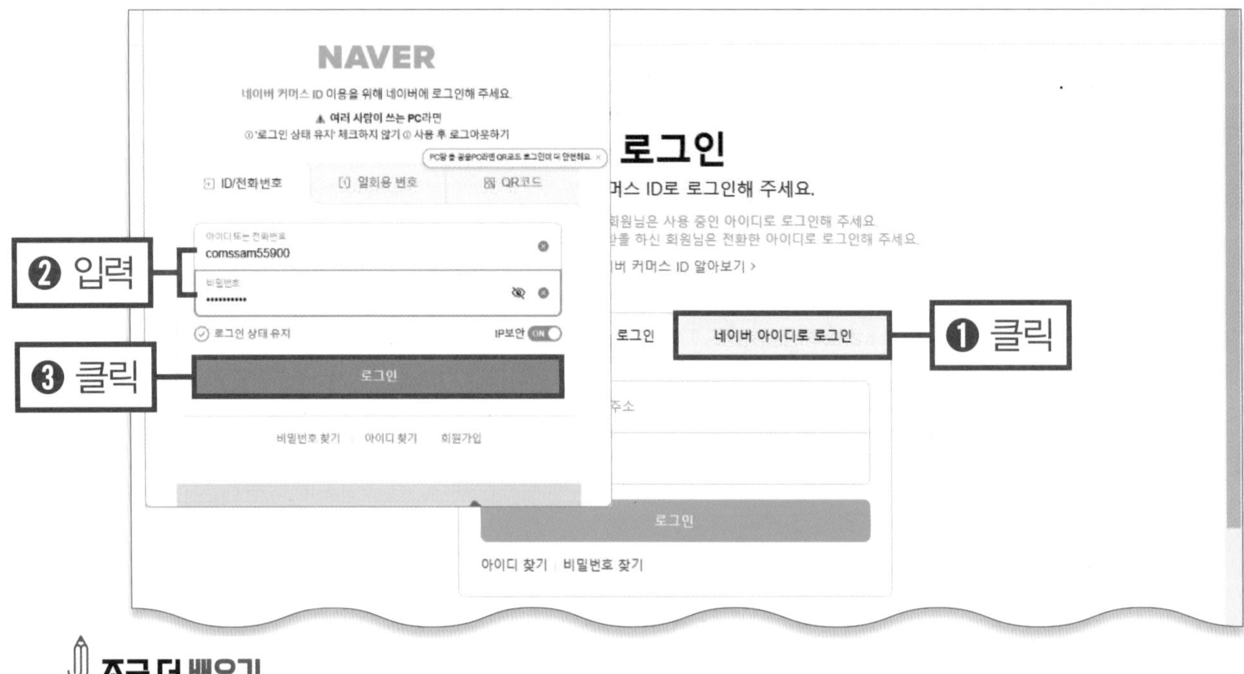

조금 더 배우기

스마트폰에서 네이버를 사용하고 있다면 [QR코드]로 로그인할 수 있습니다.

03 스마트스토어센터 관리자 화면을 확인합니다. '심사 안내' 대화상자의 [닫기]를 클릭합니다.

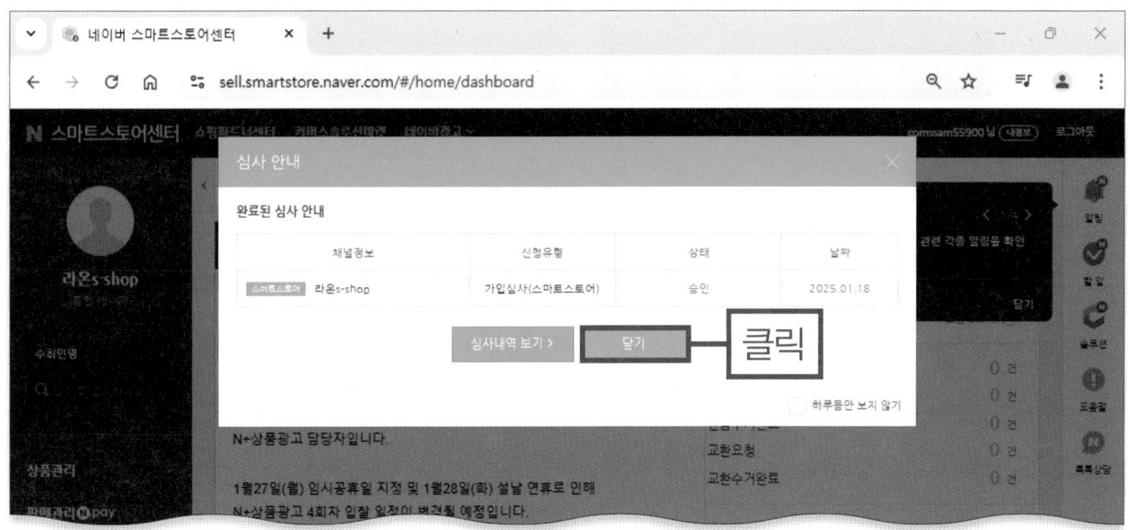

화면 해상도에 따라 보여지는 메뉴에 차이가 있습니다. 화면 크기를 Ctrl+마우스 휠로 조절합니다.

STEP 02 스토어 기본 정보 입력하기

01 왼쪽 메뉴에서 [스토어관리]-[스토어 설정]-[기본 정보 관리]를 차례대로 클릭합니다. '스토어 대표 이미지'의 [추가](⊕)를 클릭합니다.

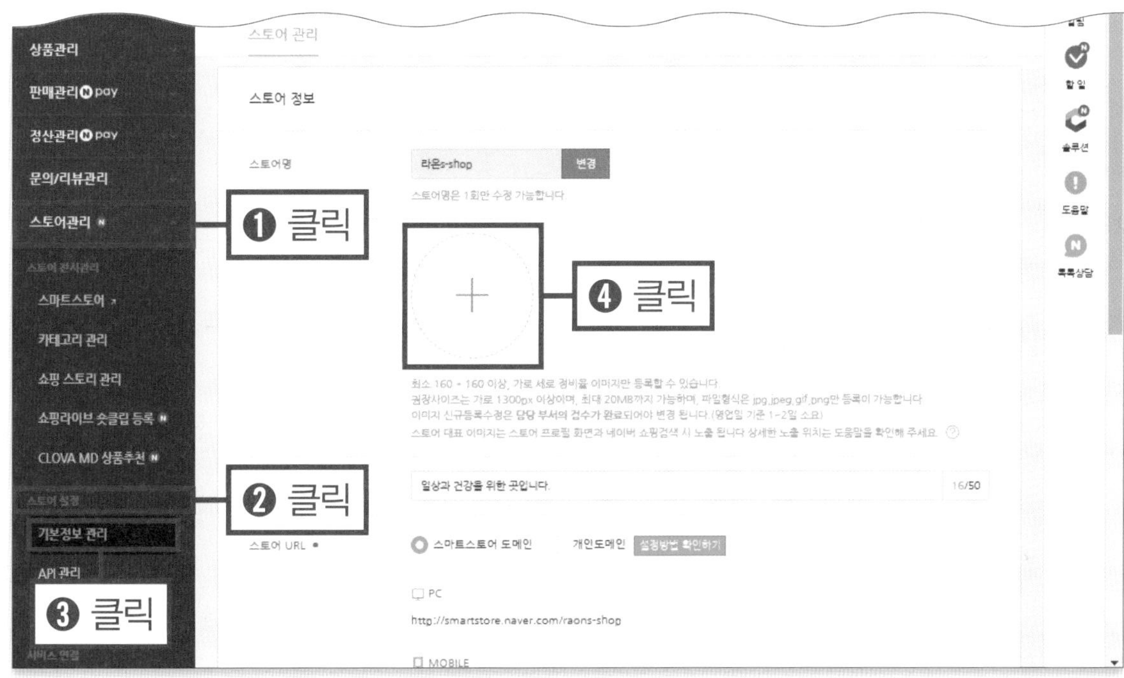

02 [내 사진]을 클릭한 후 대표 이미지로 사용할 사진을 선택하고 [열기]를 클릭합니다. 대표 이미지에 등록된 사진을 확인합니다.

조금 더 배우기

블로그에서 제작한 '프로필' 사진을 사용해 봅니다.

03 변경된 정보를 저장하기 위해 아래쪽의 [저장]을 클릭하고 '저장되었습니다.' 메시지의 [확인]을 클릭합니다.

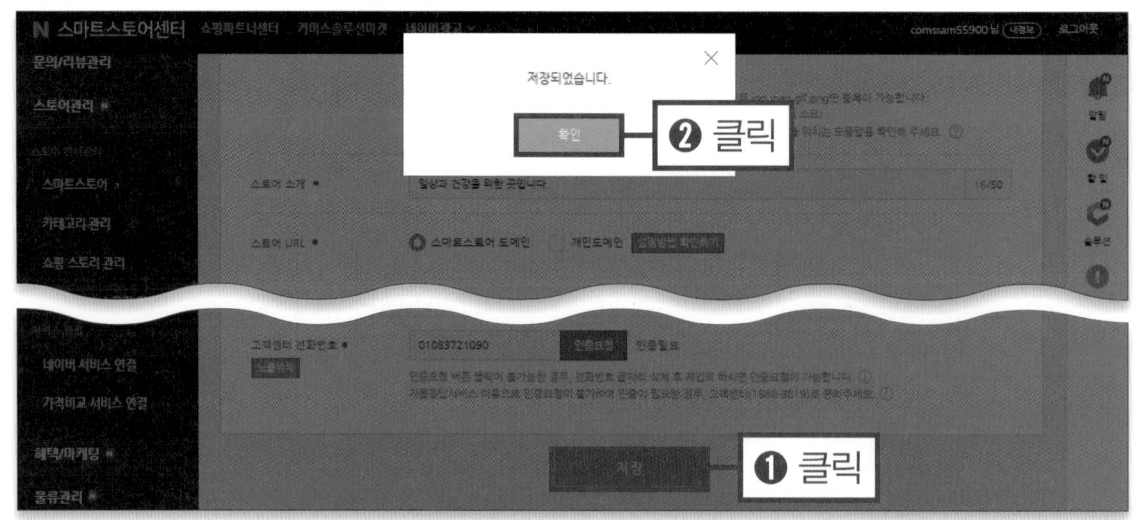

조금 더 배우기

메뉴를 변경하고 적용하려면 반드시 [저장]을 클릭하여야 합니다.

STEP 03 스토어 화면 설정하기

01 왼쪽 메뉴에서 [스토어관리]-[스마트스토어]를 차례대로 클릭합니다.

02 '컬러 테마'에서 스토어에 적용할 색상을 클릭합니다. 적용된 [모바일] 스토어 화면을 확인합니다.

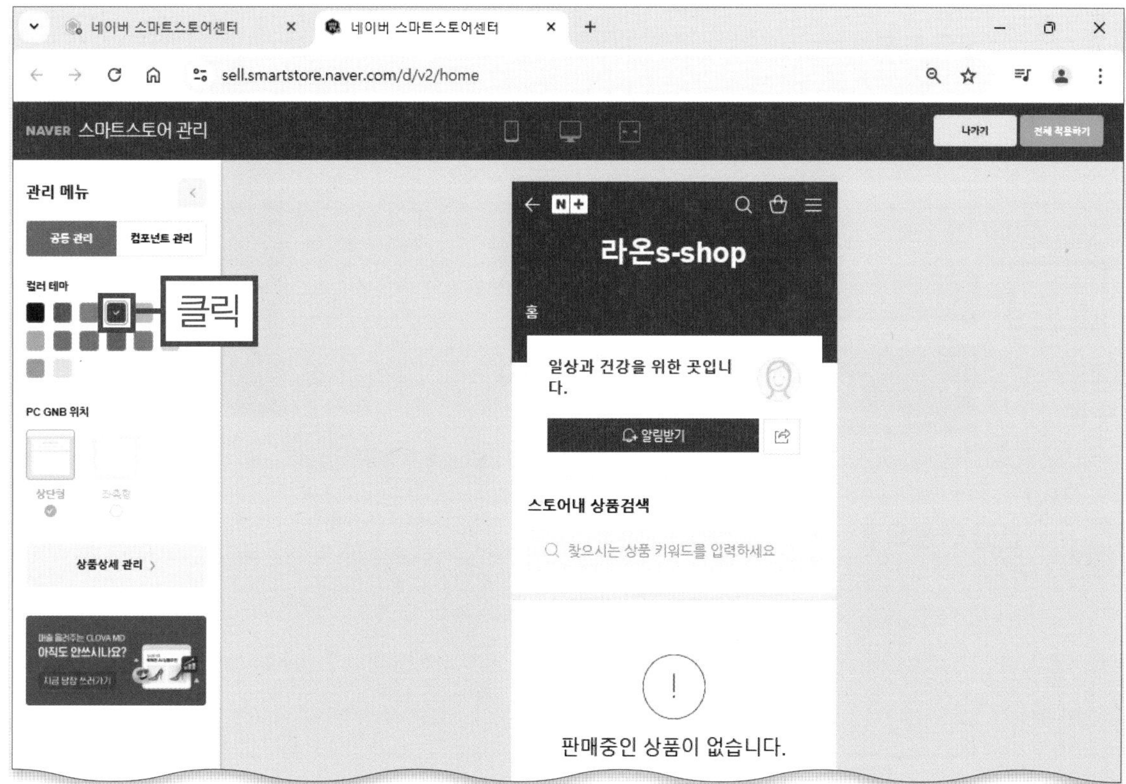

03 화면 상단에 [컴퓨터]( )를 클릭한 후 컴퓨터 스토어 화면을 확인합니다.

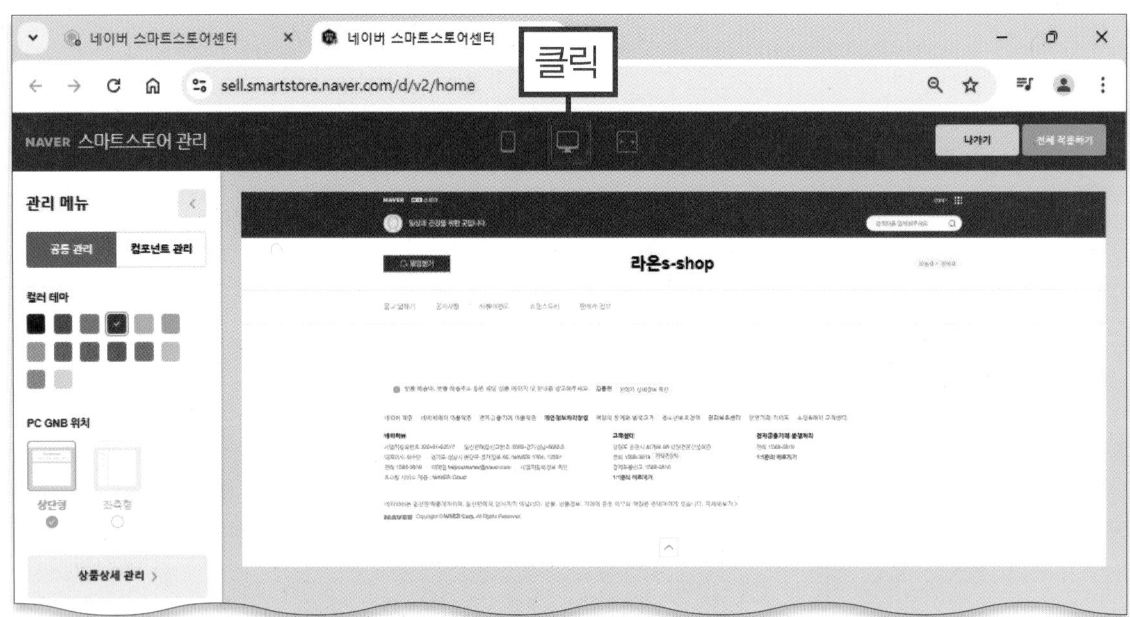

04 [상품상세 관리]를 클릭하여 설정을 변경합니다.

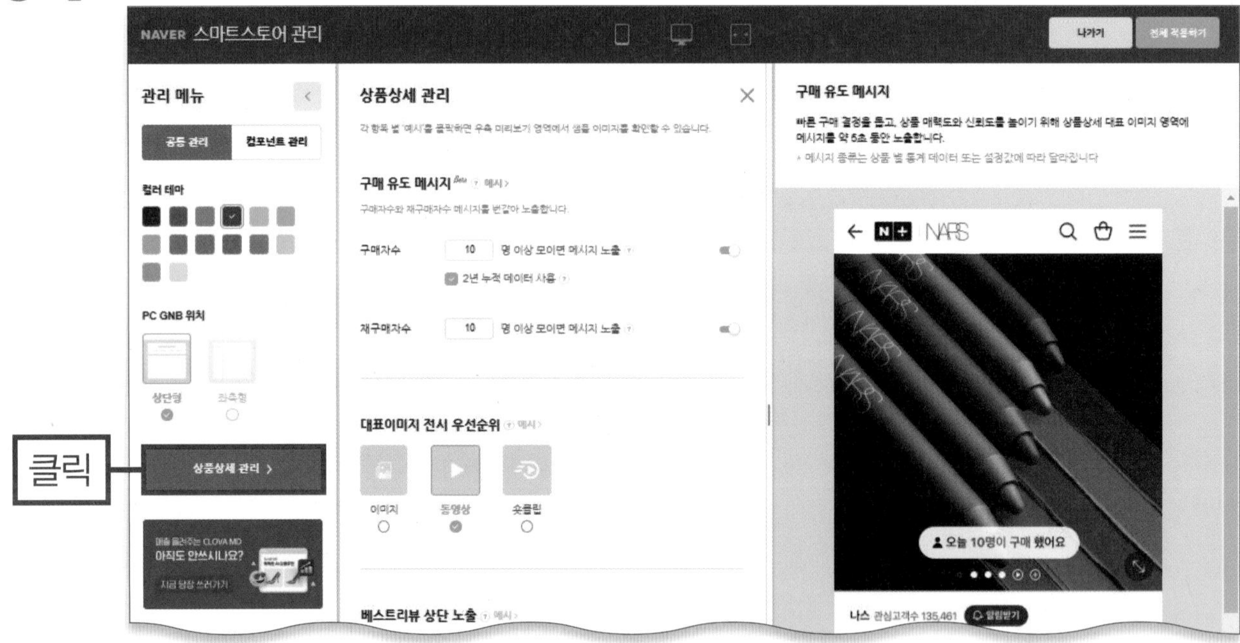

조금 더 배우기

항목들이 익숙하지 않다면 기본값으로 사용합니다.

조금 더 배우기

'상품상세 관리' 목록을 알아봅니다.

05 [컴포넌트 관리]를 클릭합니다. [스토어 이름]을 클릭한 후 [텍스트형]을 클릭합니다. 스토어 이름을 입력(변경)합니다.

조금 더 배우기

[텍스트형]의 '스토어 이름'은 스마트스토어 가입 시 입력한 스토어 명이 나타납니다.

06 [카테고리 & 메뉴]를 클릭합니다. 구성 메뉴를 살펴봅니다.

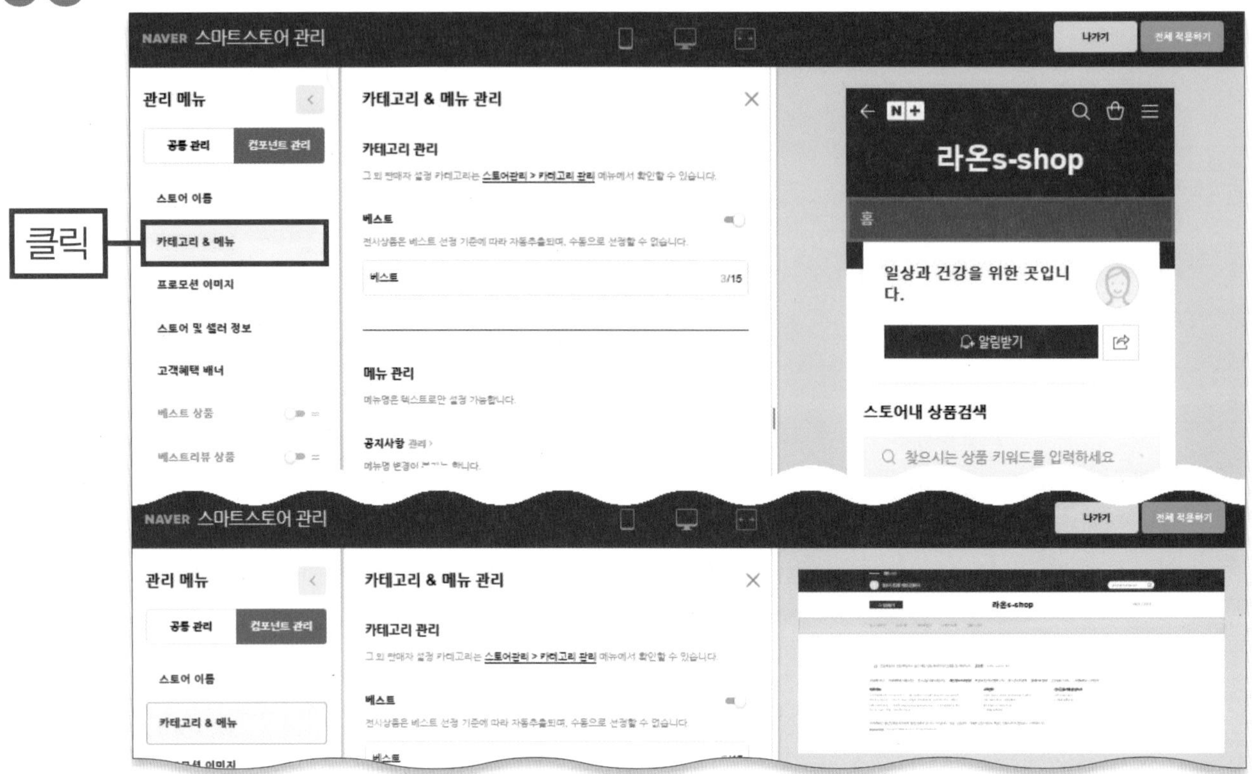

조금 더 배우기

카테고리 관리

- [카테고리]는 '상품등록' 시 상세하게 설정됩니다.
- [카테고리 그대로 전시]는 상품등록에 사용된 카테고리로 기록됩니다.
- [나만의 카테고리 전시]는 사용자가 직접 작성하여 사용합니다.

모바일과 컴퓨터 화면 비교

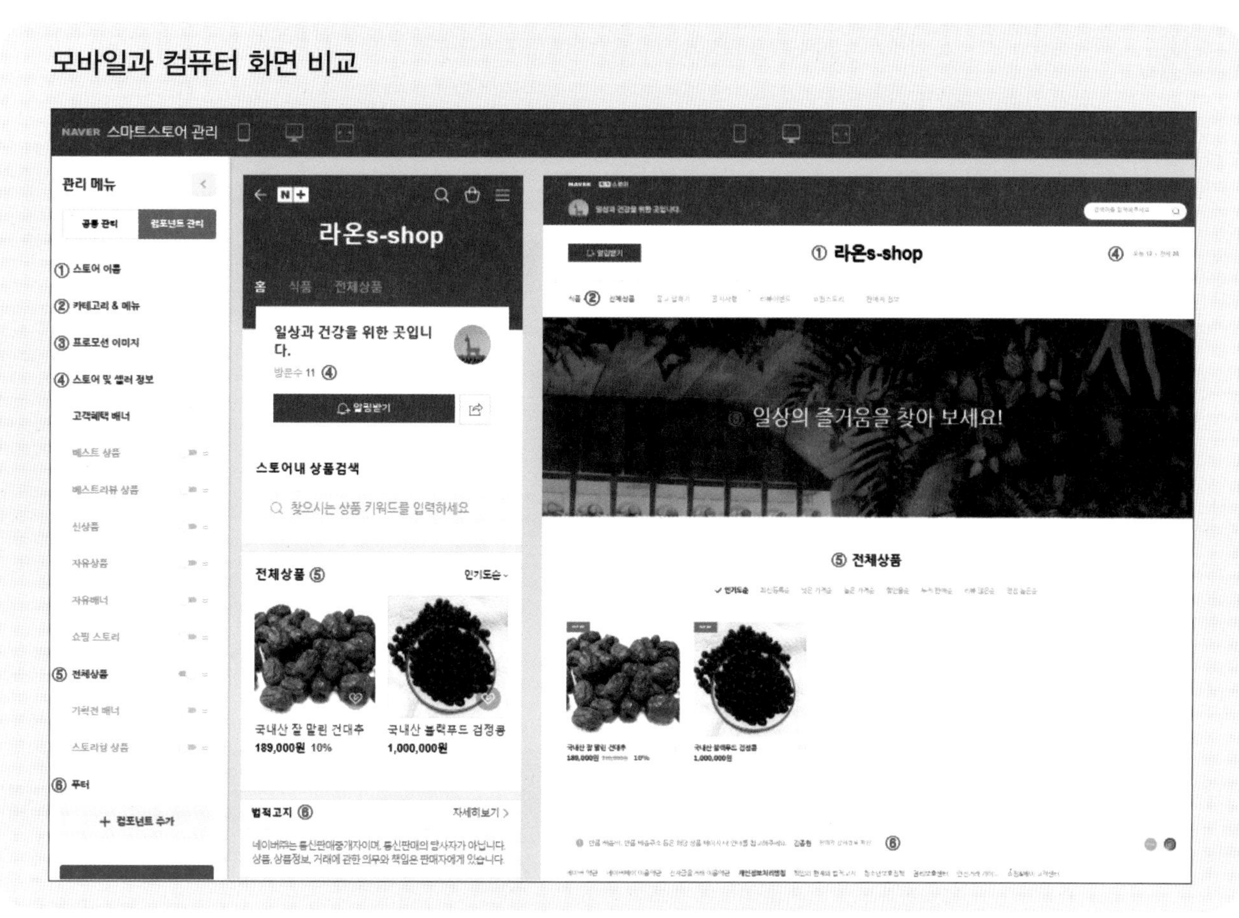

07 [프로모션 이미지]를 클릭한 후 'PC 이미지'의 [이미지를 등록해주세요]를 클릭합니다.

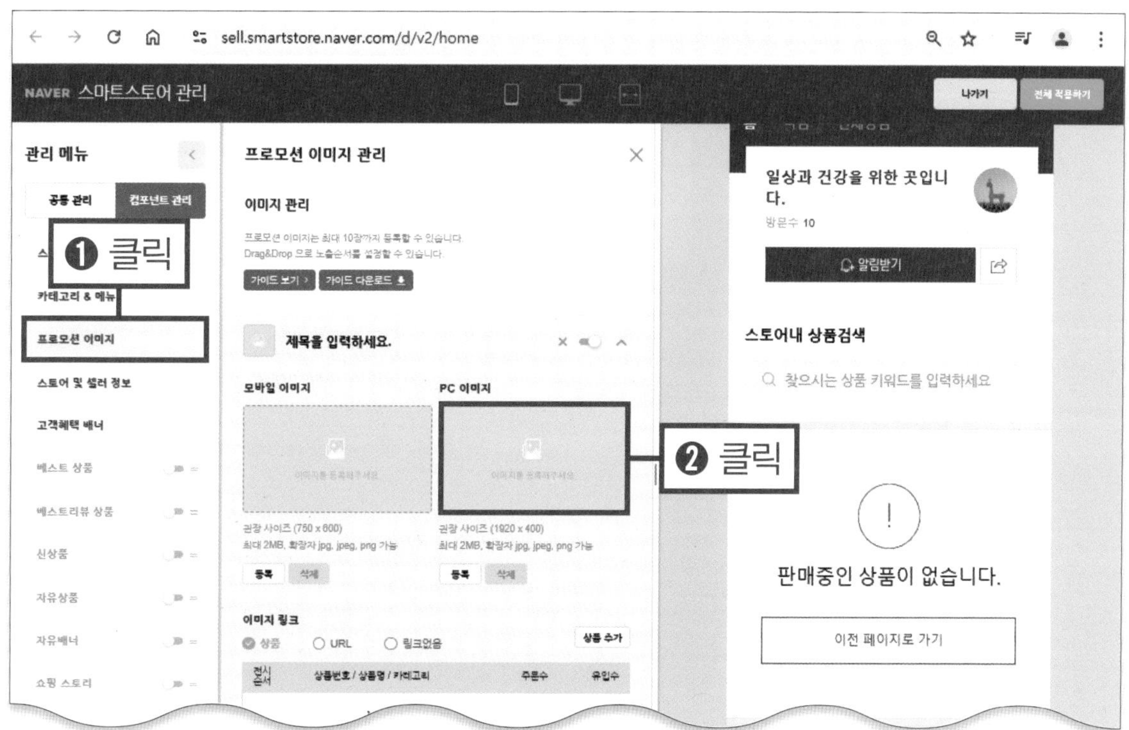

08 오른쪽 위 [이미지 찾기]를 클릭한 후 프로모션에 사용할 사진을 선택하고 [열기]를 클릭합니다.

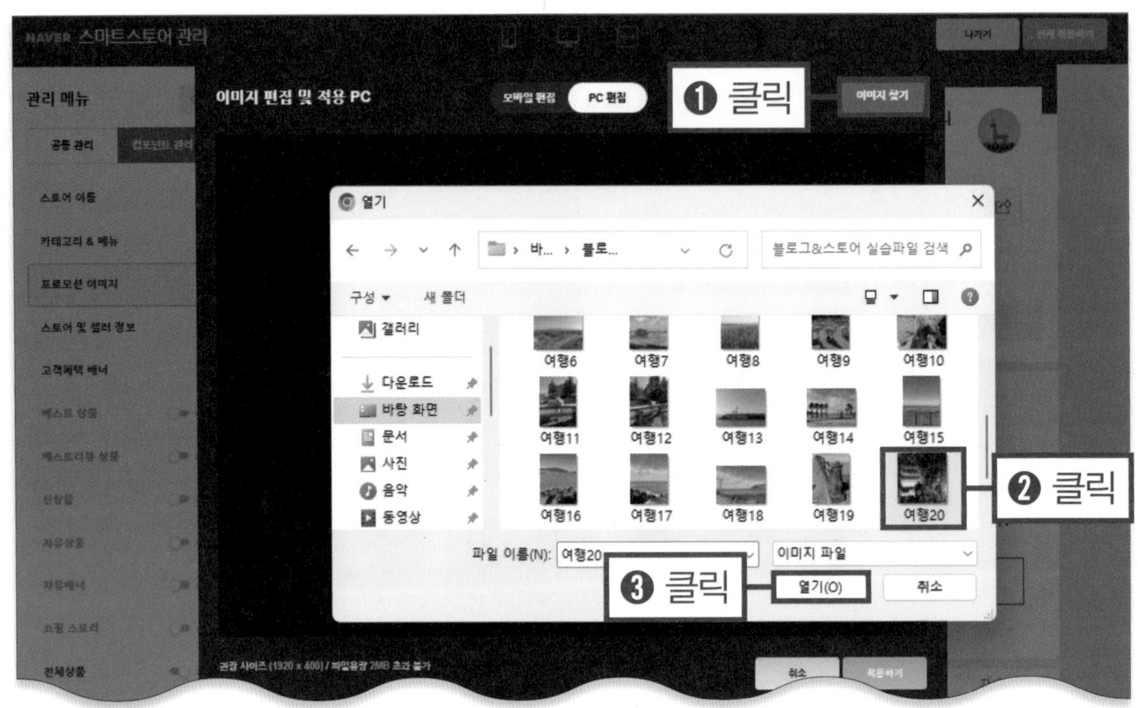

조금 더 배우기

프로모션 PC 이미지 권장 사이즈는 가로 1920, 세로 400이고 모바일 이미지 권장 사이즈는 가로 750, 세로 600입니다. 파일 용량은 공통으로 2MB를 초과할 수 없습니다.

09 사진의 일부분을 선택한 후 [적용하기]–[확인]을 차례대로 클릭합니다.

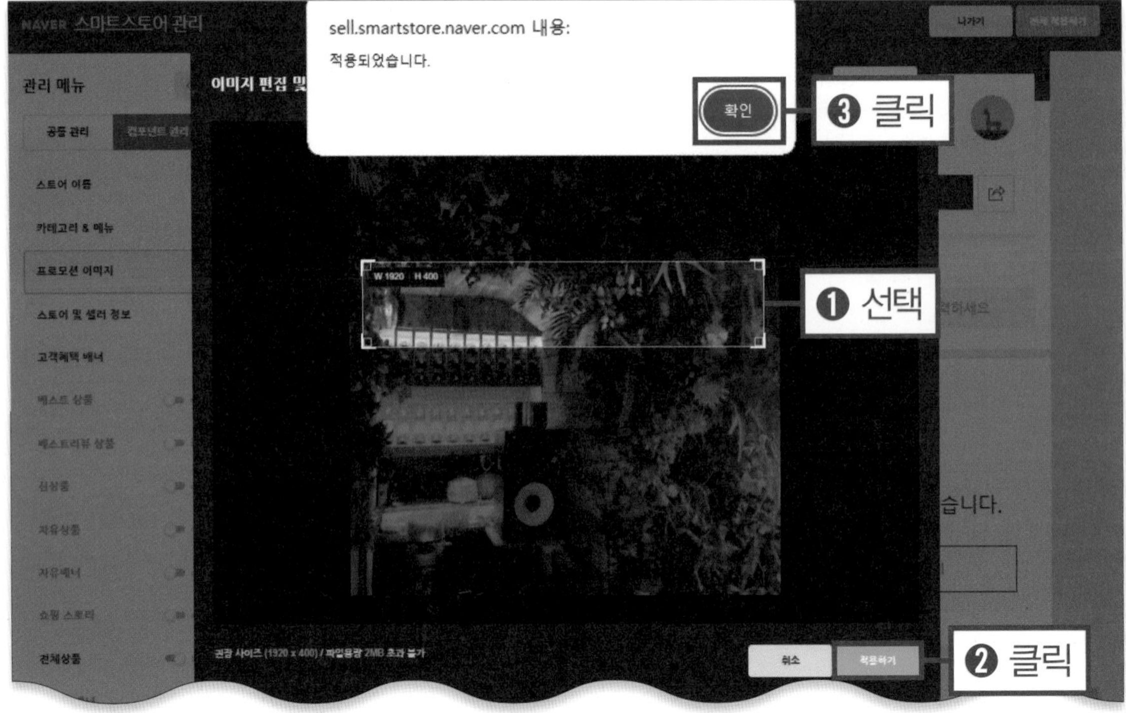

10 '이미지 링크'에는 [링크없음]을 클릭합니다.

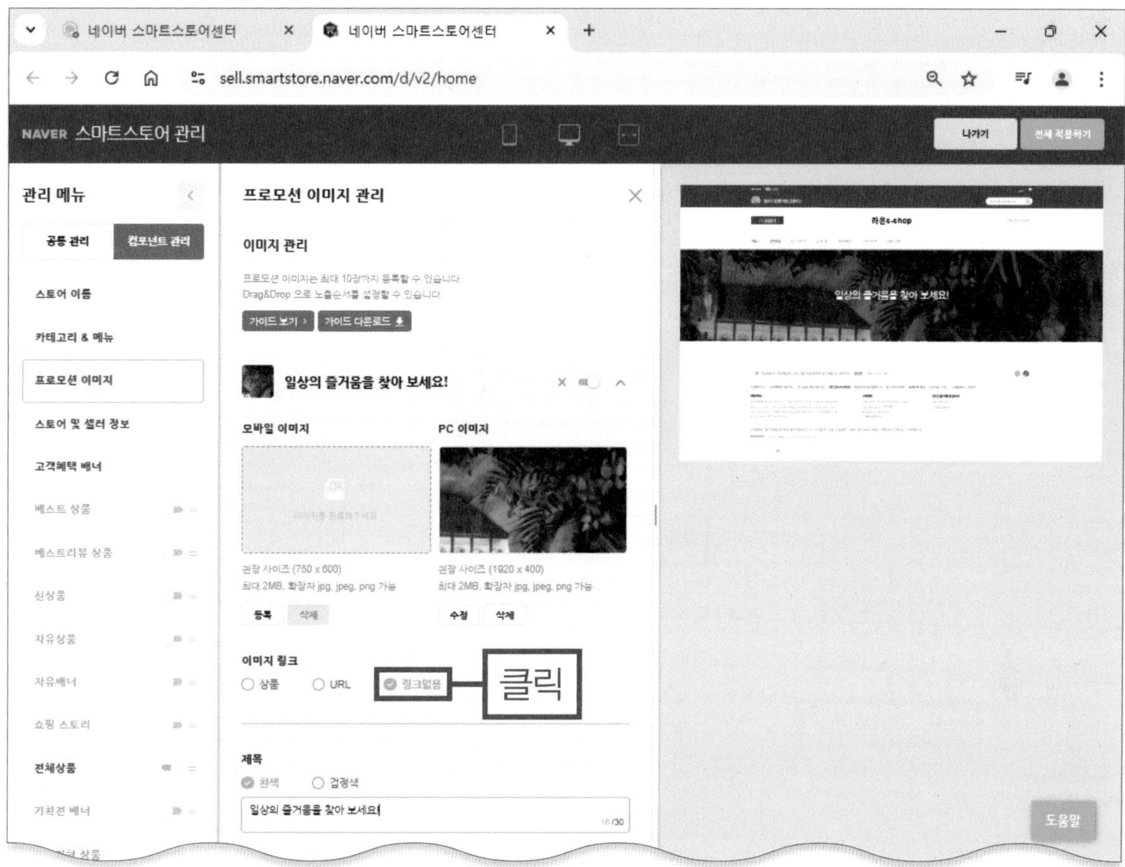

11 [스토어 및 셀러 정보]를 클릭하여 항목을 살펴봅니다.

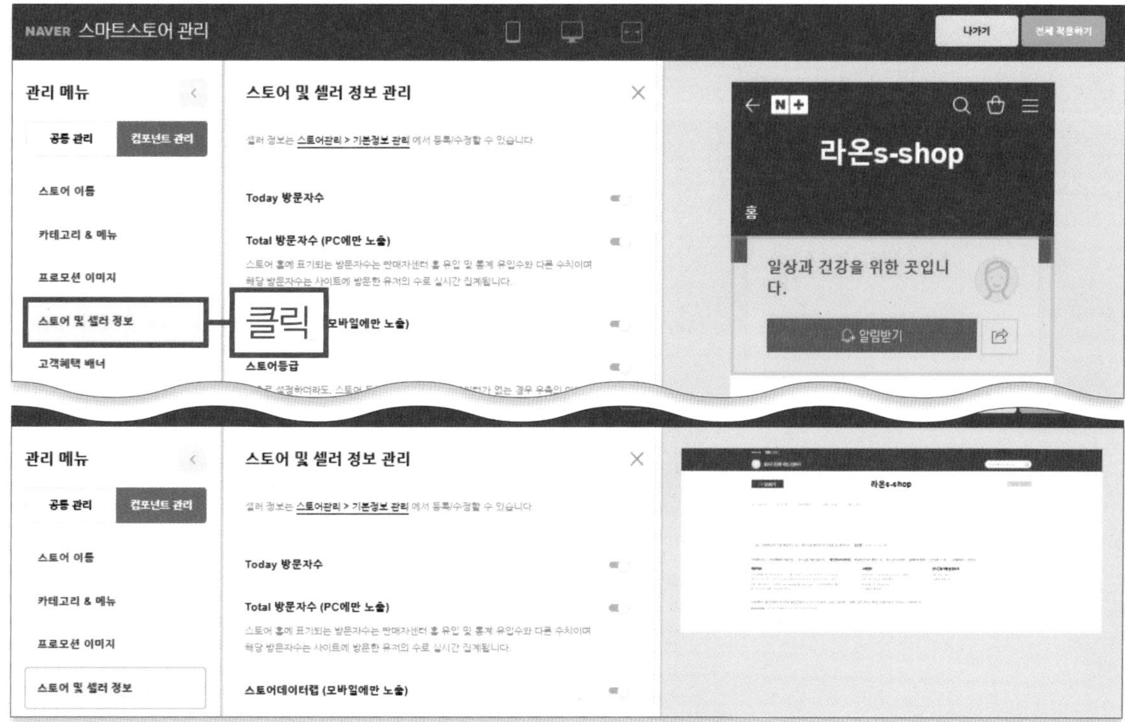

12 [전체상품]을 클릭합니다. '썸네일 타입'을 확인(선택)한 후 오른쪽 위 [전체 적용하기]-[확인]을 차례대로 클릭합니다.

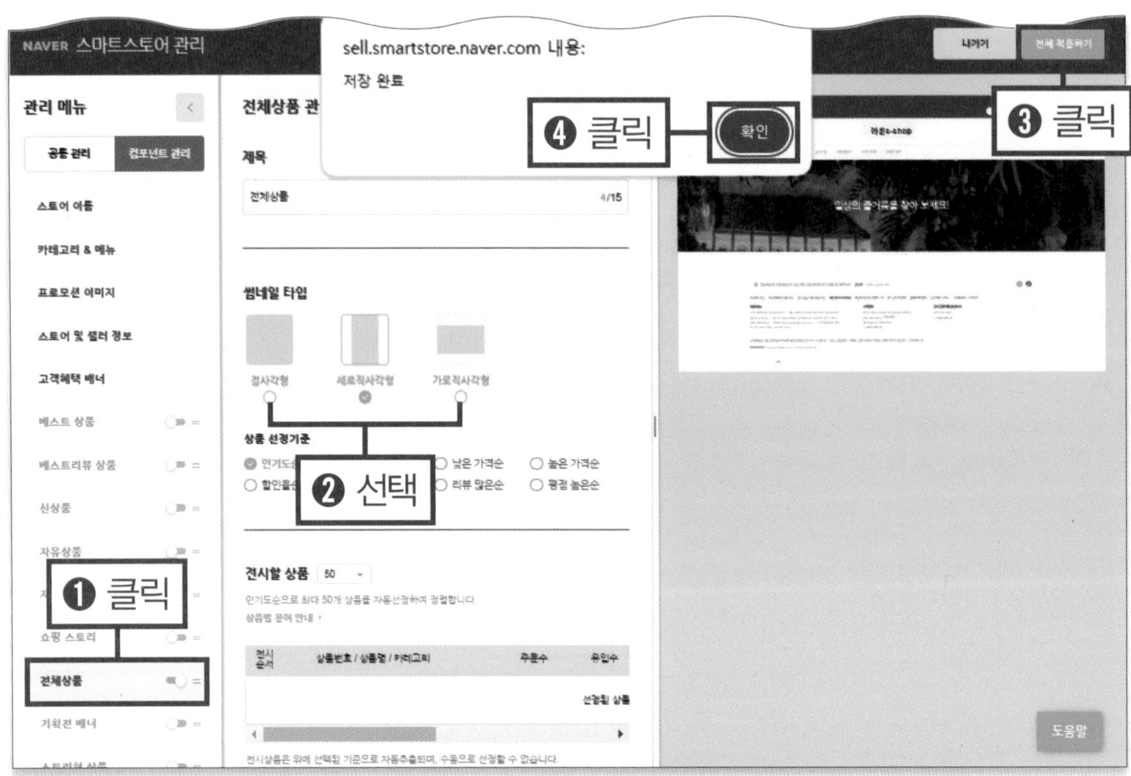

조금 더 배우기

전체상품 관리의 썸네일 타입 비교

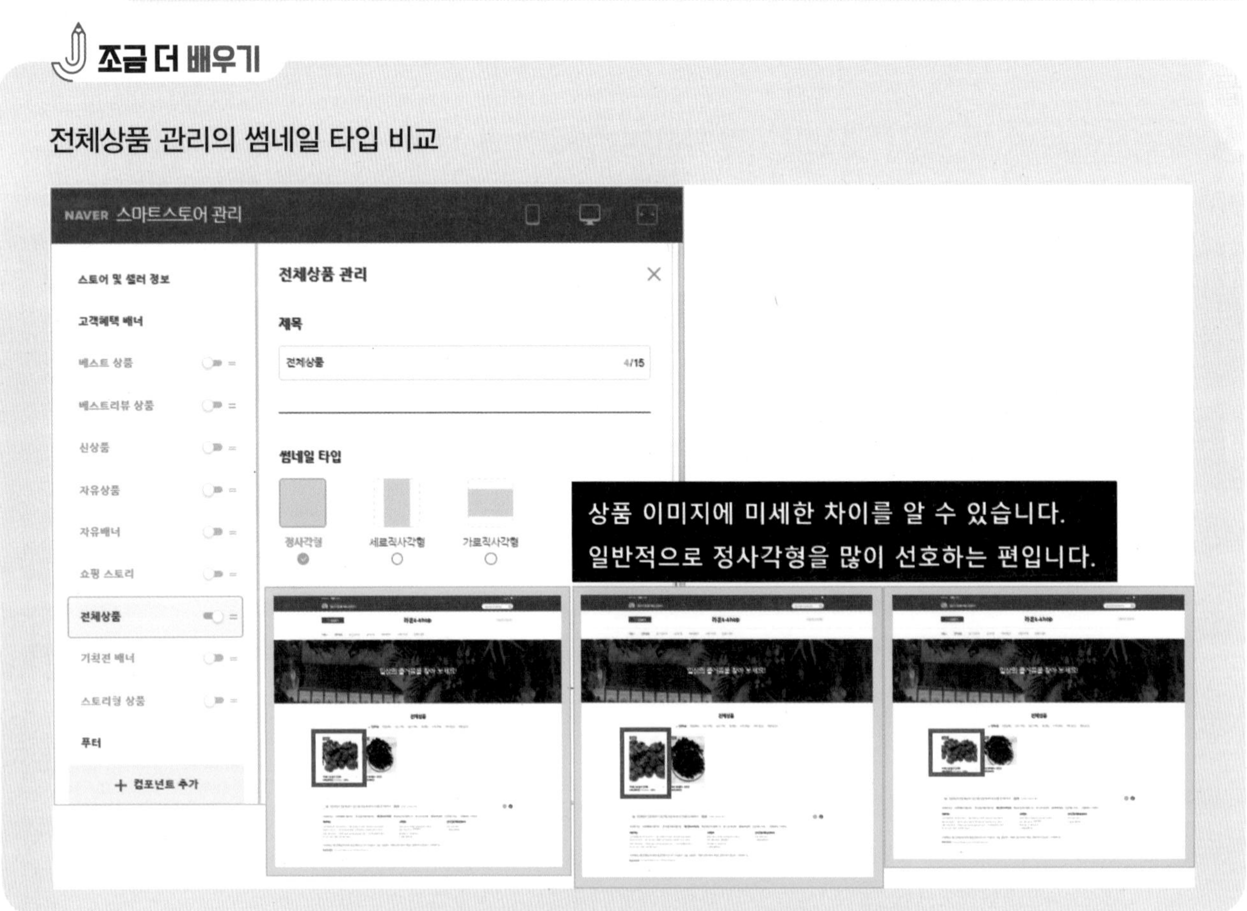

13 왼쪽 위 프로필 사진을 클릭하면 스마트스토어 쇼핑몰을 확인할 수 있습니다.

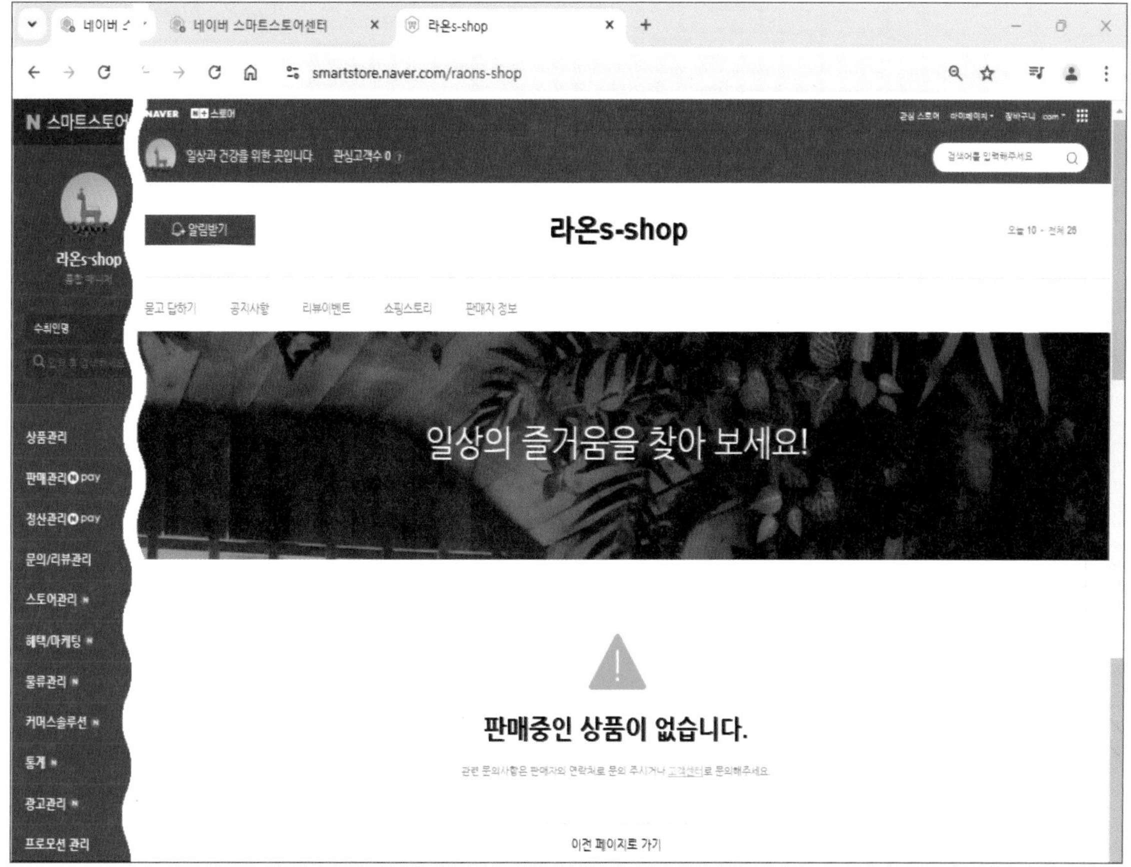

CHAPTER 12

스마트스토어 상품관리 설정하기

POINT

네이버 쇼핑에서 검색을 하면 많은 상품들이 검색됩니다. 스마트스토어에 판매하고 싶은 상품을 등록해 보도록 하겠습니다.

완성 화면 미리 보기

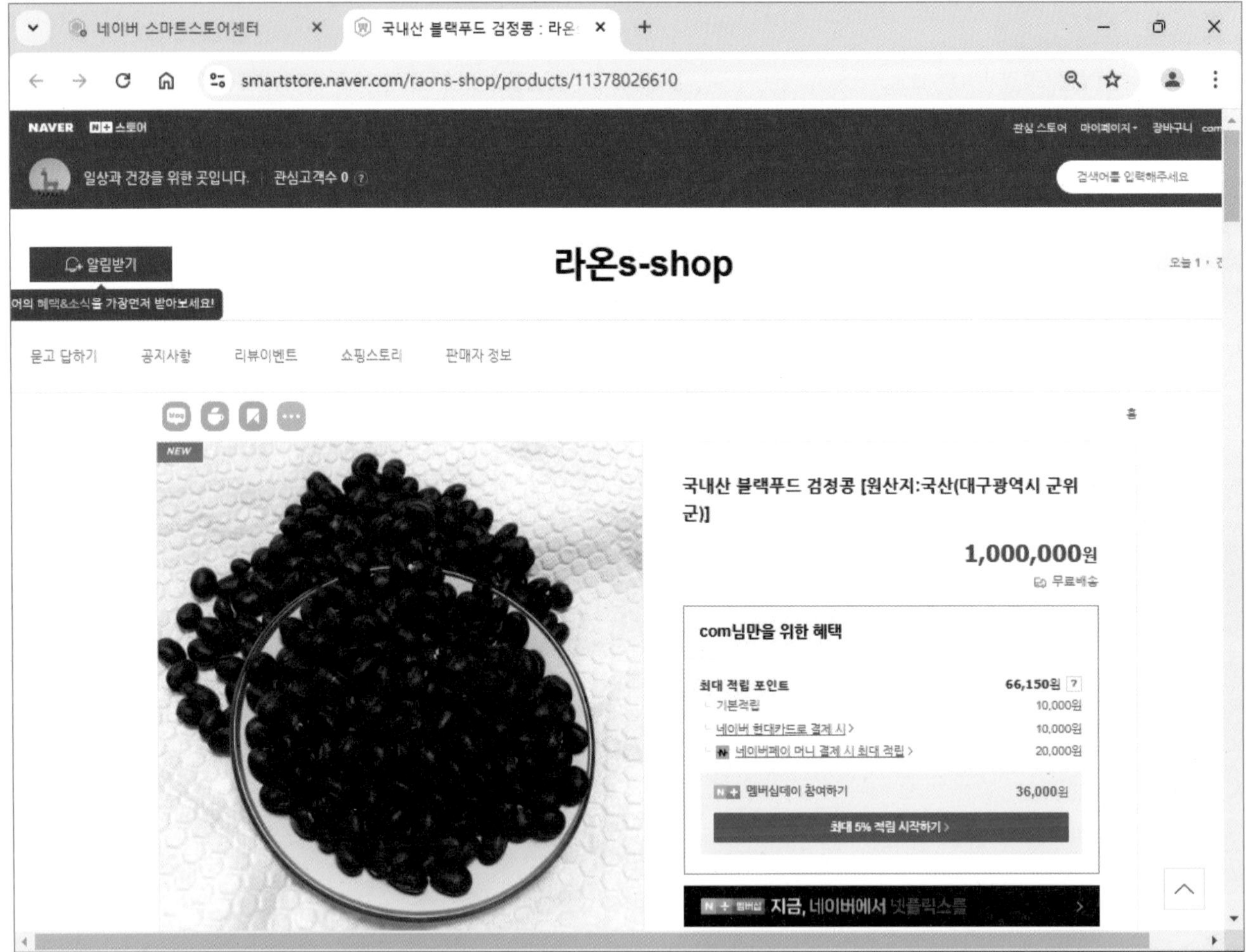

여기서 배워요!

상품 등록하기, 상품 조회 및 수정하기

STEP 01 상품 등록하기

01 스마트스토어센터의 왼쪽 메뉴에서 [상품관리]-[상품 등록]을 차례대로 클릭합니다.

02 '카테고리' 항목에서 [카테고리명 선택]을 클릭하여 해당하는 카테고리를 세부적으로 클릭합니다. 판매하고자 하는 상품의 카테고리를 등록합니다. '원산지정보 필수 카테고리' 메시지에서 [확인]을 클릭합니다. '친환경인증 필수 카테고리' 메시지에도 [확인]을 클릭합니다.

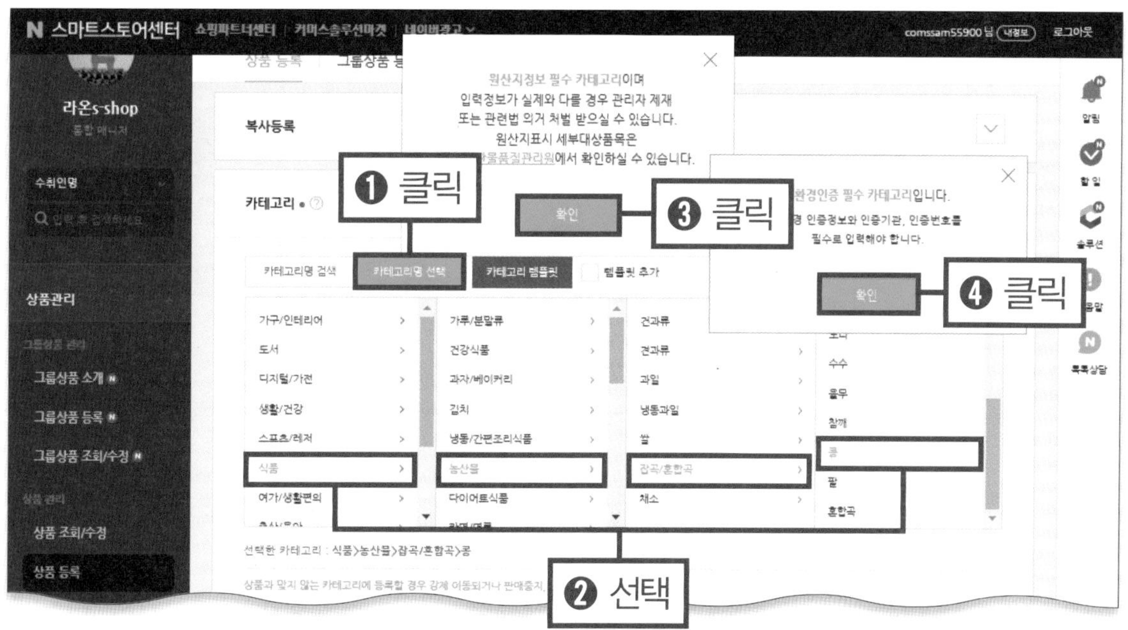

조금 더 배우기

만약 등록하고자 하는 상품의 카테고리가 헷갈린다면 '네이버'에 검색합니다. 비슷한 상품의 카테고리를 참고합니다.

03 [상품명] 항목을 클릭하여 판매하는 상품명을 입력합니다. '판매가' 항목에 판매하고 싶은 판매가를 입력한 후 하단의 여러 설정 사항들을 체크합니다.

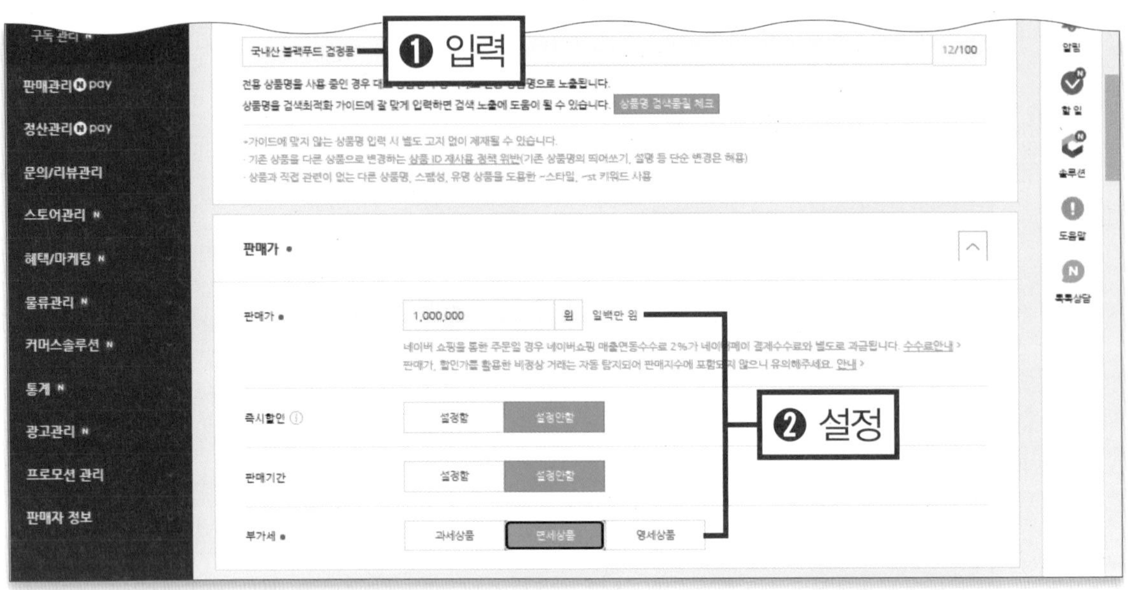

조금 더 배우기

교재에서의 판매가는 판매되지 않게 하기 위해 높게 입력했습니다. 참고로 농산물은 면세상품이며, 일반 상품들은 과세상품입니다.

04 하단으로 이동한 후 '상품이미지' 항목에서 '대표이미지'의 [추가](⊕)–[내 사진]을 차례대로 클릭합니다. 사진을 선택한 후 [열기]를 클릭합니다.

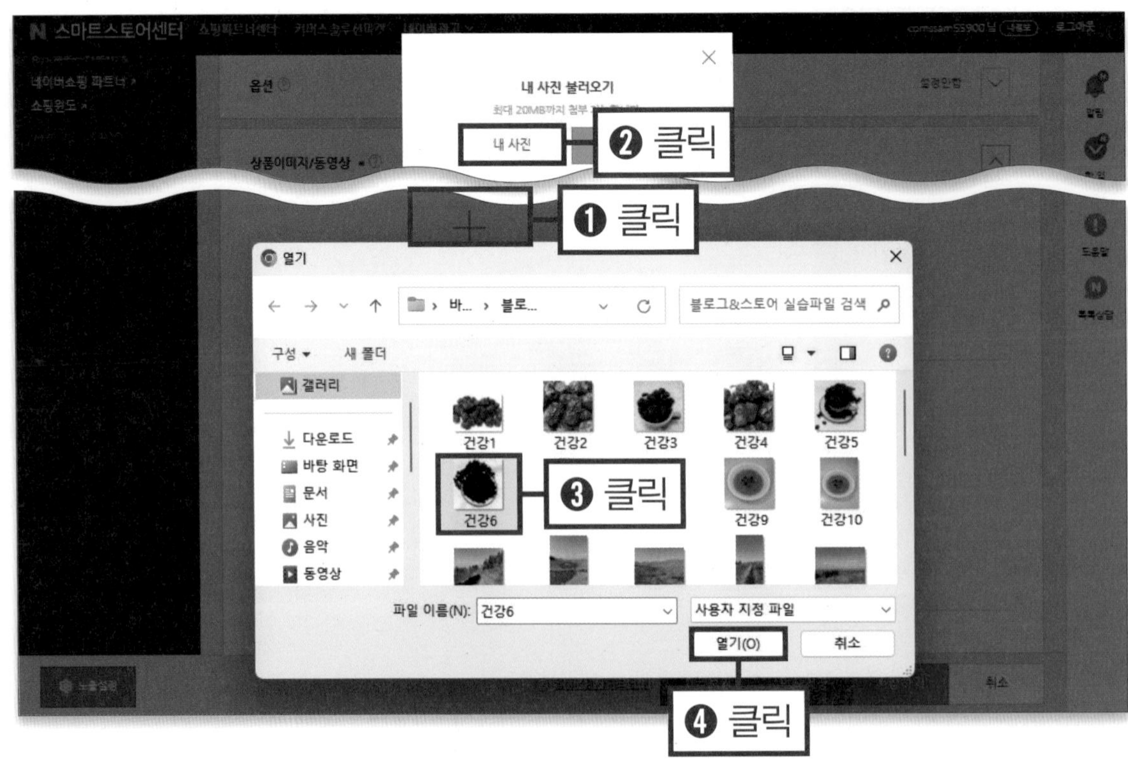

05 '추가 이미지'의 [추가](⊕)–[내 사진]을 차례대로 클릭합니다. 여러 장의 사진을 선택한 후 [열기]를 클릭합니다.

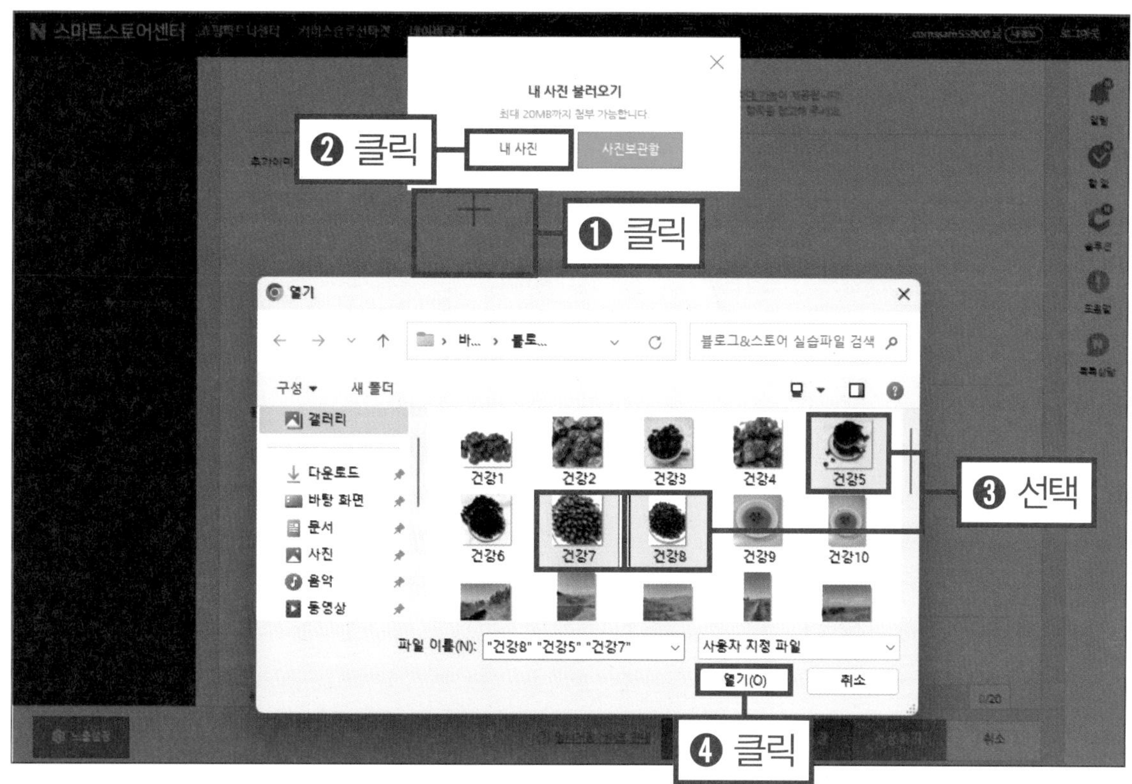

조금 더 배우기

추가 이미지는 9장까지 등록할 수 있습니다.

06 '대표이미지'와 '추가이미지'가 등록된 것을 확인합니다.

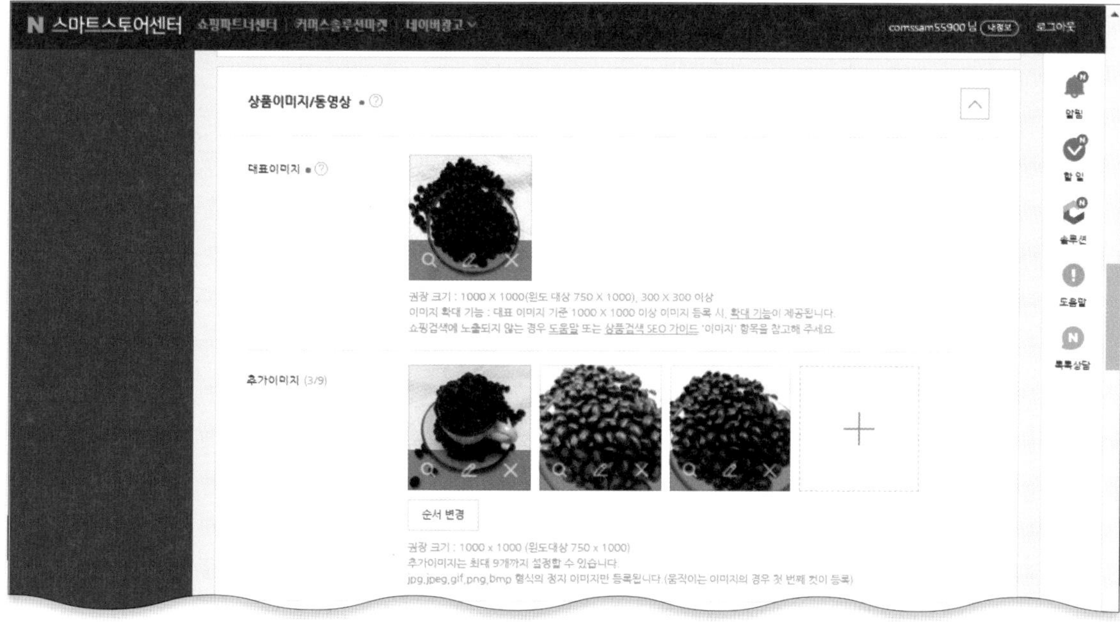

07 '상세설명' 항목에서 [SmartEditor ONE으로 작성]을 클릭합니다.

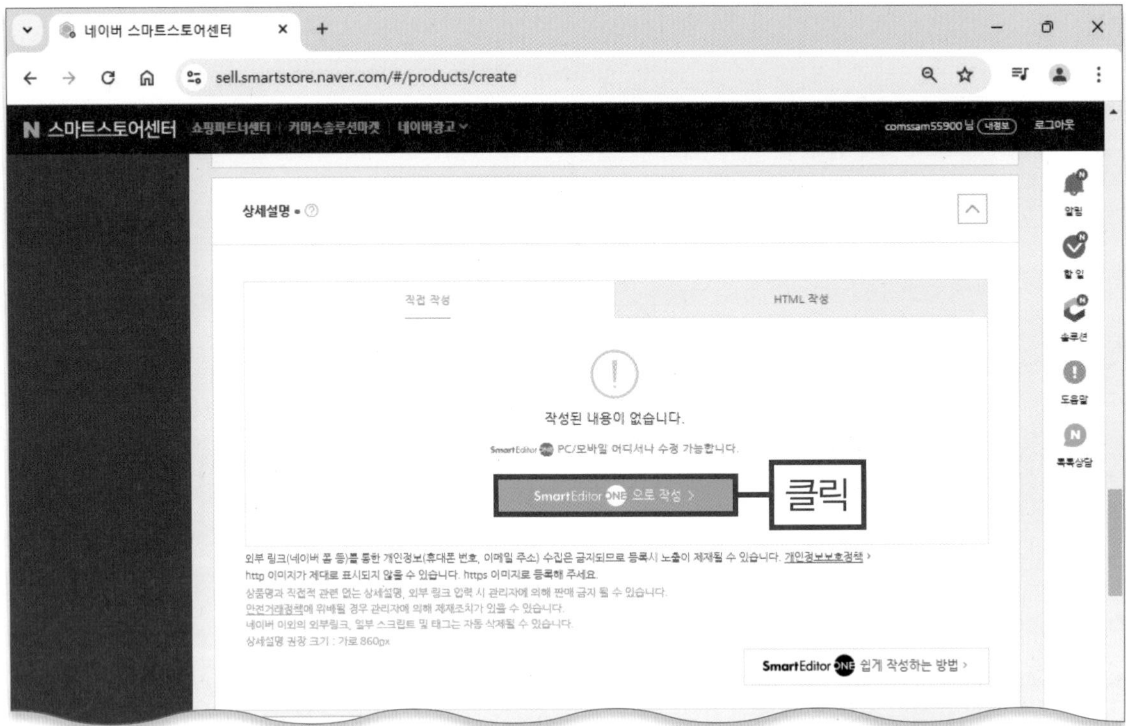

08 스마트에디터의 '내용을 입력하세요'를 클릭한 후 글과 사진 등을 이용하여 상품에 대한 설명을 입력합니다. 입력을 다 하였다면 [등록]을 클릭합니다.

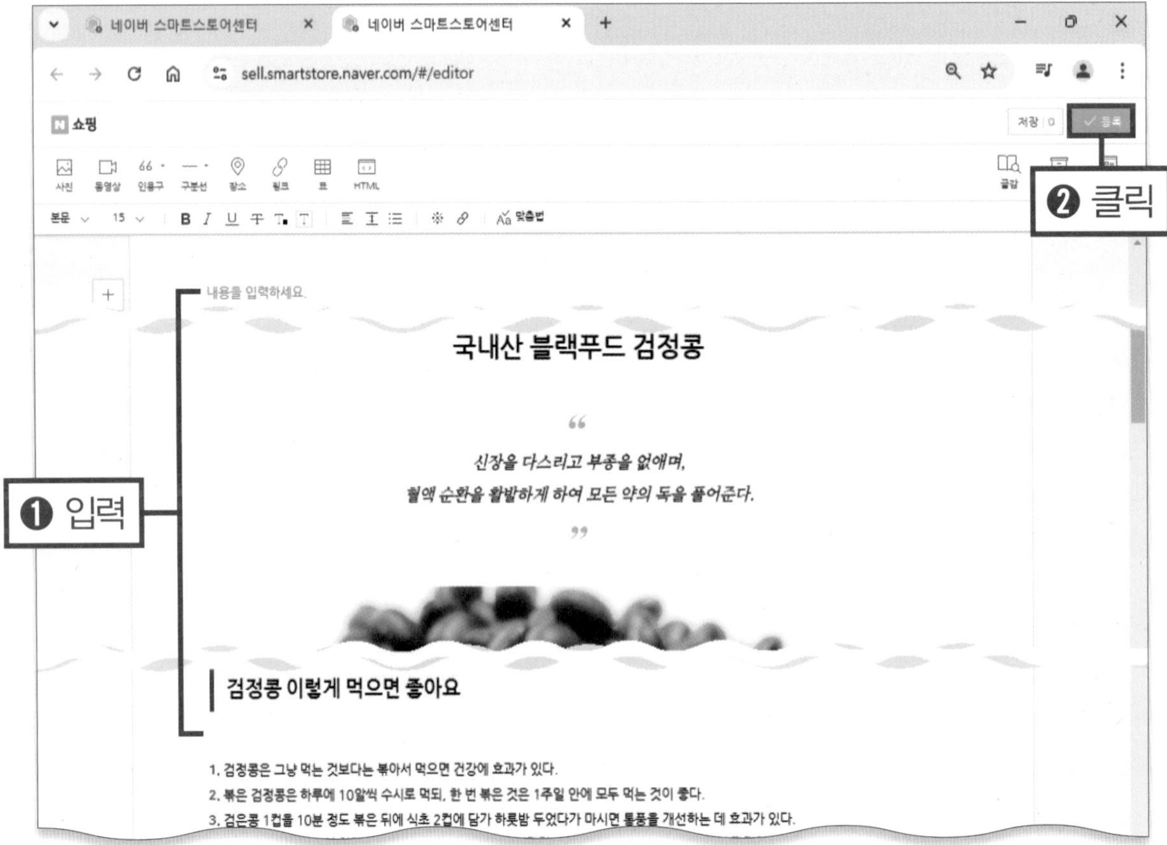

 **조금 더 배우기**

상품 상세 글쓰기

스마트스토어의 글쓰기와 블로그의 글쓰기는 비슷합니다. 스토리 만들기가 힘들다면 [템플릿]을 이용합니다.

1. 제목을 입력한 후 글쓰기 도구 중 [인용구]의 [따옴표]를 선택하여 글을 입력합니다. 글쓰기 도구 중 [사진]을 클릭하여 사진을 삽입합니다.

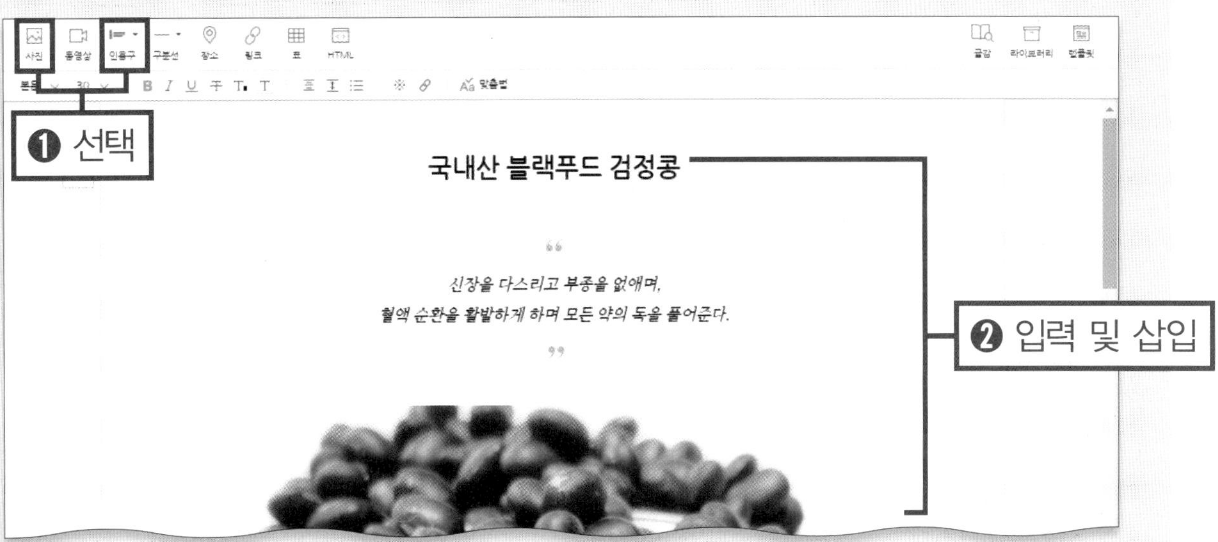

2. 글쓰기 도구 중 [인용구]의 [버디컬라인]을 선택하여 소제목을 입력한 후 상세 설명을 입력합니다. 글쓰기 도구 중 [사진]을 클릭하여 2장의 사진을 삽입합니다. 두 번째 사진을 첫 번째 사진 옆으로 드래그하여 나란히 배치합니다.

3. 글쓰기 도구 중 [인용구]의 [버디컬라인]을 선택하여 소제목을 입력한 후 상세 설명을 입력합니다. 글쓰기 도구 중 [사진]을 클릭하여 사진을 삽입한 후 [등록]을 클릭합니다.

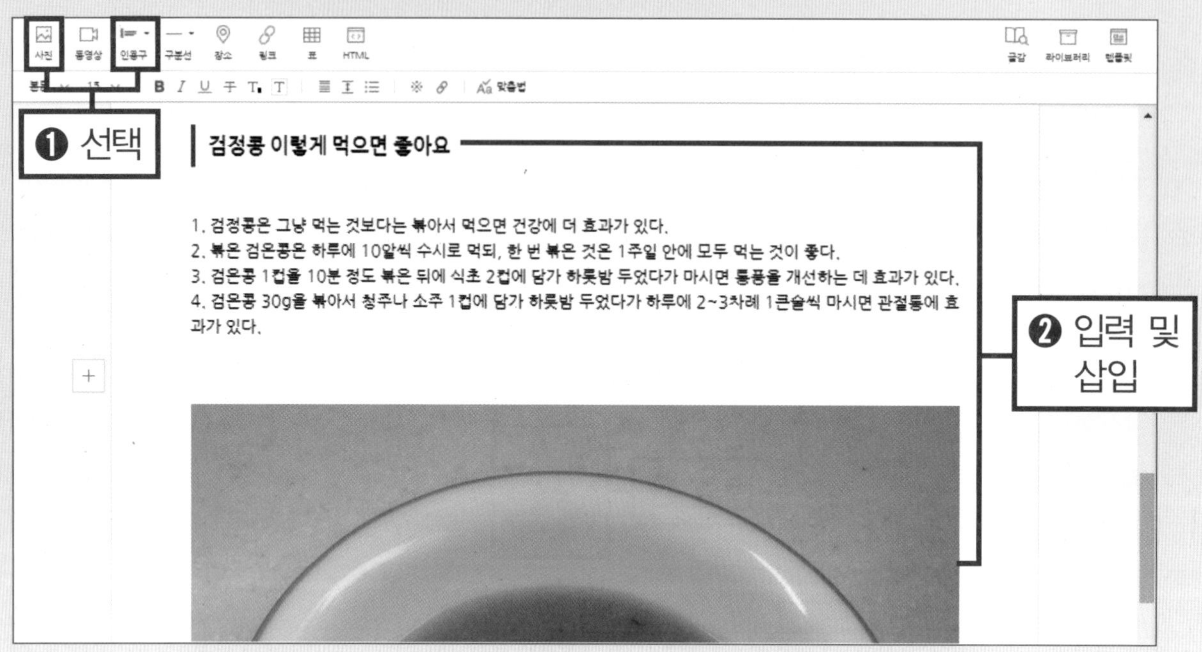

조금 더 배우기

스마트에디터 알아보기

■ SmartEditor 기본 화면

- **사진** : '내 사진'은 PC에 저장된 이미지를 추가할 수 있고, '사진보관함'에 저장되어 있는 이미지를 첨부할 수 있습니다.
- **동영상** : PC에서 원하는 동영상을 추가할 수 있습니다. 동영상 10개까지 가능하며 1GB, 15분까지만 업로드 가능합니다.

- **인용구** : 주목도 있는 문구로 표현할 수 있습니다.
- **구분선** : 각 요소 사이 구분선을 추가하여 가독성 높게 작성합니다.
- **글감검색** : 글감검색을 활용해 네이버 쇼핑 상품을 본문 내 첨부할 수 있습니다.
- **템플릿** : 미리 작성된 각종 유형을 활용해 상품 상세 내용을 작성할 수 있습니다.

■ **컴포넌트-텍스트 편집**

- **글 스타일** : 본문, 소제목, 인용구에 따라 글자 크기가 지정되어 있지만 글자 크기를 변경할 수 있습니다.
- **링크** : 웹 사이트 등과 링크가 필요할 때 사용합니다.

■ **컴포넌트-사진 편집**

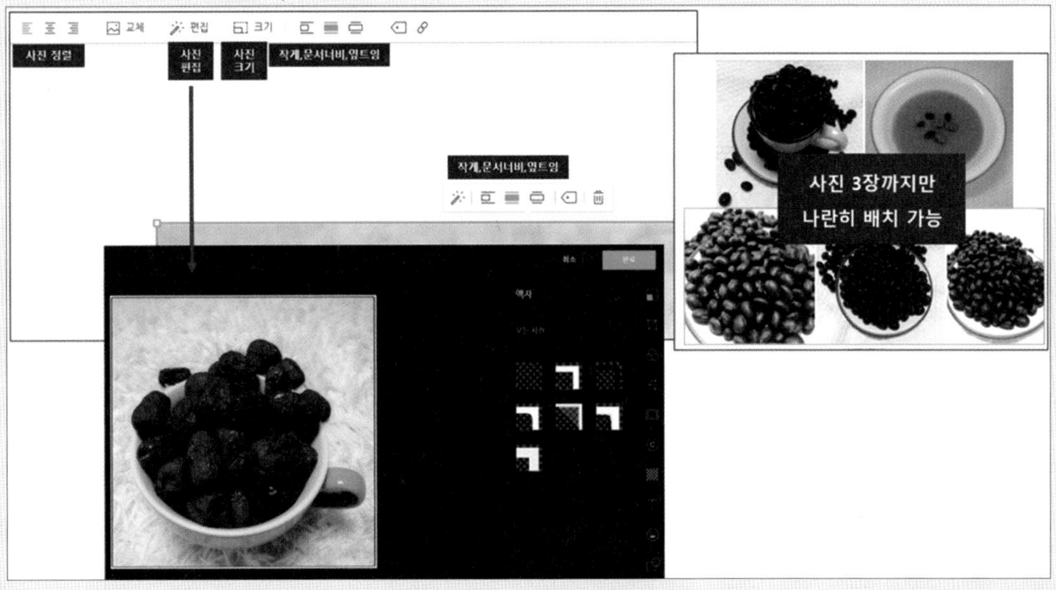

- **사진 편집** : 사진을 자르기하거나 필터, 액자 등 다양하게 편집할 수 있습니다. '모두적용'을 선택하면 삽입되어 있는 사진에 동일하게 적용됩니다.
- **작게, 문서너비, 옆트임** : 본문과 어울리는 메뉴를 선택합니다. 본문과 자연스러운 사이즈는 문서너비이며, 옆트임은 본문보다 크게 나옵니다.
- 여러 장의 사진을 나란히 배치하고자 한다면 사진 옆으로 드래그합니다. 3장까지 나란히 배치할 수 있습니다.

09 '상품 주요정보' 항목에 해당하는 사항들을 선택합니다.

조금 더 배우기

'친환경인증대상'을 클릭하였다면 인증에 관한 정보를 올바르게 입력하여야 합니다.

10 '상품정보제공고시' 항목에 해당하는 내용들을 입력합니다. 여기서는 [상품상세 참조로 전체 입력]을 선택합니다.

조금 더 배우기

상품구매 시 상품상세 설명 아래쪽에 포장 크기 및 포장 단위 등이 자세하게 나타납니다. 스마트에디터 글쓰기에서 상세하게 기술하였다면 '상품상세 참조로 전체 입력'을 선택합니다.

11 '배송' 항목에 해당하는 내용들을 선택 입력합니다.

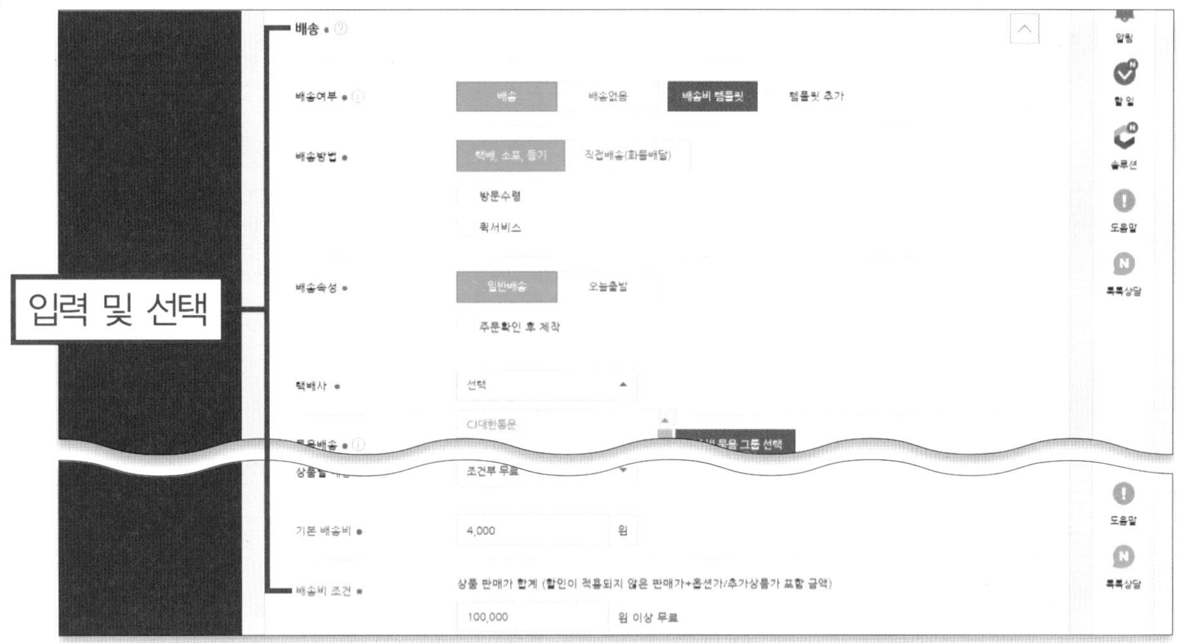

조금 더 배우기

'택배, 소포, 등기'는 택배회사에 직접 등록하여 발송하는 방법으로 송장번호를 입력하여야 합니다. 택배사와 송장번호를 입력하고 나면 배송 추적이 가능합니다. '직접배송(화물배달)'은 판매자가 자체 배송 및 직접 전달하는 방법으로 배송 추적이 되지 않습니다. 한달이 되어야 자동구매 확정으로 넘어가며 정산이 가능합니다.

12 '반품/교환'과 'A/S, 특이사항' 항목에 대한 내용들을 선택 입력합니다.

조금 더 배우기

현재 네이버의 기본 반품 택배사는 한진택배입니다. 구매자가 반품을 신청하면 네이버 측에서 한진택배에 수거요청을 하게 됩니다. 계약 택배 이용자라면 택배사를 변경 신청합니다.

13 상품등록에 관한 정보가 다 입력되었다면 아래쪽에 [저장하기]를 클릭합니다. '상품저장이 완료되었습니다.' 메시지 창의 [스마트스토어 상품보기]를 클릭합니다.

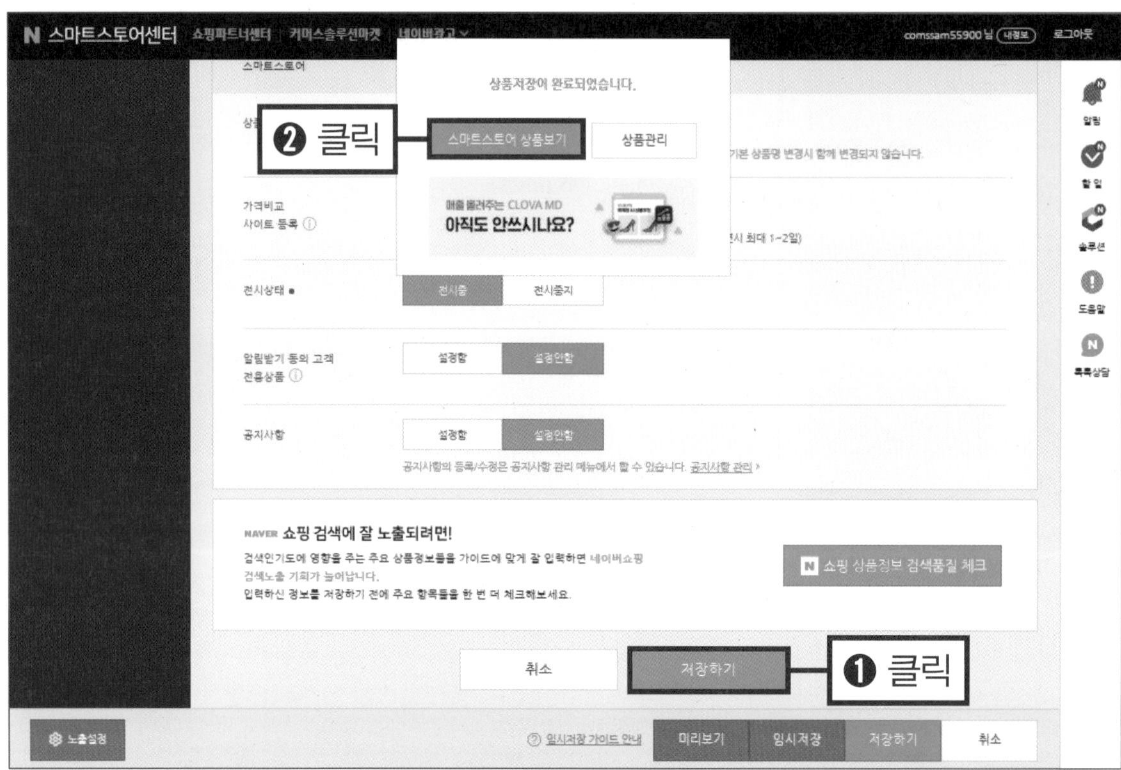

14 등록된 상품을 확인합니다.

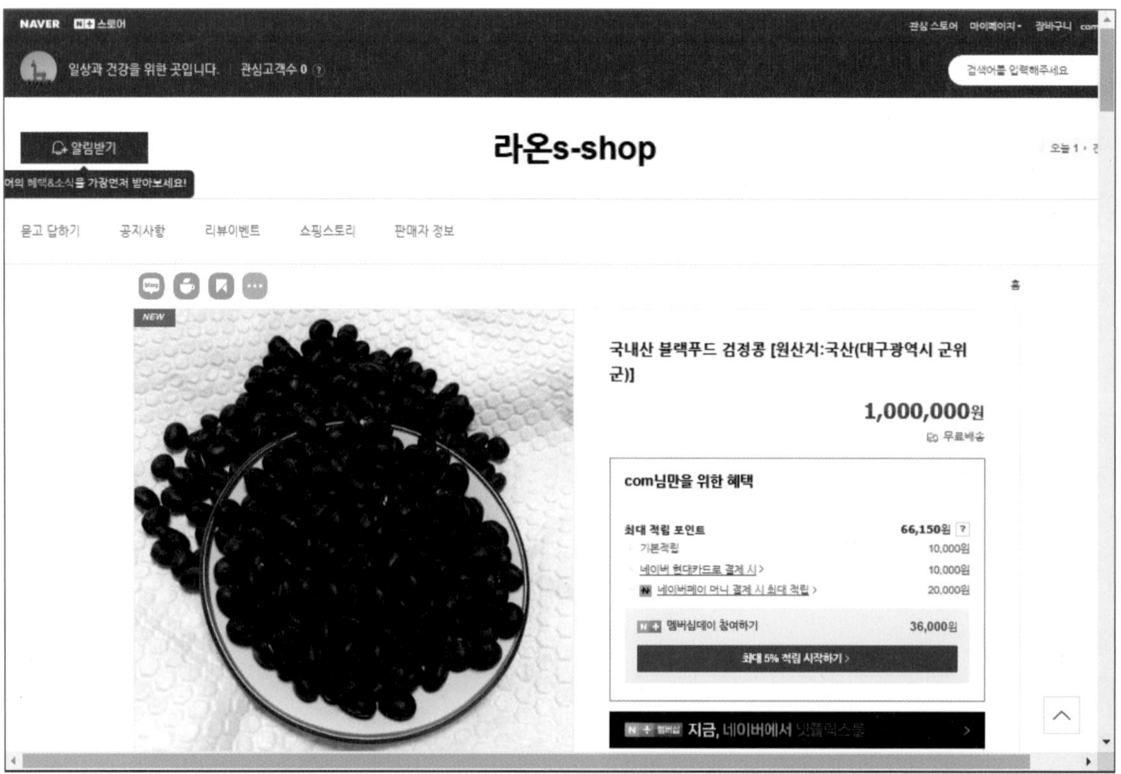

STEP 02 상품 조회 및 수정하기

01 스마트스토어센터의 [상품관리]-[상품 조회/수정]을 차례대로 클릭하여 등록된 상품을 확인합니다. 상품등록 내용을 수정하기 위해서 [수정]을 클릭합니다.

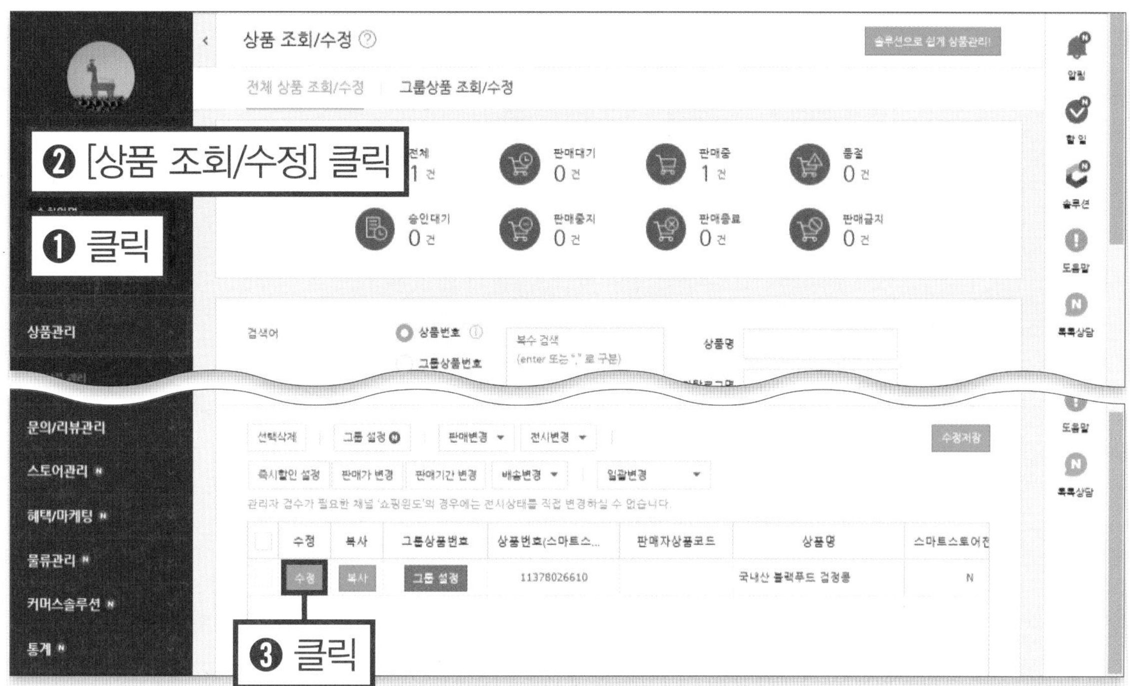

02 수정하고자 하는 항목을 클릭하여 수정한 후 [저장하기]를 클릭합니다.

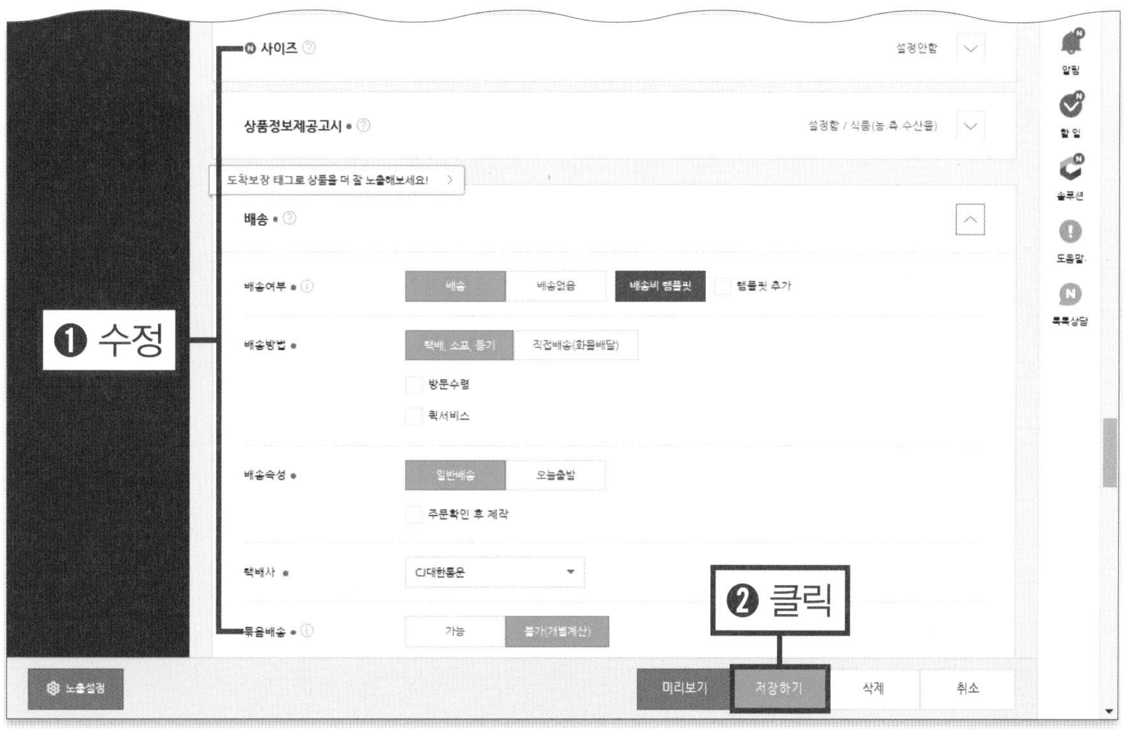

전시중지와 판매중지의 차이

❶ **전시중지** : 쇼핑 검색이나 스마트스토어 화면에서 보이지 않게 하기 위함입니다. 상품을 찜한 고객이라면 주문이 가능합니다.

❷ **판매중지** : 판매해야 할 상품이 품절되어 판매를 할 수 없을 때 설정합니다. 주문이 불가합니다.

CHAPTER 13

스마트스토어 판매 및 정산 관리

POINT

고객이 상품을 주문하였을 경우에 확인할 수 있는 공간입니다. 주문이 되었을 경우 진행되는 과정을 살펴봅니다.

완성 화면 미리 보기

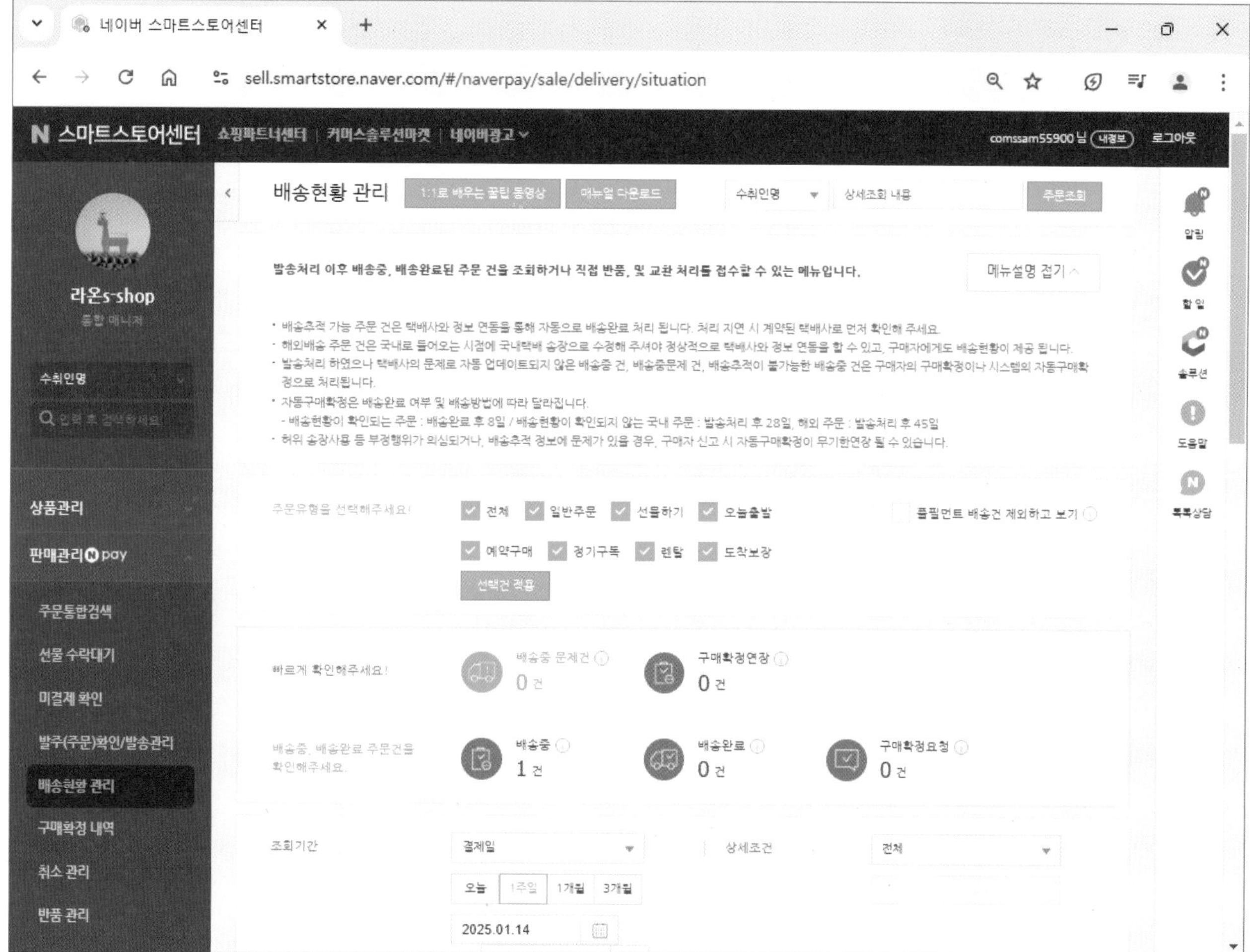

여기서 배워요!

상품 발주/발송 관리, 충전금 관리

STEP 01 상품 발주/발송 관리

01 스마트스토어센터 관리자 화면에서 [신규주문] ○건을 클릭합니다.

조금 더 배우기

여기서는 실제 주문 1건이 있는 상태로 진행됩니다.

02 [판매관리]–[발주/발송 관리] 메뉴가 나타나며 '신규주문(발주 전) ○건'을 확인합니다.

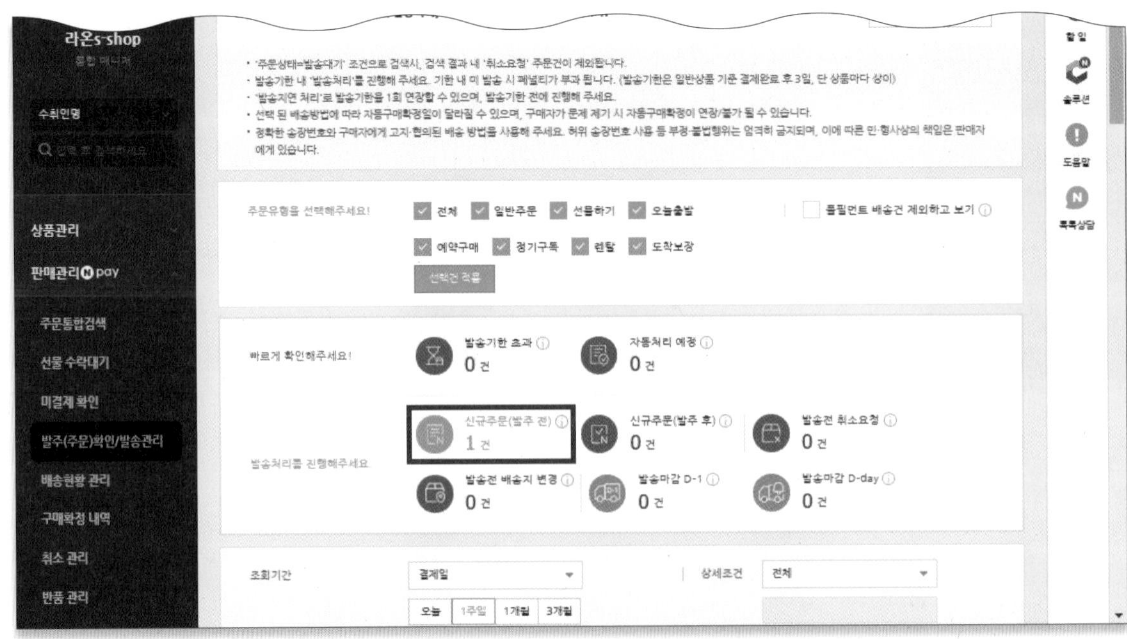

조금 더 배우기

기본적인 주문 흐름 알아봅니다.

❶ **발송처리 진행** : 신규 주문 후 3일 이내 발송처리 진행이 필요하며, 발송처리 기간은 상품 카테고리 등에 따라 다를 수 있습니다.

❷ **구매확정 진행** : 구매자가 상품을 정상 수령한 경우, 구매자가 직접 구매확정을 진행합니다. 단, 구매자가 구매확정을 지연시킬 경우를 대비하여 일정 기간이 지나면 자동으로 구매확정 처리됩니다.

❸ **구매확정 시 자동 정산 진행** : 구매확정 시 정산 예정 상태가 되며, 구매확정된 시점으로부터 +1 영업일에 자동으로 정산됩니다.

❹ **패널티 주의하세요** : 발송처리 지연, 취소 사유 품절, 휴가 등의 이유로 3일 이내 발송처리가 어렵다면 발송지연 안내를 활용하세요.

03 화면 아래에 상세 주문 목록을 확인합니다.

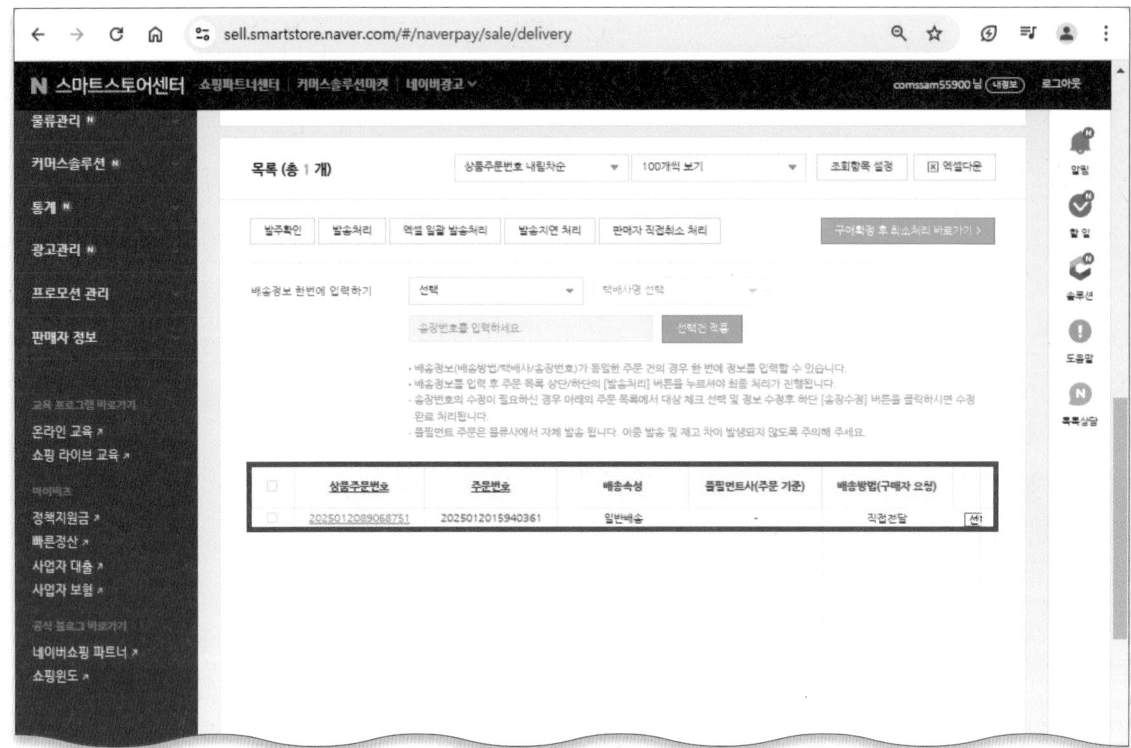

04 주문 건을 선택한 후 [발주확인]을 클릭합니다, '입력하신 정보로 발송처리를 진행하시겠습니까?' 메시지의 [확인]을 클릭합니다.

05 '발송처리 완료되었습니다.' 메시지의 [확인]을 클릭합니다.

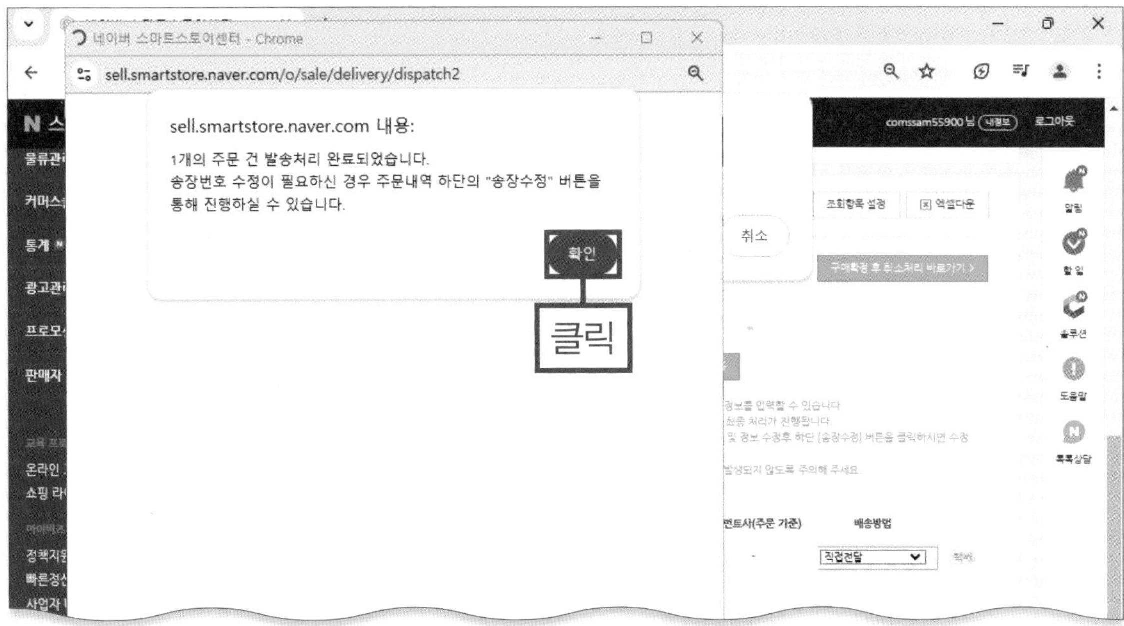

조금 더 배우기

여기서는 '직접전달'을 선택하였습니다. '택배'인 경우는 송장번호를 입력합니다.

06 [판매관리]–[배송현황 관리]를 차례대로 클릭하여 배송 상태를 확인합니다. 왼쪽 프로필을 클릭합니다.

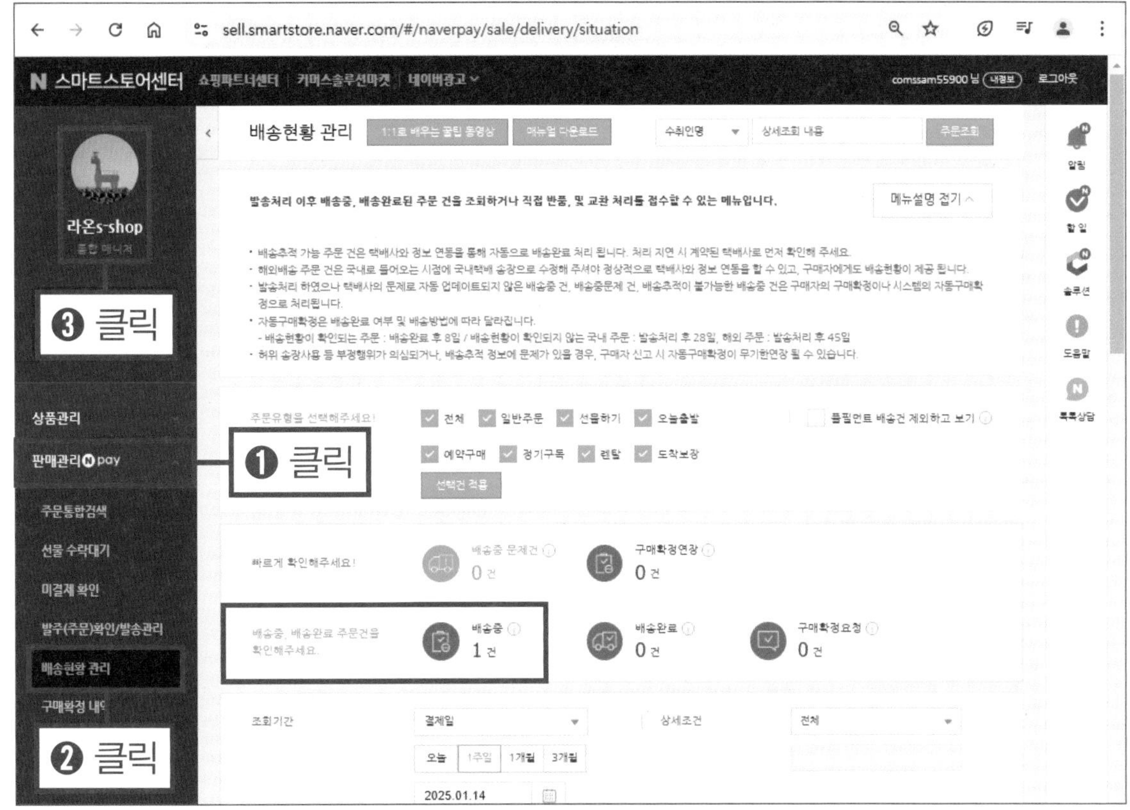

07 판매되고 있는 상품들을 확인할 수 있습니다.

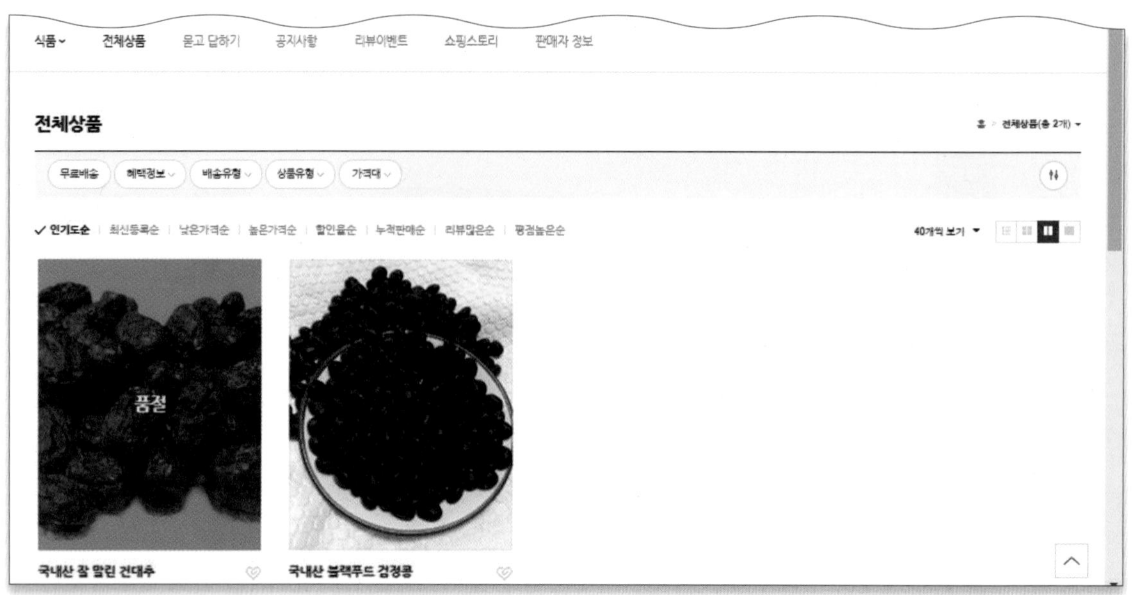

조금 더 배우기

'품절'이 나오는 이유는 판매 수량을 1개로 등록했기 때문입니다. 상품의 판매 수량이 0이면 '품절'이 표시됩니다.

STEP 02 정산 내역 관리하기

01 스마트스토어센터 관리자 화면에서 '오늘정산' [000원]을 클릭합니다.

조금 더 배우기

[정산관리]-[정산 내역(일별/건별)]을 차례대로 클릭하여도 됩니다.

02 '일별 정산내역'의 정산된 내역을 확인합니다.

조금 더 배우기

일반정산은 구매자가 구매확정을 하고 +1 이후 정산이 됩니다. 빠른정산은 구매확정 없이 바로 정산을 신청할 수 있습니다.

03 [건별 정산내역]을 클릭합니다. '조회하기'에 날짜를 선택하여 검색합니다. 조회된 목록을 확인합니다.

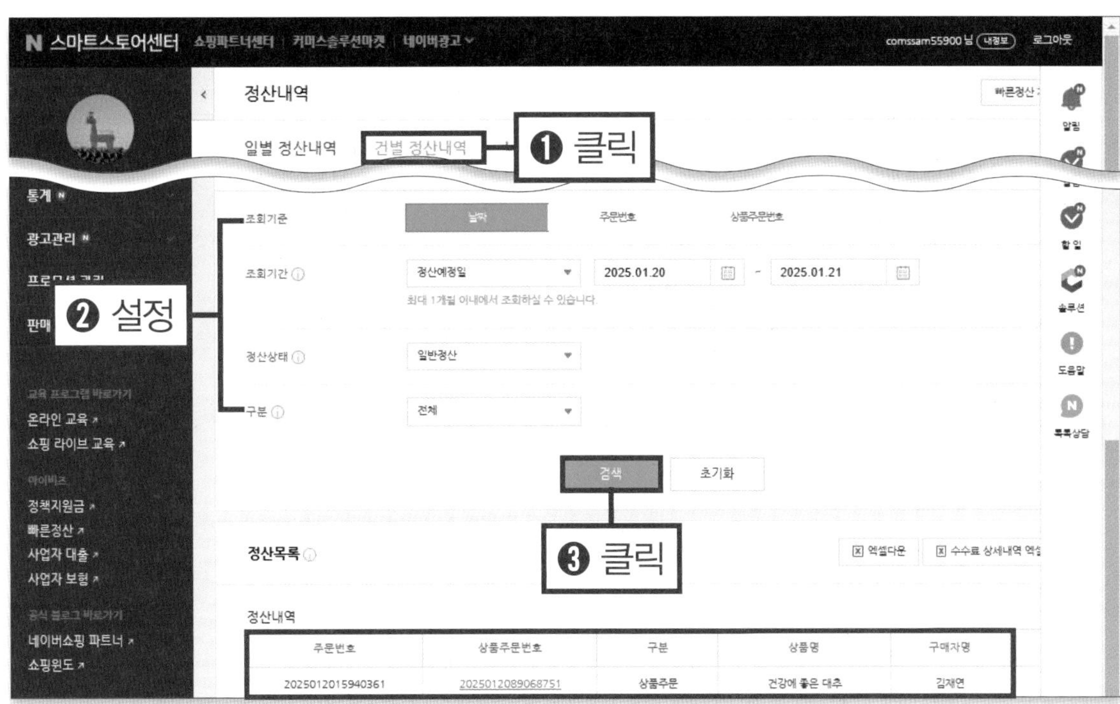

CHAPTER 14

스마트스토어 리뷰 및 노출 관리 설정하기

POINT

고객이 주문한 상품을 받고 구매확정을 하여야 판매 금액이 정산됩니다. 구매확정 목록을 확인하고 리뷰를 꼼꼼히 관리합니다. 리뷰 관리는 재구매를 위함이고, SNS로의 노출은 매출 증대를 위함입니다. 리뷰 관리와 노출 관리 설정을 알아봅니다.

완성 화면 미리 보기

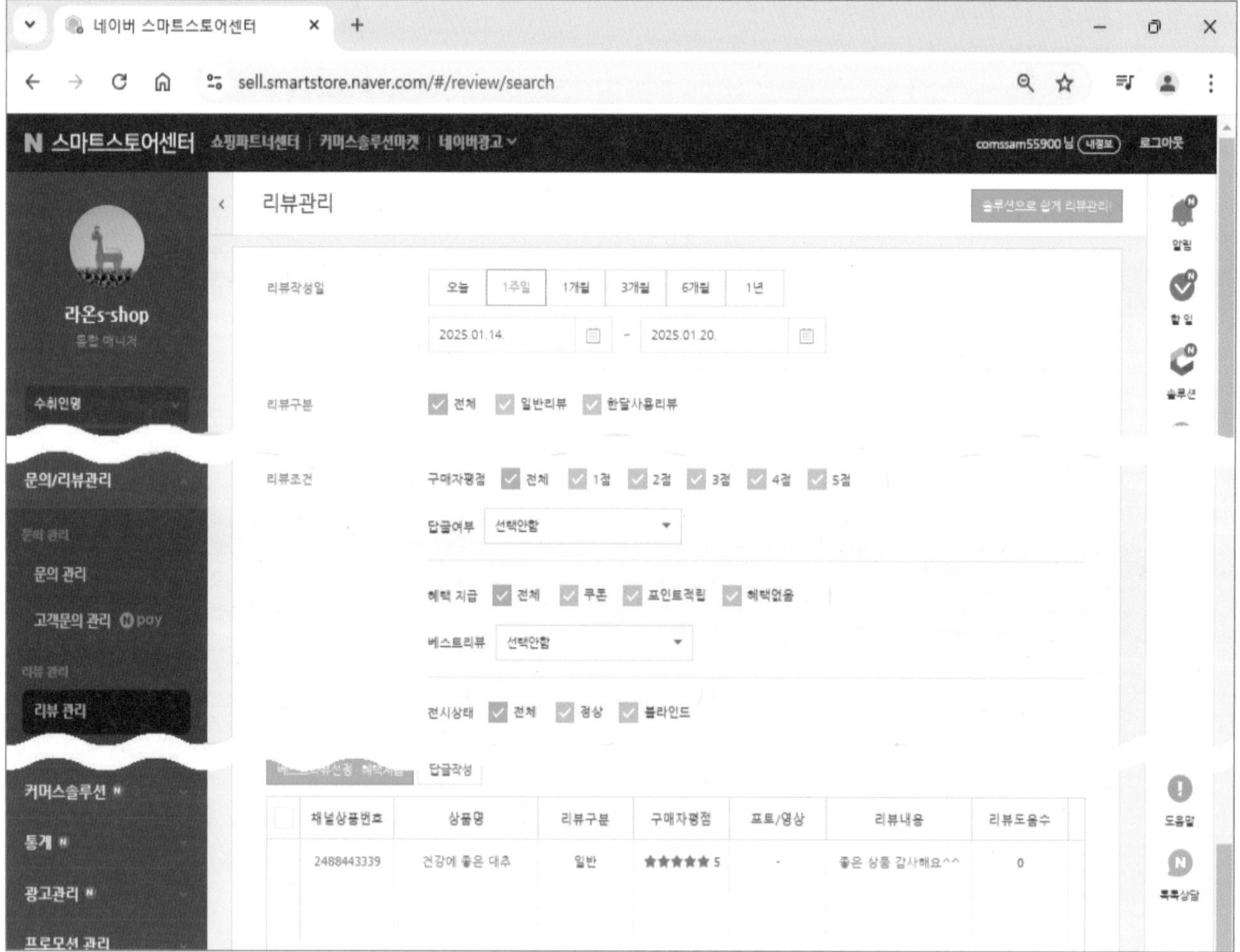

여기서 배워요!

구매 확정 및 리뷰 관리, 노출 서비스 관리

STEP 01 구매확정 및 리뷰 관리하기

01 스마트스토어센터 관리자 화면에서 [판매관리]–[구매확정 내역]을 클릭한 후 구매확정 목록을 확인합니다.

조금 더 배우기

관리자 화면에서 '구매확정 ooo건'을 클릭해도 됩니다. 구매확정이 되어야 정산이 됩니다.

02 [문의/리뷰관리]–[리뷰 관리]를 클릭하여 구매자가 작성한 리뷰를 확인합니다. 리뷰 내용을 클릭합니다.

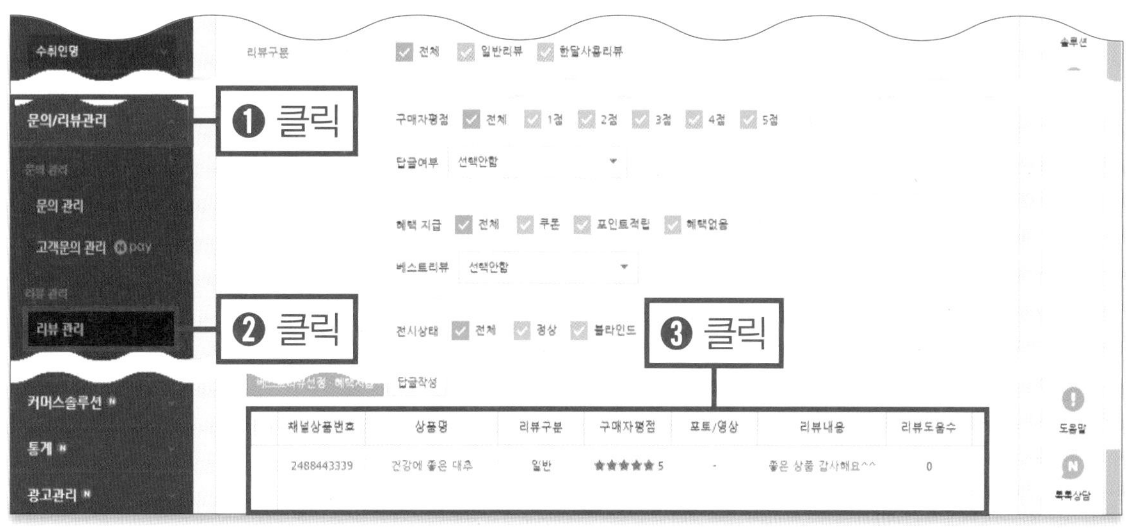

조금 더 배우기

잘 작성된 리뷰를 골라서 베스트 리뷰로 선정하고, 상품 홍보에 활용할 수 있습니다.

03 '판매자답글'을 입력하고 [답글 등록]을 클릭하여 등록합니다.

STEP 02 노출 서비스 관리하기

01 [스토어관리]-[네이버 서비스 연결]을 차례대로 클릭합니다. '네이버 쇼핑'과 '네이버 톡톡'은 [사용함]으로 나타납니다. '웹사이트 검색등록'을 클릭하여 [설정함]으로 변경합니다.

조금 더 배우기

'웹사이트 검색등록'은 스마트스토어 사용 승인이 되면 지정할 수 있습니다.

02

[SNS 설정]을 클릭한 후 '네이버 블로그'를 클릭하여 [설정함]으로 변경합니다. '네이버 로그인' 대화상자에서 '아이디'와 '비밀번호'를 입력하고 [로그인]을 클릭합니다. 블로그 연결 정보가 나타납니다.

조금 더 배우기

'저장되었습니다' 메시지가 나타나면 [확인]을 클릭합니다.

03

'인스타그램'을 클릭하여 [사용함]으로 변경합니다. ID를 입력하는 대화상자가 나타나면 입력한 후 [저장]을 클릭합니다. '페이스북'도 설정해 봅니다.

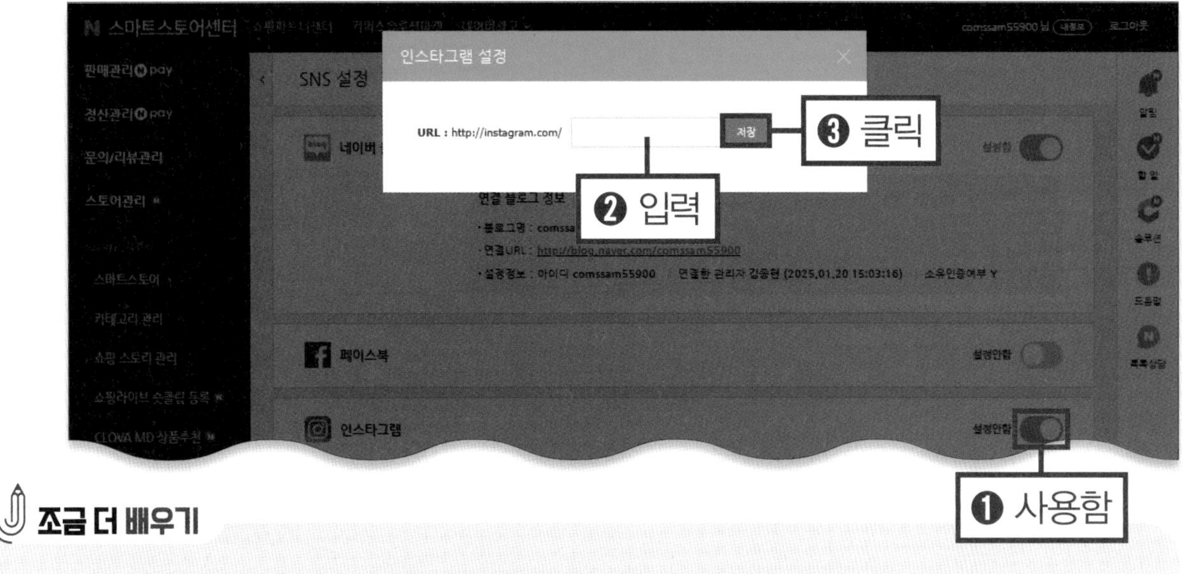

조금 더 배우기

'페이스북'과 '인스타그램' 계정이 있어야 합니다.

페이스북과 인스타그램 가입 후 노출서비스를 진행한 결과입니다.

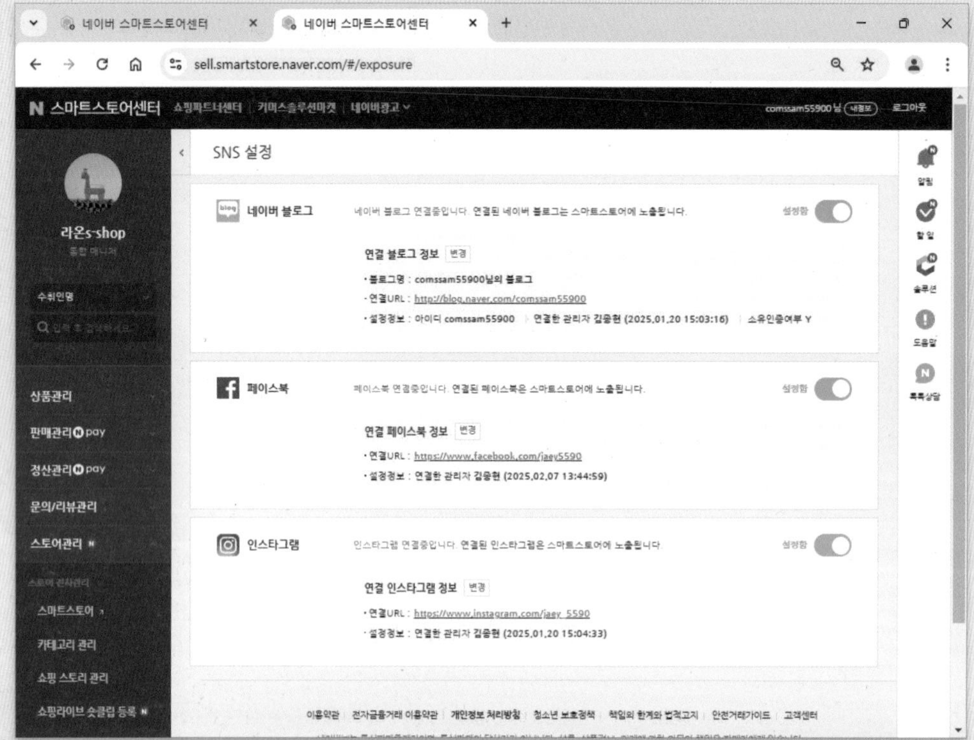

스마트스토어 '판매자 정보'에서 확인할 수 있습니다.

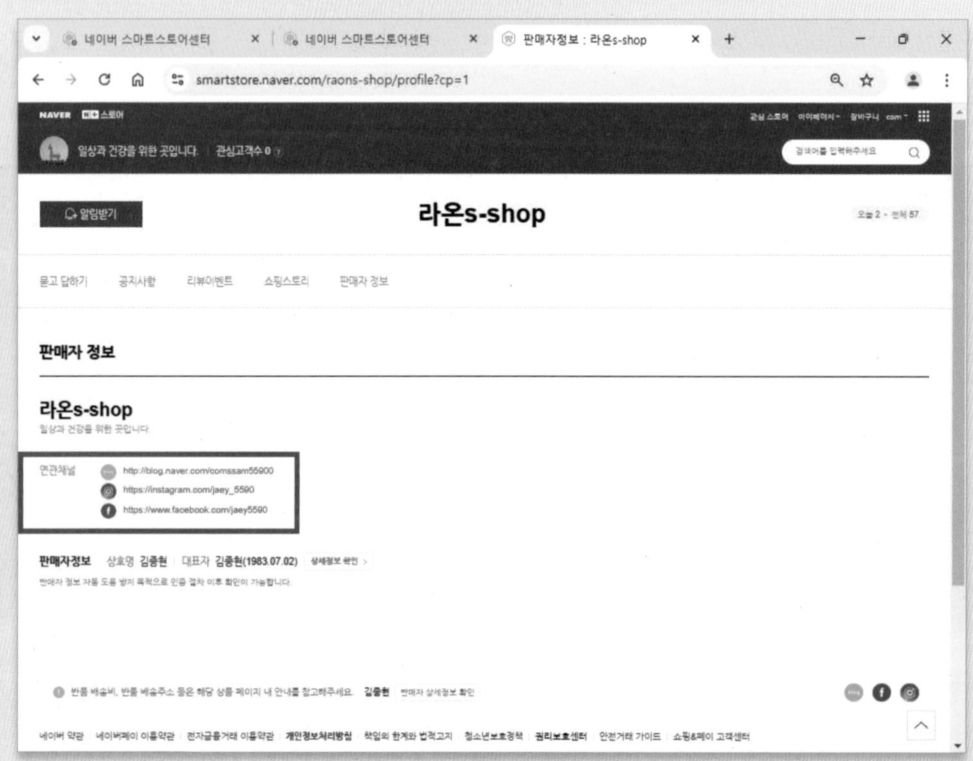

CHAPTER 15

알아두면 유용한 스마트스토어 Tip

POINT

스마트스토어를 시작하며 또는, 운영하다 보면 궁금한 점들이 많이 생깁니다. 스마트스토어에 대한 질문이 많았던 사항들을 몇 가지 소개합니다.

완성 화면 미리 보기

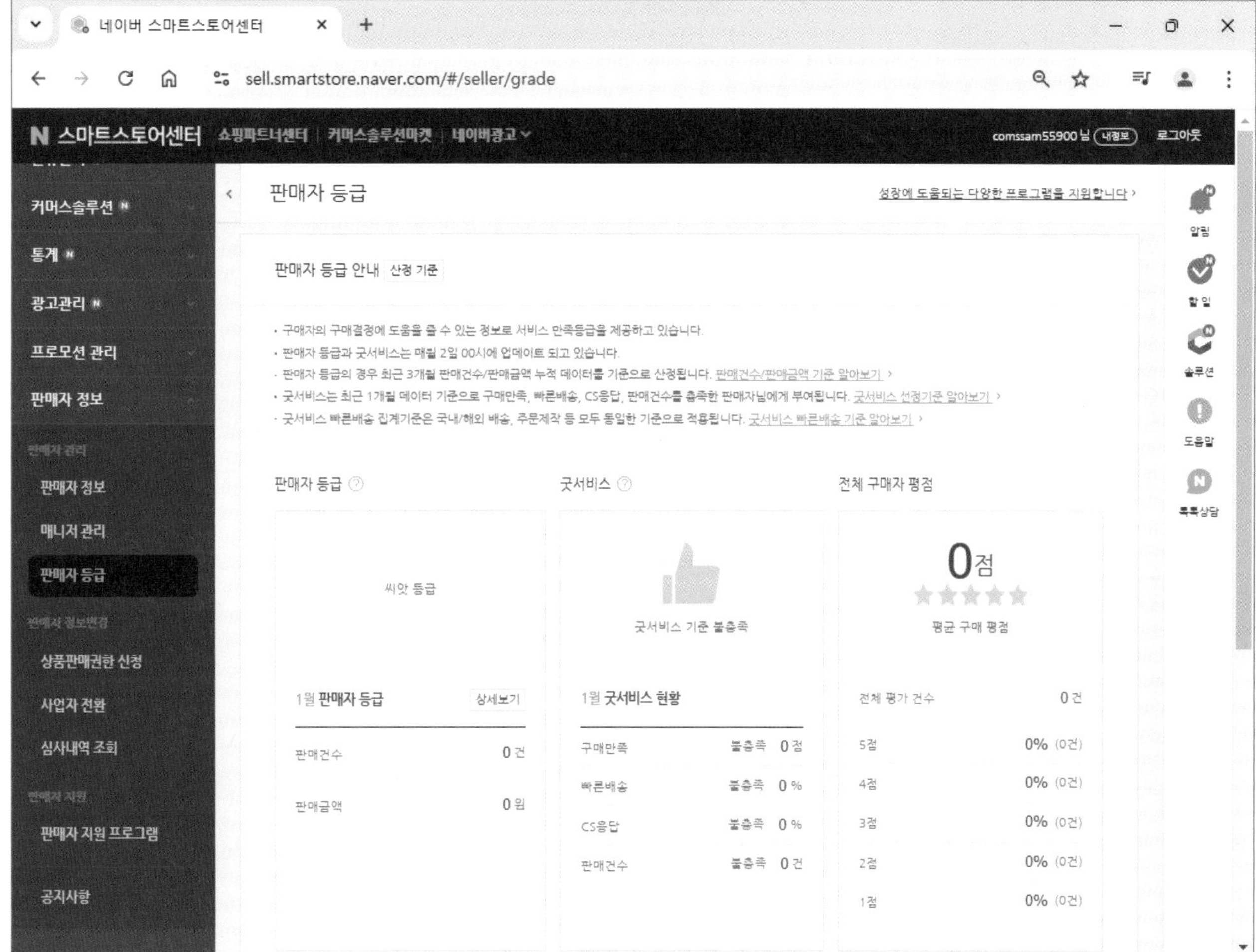

여기서 배워요!

부가세신고 및 세금계산서, 판매자 등급, 패널티, 사업자 전환하기

STEP 01 부가세신고와 세금계산서 메뉴 활용하기

01 [정산관리]–[부가세신고 내역]을 클릭하여 제공되는 부가세신고 내역을 참고합니다.

조금 더 배우기

부가세 신고는 네이버 측에서 해주는 것이 아니라 판매자 개인이 직접 신고를 진행해야 합니다. 부가세신고 내역은 판매자님의 편의를 위해 제공되는 자료로, 참고 용도로만 사용해 주기 바랍니다.

02 [정산관리]–[세금계산서 조회]를 클릭하여 발행상태, 신고상태 등을 조회합니다.

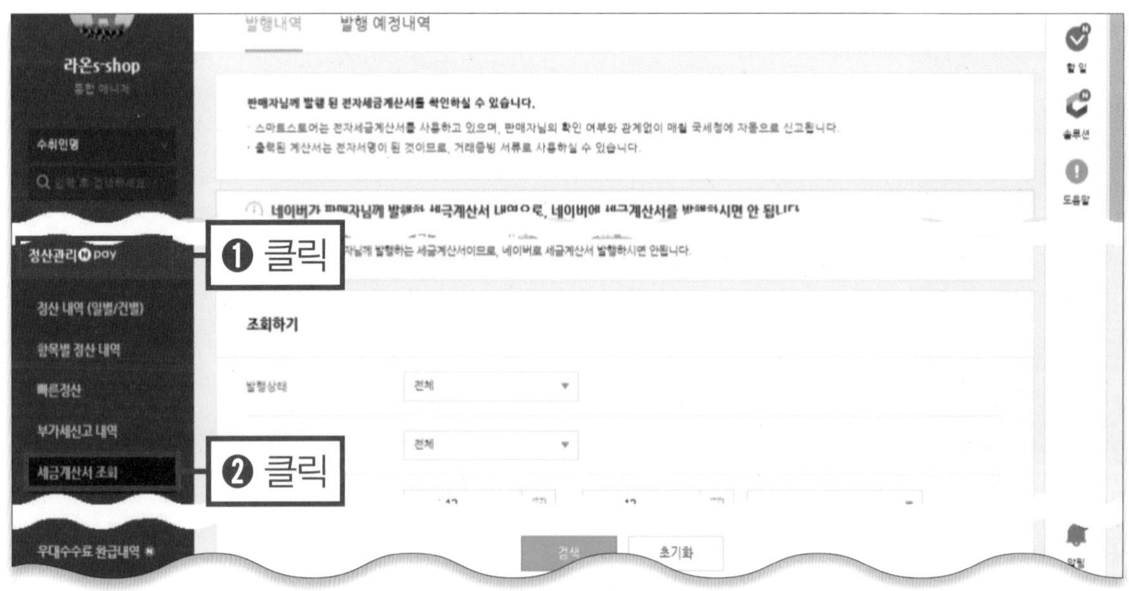

조금 더 배우기

세금계산서는 전자세금계산서로 교부상태와 관계없이 국세청에 자동신고가 됩니다. 계산서를 출력하여 거래증빙 서류로 사용도 가능합니다.

STEP 02 판매자 등급 확인하기

01 [판매자정보]-[판매자 등급]을 클릭하여 등급을 확인합니다.

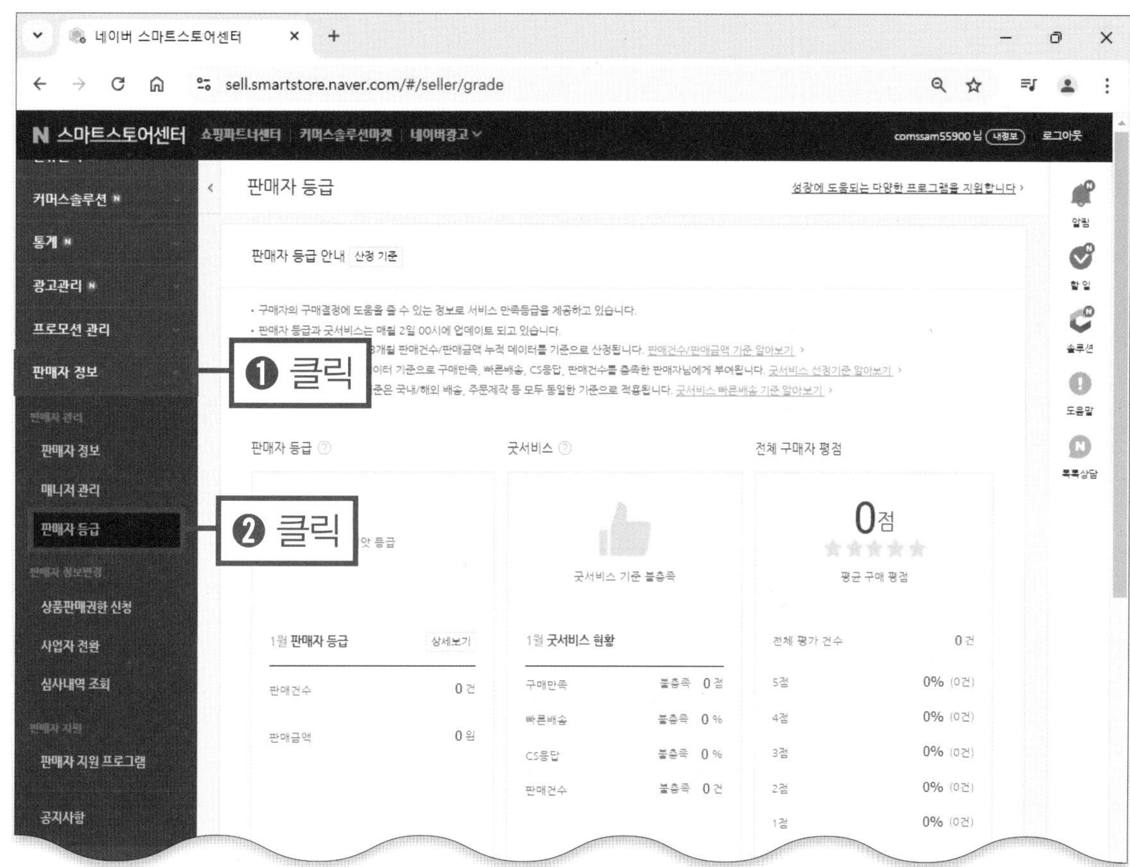

조금 더 배우기

판매자 등급 산정 기준 안내입니다.

STEP 03 패널티 및 제재기준 확인하기

스마트스토어에서는 소비자의 권익을 해칠 수 있는 판매 활동이 확인되는 경우 판매관리 패널티가 부여되며, 점수가 누적되거나 고의적 부당행위가 발견된 경우 단계적 제재를 받아 서비스 이용 제한 또는 계약이 해지될 수 있습니다.

01 판매관리 패널티란?

발송지연, 품절, 클레임 처리 지연 등 판매 활동이 원활하게 이루어지지 않을 경우 패널티가 부과됩니다. 패널티 관리가 곧 신뢰도입니다.

항목	상세기준	패널티 부여일	점수			
			일반배송	오늘출발	정기구독	판매자 도착보장
발송처리 지연	발송유형별 발송처리기한까지 미발송 (발송지연 안내 처리된 건 제외)	발송처리기한 다음 영업일에 부여	1점	1점	1점	1점 (매일부과)
	발송유형별 발송처리기한으로부터 4영업일 경과 후에도 계속 미발송 (발송지연 안내 처리된 건 제외)	발송처리기한 +5 영업일에 부여	3점	3점	3점	-
	발송지연 안내 처리 후 입력된 발송예정일로부터 1영업일 이내 미발송	발송예정일 다음 영업일에 부여	2점	3점	3점	3점
품절취소	취소 사유가 품절	품절 처리 다음 영업일에 부여	2점	2점	3점	2점
	(선물하기 주문) 취소 사유가 품절	품절 처리 다음 영업일에 부여	3점	3점	-	-
반품 처리지연	수거 완료일로부터 3영업일 이상 경과	수거완료일 +4 영업일에 부여	1점	1점	1점	1점
교환 처리지연	수거 완료일로부터 3영업일 이상 경과	수거완료일 +4 영업일에 부여	1점	1점	1점	1점
재반품 처리지연	수거 완료일로부터 3영업일 이상 경과	수거완료일 +4 영업일에 부여	1점	1점	1점	1점
재교환 처리지연	수거 완료일로부터 3영업일 이상 경과	수거완료일 +4 영업일에 부여	1점	1점	1점	1점

02 판매관리 패널티 단계별 제재

1단계 주의 → 2단계 경고 → 3단계 이용제한

1단계 : 주의	최근 30일 동안 스마트스토어의 페널티 점수의 합이 10점 이상이며, 판매관리 페널티 비율(판매관리 페널티 점수의 합/결제건수의 합)이 40% 이상이 최초로 발생된 상태이니 주의하시기 바랍니다.
2단계 : 경고	'주의'단계를 받은 판매자 중 최근 30일 동안 페널티 점수의 합이 10점 이상이고, 판매관리 페널티 비율(판매관리 페널티 점수의 합/결제건수의 합)이 40% 이상인 경우이며 '경고' 단계를 받은 날로부터 7일간 신규 상품 등록이 금지(스마트스토어센터 및 API 연동을 통한 신규 상품 등록 금지) 됩니다.
3단계 : 이용제한	'경고' 단계를 받은 판매자 중 최근 30일 동안 페널티 점수의 합이 10점 이상이고, 판매관리 페널티 비율(판매관리 페널티 점수의 합/결제건수의 합)이 40% 이상인 경우이며 스마트스토어 이용정지 처리되어 판매 활동 및 정산이 제한됩니다.

STEP 04 사업자 전환하기

01 [판매자 정보]–[사업자 전환]을 클릭하여 사업자 정보를 등록하고 서류를 첨부하여 [신청]합니다.

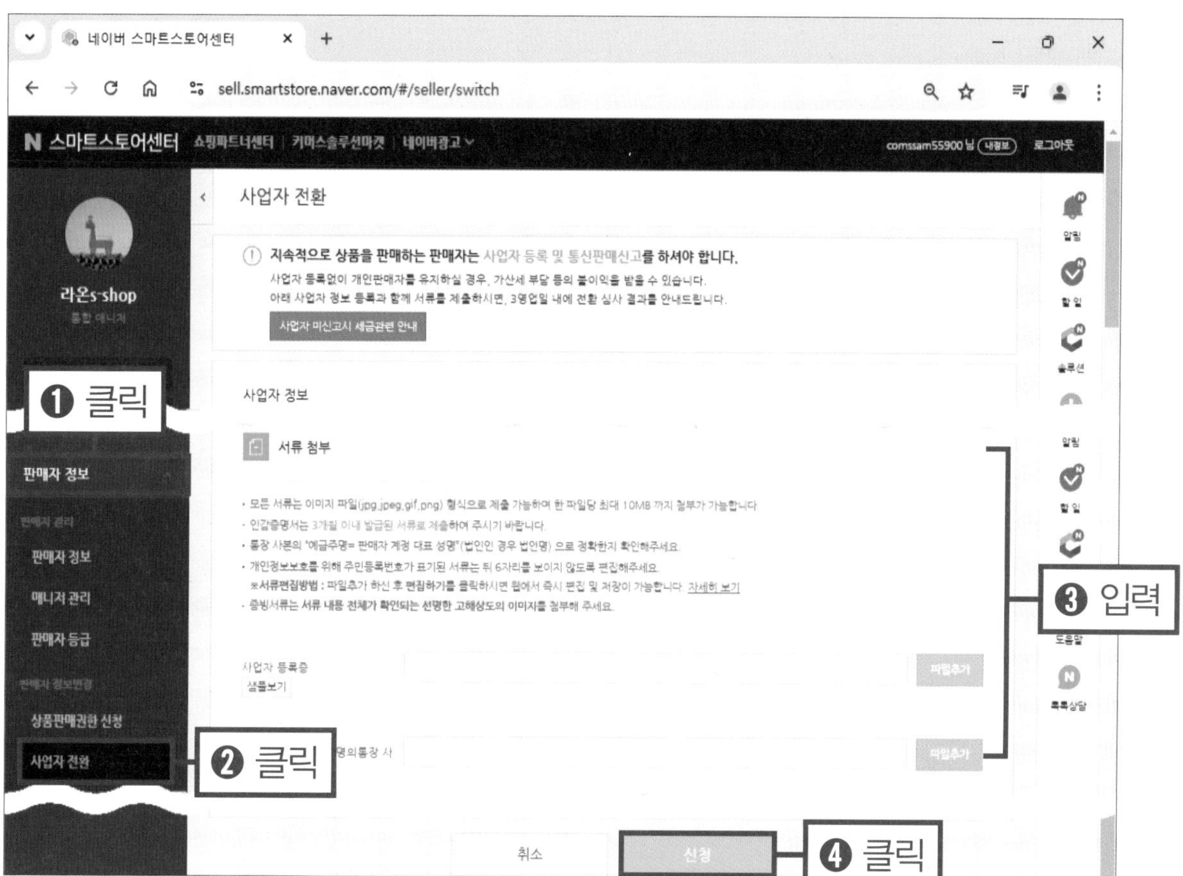

조금 더 배우기

개인판매자→국내사업자로 판매자 유형을 변경할 수 있지만, 국내사업자→개인판매자로는 변경되지 않습니다.

① **사업자정보등록** : 사업자등록증에 있는 정보와 동일하게 입력하고 사업자등록번호가 유효한지 인증절차를 거칩니다.

② **서류등록하기** : 사업자 판매자로 확인할 수 있는 서류를 필수로 등록합니다.

※ 신청 후 처리 결과는 메일 및 문자로 안내되며, [판매자정보]–[심사내역조회]에서 확인할 수 있습니다.

CHAPTER 16

모바일로 스마트스토어 활용하기

POINT

바쁜 일상에서의 모바일 사용이 잦아지며 상품등록 및 주문 등을 모바일에서도 사용 가능하도록 하고 있습니다. 스마트스토어 앱을 설치하여 앱의 사용법을 배웁니다.

완성 화면 미리 보기

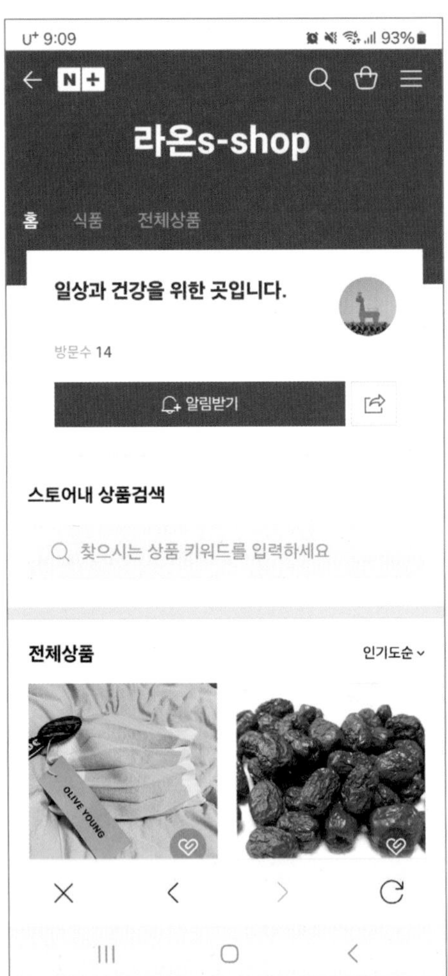

여기서 배워요!

스마트스토어 앱 설치하기, 스마트스토어 앱에서 상품등록, 스마트스토어 앱에서 상품조회 및 수정하기

STEP 01 스마트스토어 앱 설치하기

01 스마트폰에서 [Play 스토어]–[검색]을 터치합니다. 검색 란에 '스마트스토어'를 입력하여 검색합니다. [설치]를 터치한 후 [열기]를 터치합니다.

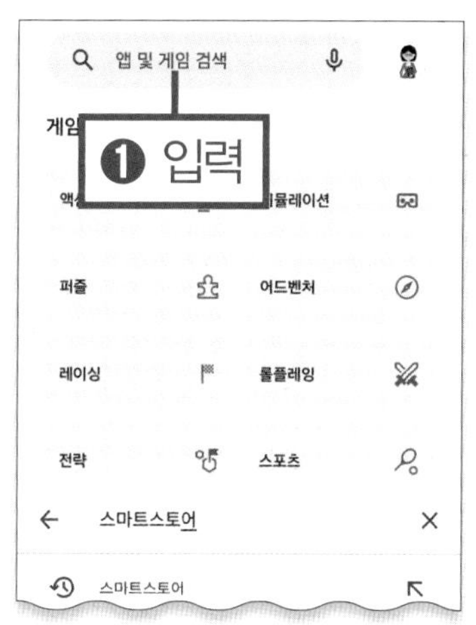

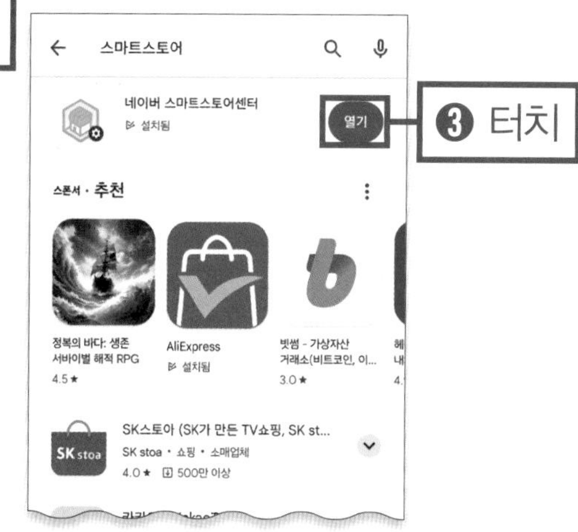

02 [네이버 아이디로 로그인하기]를 터치한 후 '아이디'와 '비밀번호'를 입력하고 [로그인]을 터치합니다. 스마트스토어센터 홈 화면의 [+상품등록]–[상품등록]을 차례대로 터치합니다.

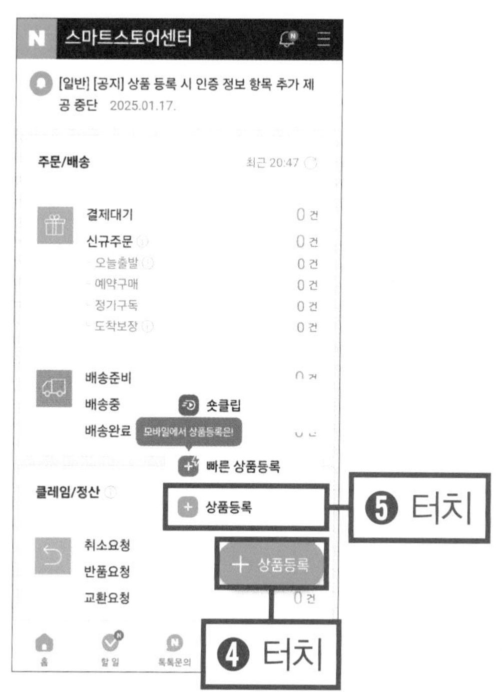

조금 더 배우기

[빠른상품등록]은 앱을 별도로 설치하여야 사용할 수 있습니다.

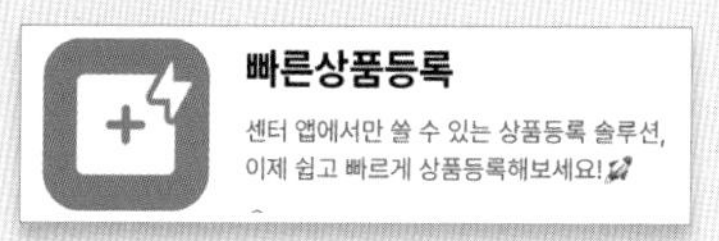

STEP 02 스마트스토어 앱에서 상품등록하기

01 [카테고리]를 선택하고 '상품명', '판매가', '재고수량'을 입력합니다. '대표이미지'의 [추가]를 터치한 후 [내 사진]을 터치합니다.

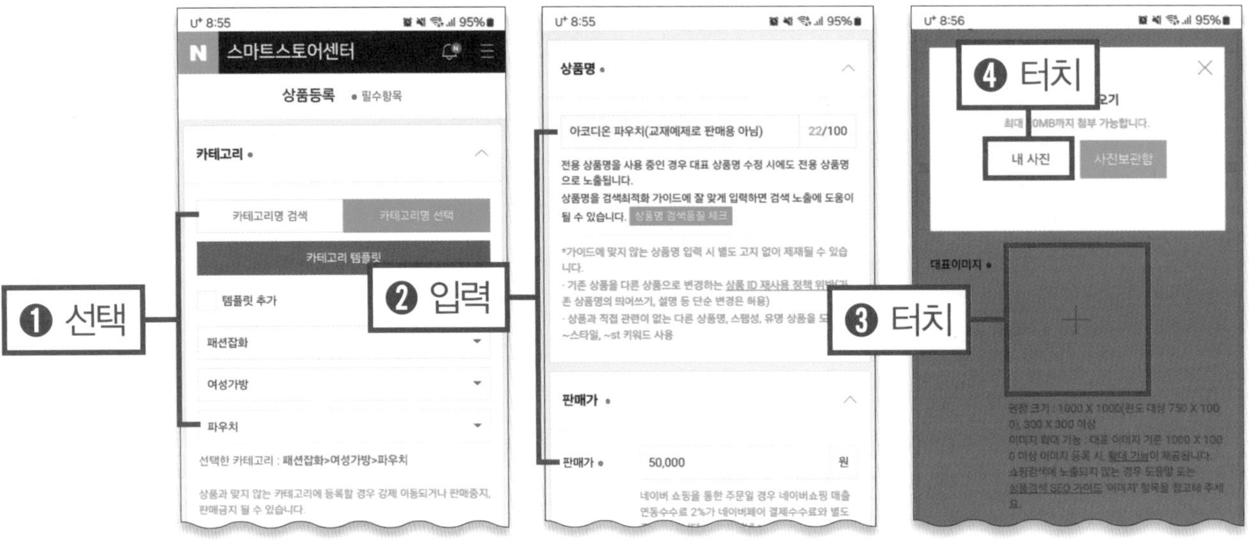

02 갤러리에서 대표이미지로 사용할 사진을 선택한 후 [완료]를 터치합니다. '상세설명'의 [SmatEditor ONE으로 작성]을 터치합니다.

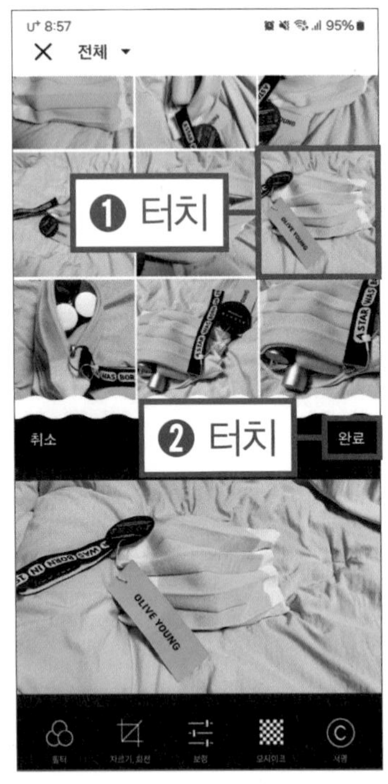

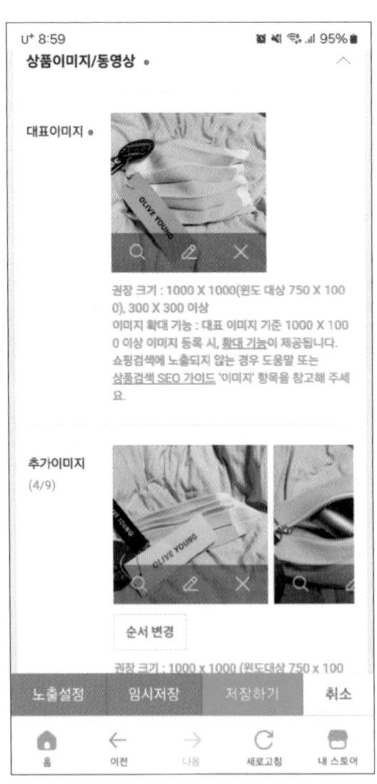

조금 더 배우기

'추가이미지'에 판매 상품과 관련 있는 여러 장의 사진을 더 넣어 봅니다.

03 에디터 화면에서 내용을 입력하고 메뉴에서 [사진]( )을 터치합니다. [내 사진]을 터치한 후 갤러리에서 삽입할 사진을 선택하고 [확인]을 터치합니다. [완료]를 터치합니다.

조금 더 배우기

스마트에디터는 PC와 모바일에서 편리하게 사용되도록 설계된 편집기입니다. 입력한 글을 드래그하면 범위 지정이 되며, 글꼴 및 글자 크기 등을 변경할 수 있습니다.

04 상품 설명을 다 입력하였다면 [등록]을 터치합니다. 화면 아래로 드래그하여 관련된 내용들을 삽입 및 수정하고 [저장하기]를 터치합니다. [스마트스토어 상품보기]를 터치하여 등록된 상품을 확인합니다.

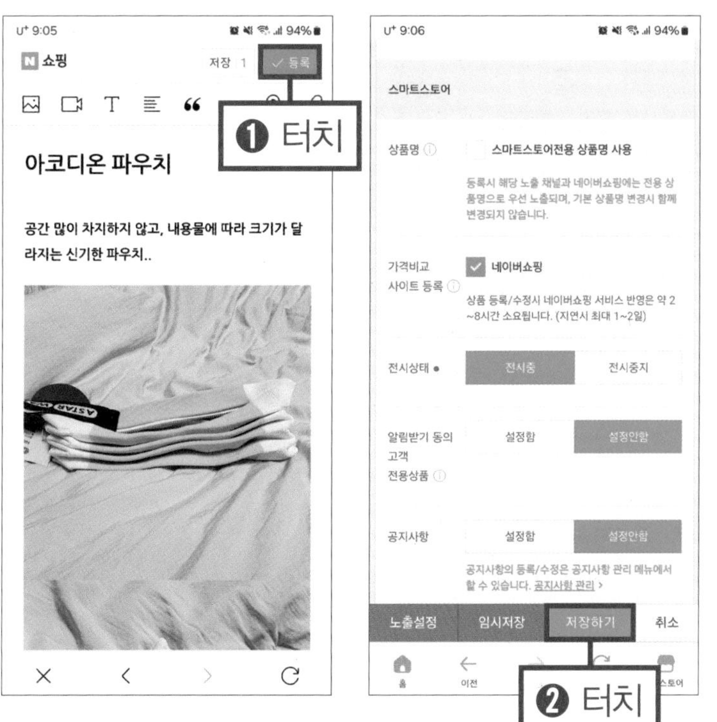

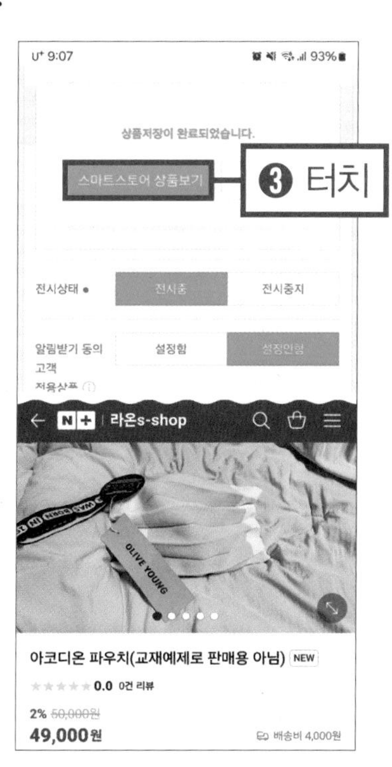

STEP 03 스마트스토어 앱에서 상품 조회/수정하기

01 스마트스토어센터 화면에서 오른쪽 위 [메뉴](☰)를 터치합니다. [상품관리]의 [상품 조회/수정]을 터치하여 등록된 상품들을 확인합니다.

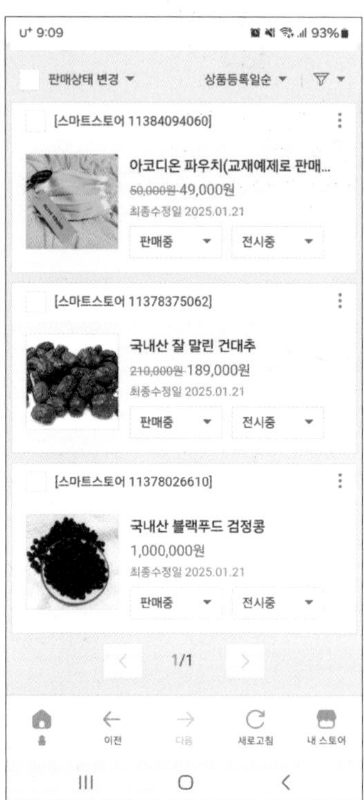

조금 더 배우기

[메뉴](☰)를 터치한 후 자신의 쇼핑몰 명(라온s-shop)을 터치하면 스마트스토어 쇼핑몰이 나타납니다.

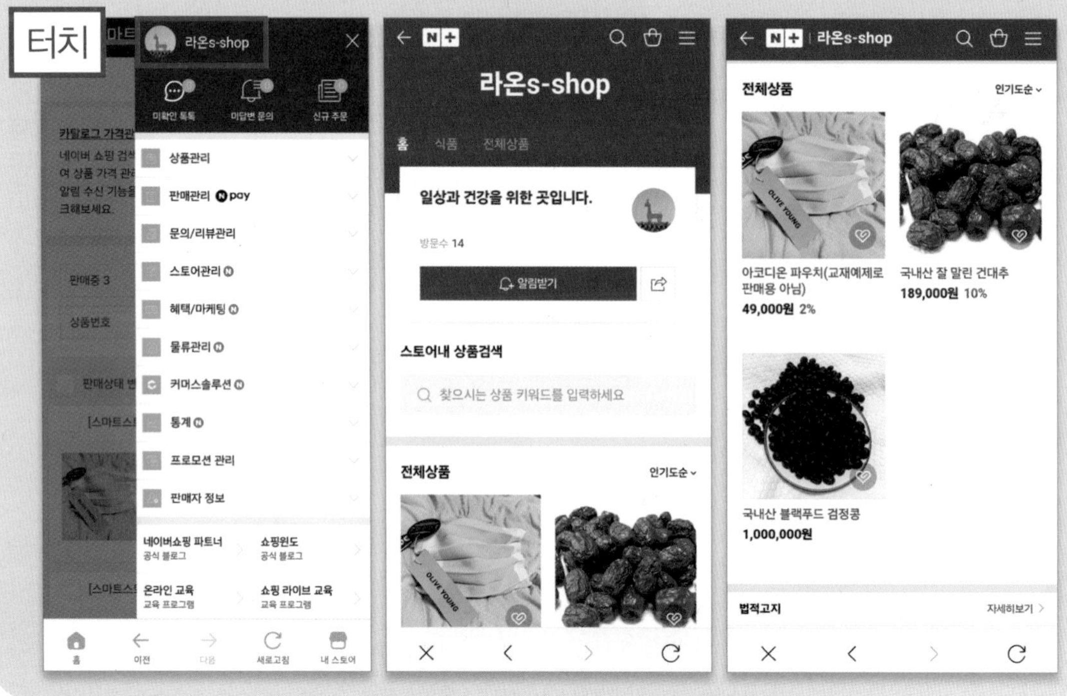

PC와 모바일 메뉴 비교

PC와 모바일 메뉴를 비교해 봅니다. '정산관리', '광고관리'는 PC에서만 확인할 수 있습니다.

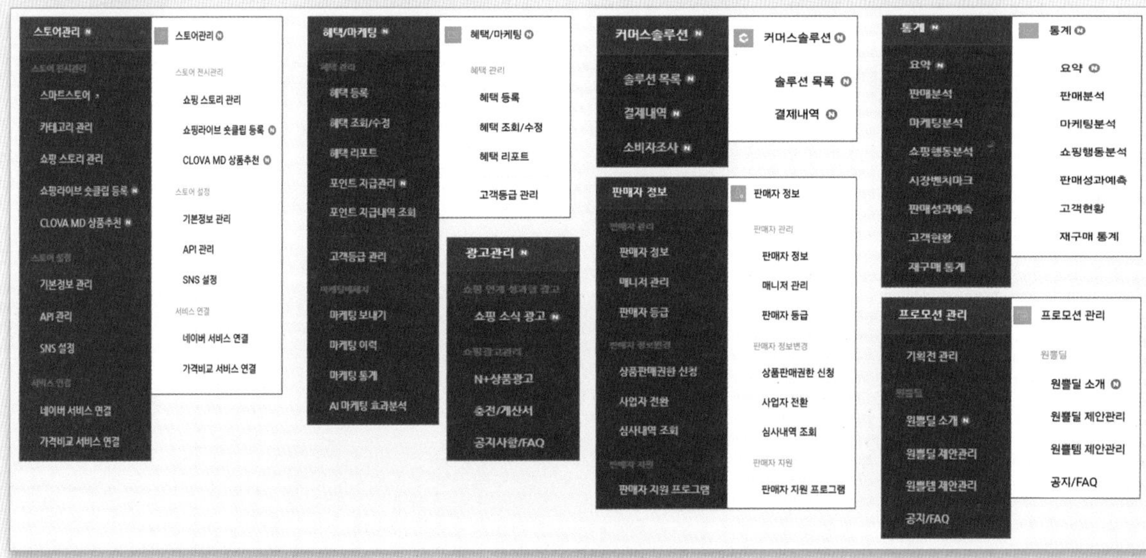

CHAPTER

17 페이스북 활용하기

POINT

블로그가 상품에 대한 정보를 기록하고 보관하는 곳이라고 한다면 스마트스토어는 상품을 판매하는 곳입니다. 여기서는 소통 도구의 역할을 하고 있는 페이스북에 대해 알아봅니다. PC와 스마트폰을 동시에 사용합니다. 참고로 스마트폰 기종과 사용자, 프로그램 업데이트에 따라 메뉴가 다르게 보일 수 있습니다.

완성 화면 미리 보기

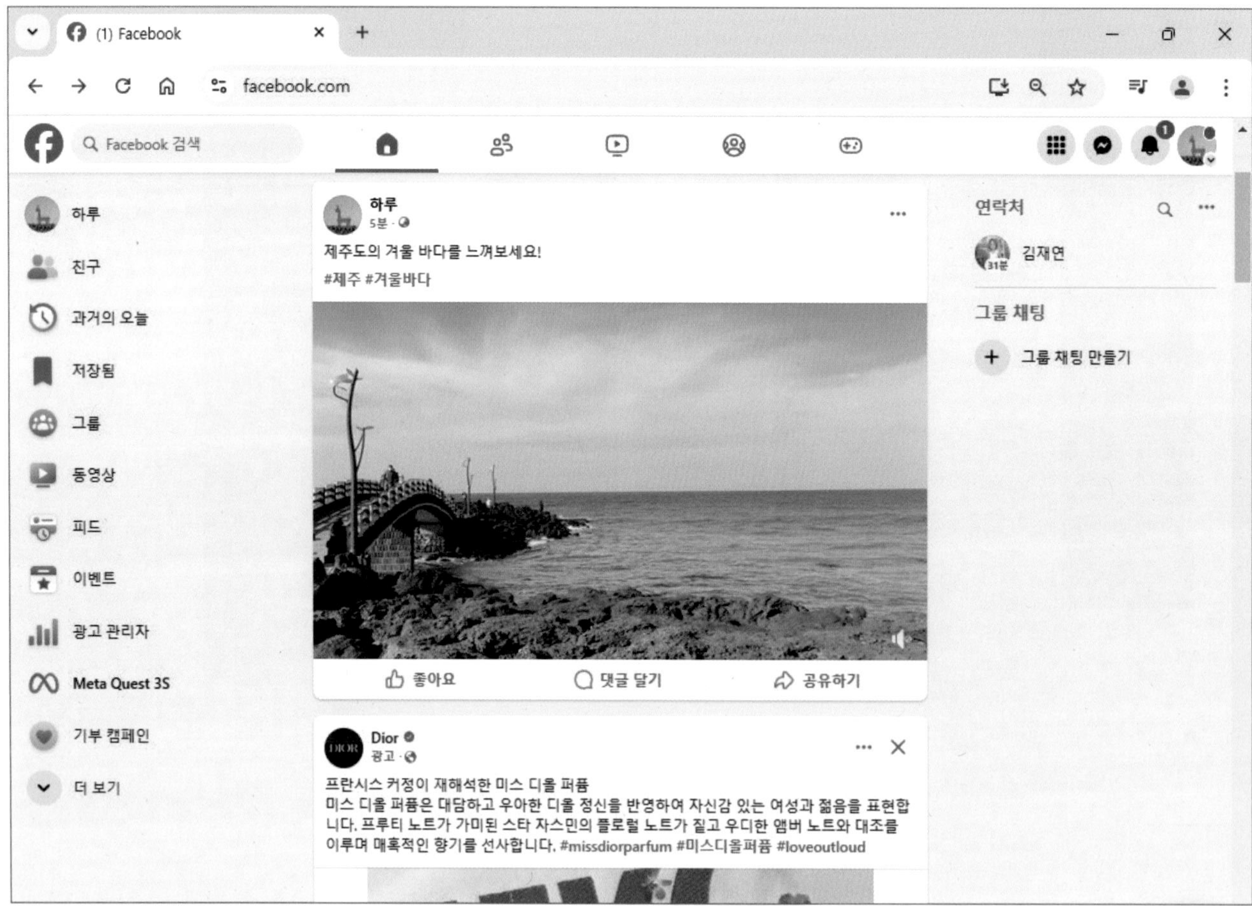

여기서 배워요!

페이스북의 필요성, 페이스북 친구 찾기 및 추가하기, 페이스북 게시글 게시하기

STEP 01 페이스북의 필요성

페이스북을 사용해야 하는 이유

① 페이스북은 고객과 판매자 간의 소통을 위한 도구입니다.

② 페이스북 최근 게시글은 감성을 자극하고 웃음과 재미, 정보까지 전하는 데 주력을 하고 있습니다.

③ 고객 참여를 끌어내기 위한 이벤트도 겸합니다.

④ 페이스북에서는 많은 사용자들의 데이터를 기반으로 고객의 성향을 파악하여 필요에 따라 판매자들에게 제공합니다.

⑤ 페이스북 페이지에서는 인사이트, 광고 서비스 등을 제공하고 있습니다.

⑥ 페이스북 개인 프로필과 페이지를 함께 이용하면 다양하게 활용할 수 있습니다.

페이스북 개인 계정과 프로페셔널(비즈니스) 계정, 페이지 비교

개인 계정

프로페셔널 계정

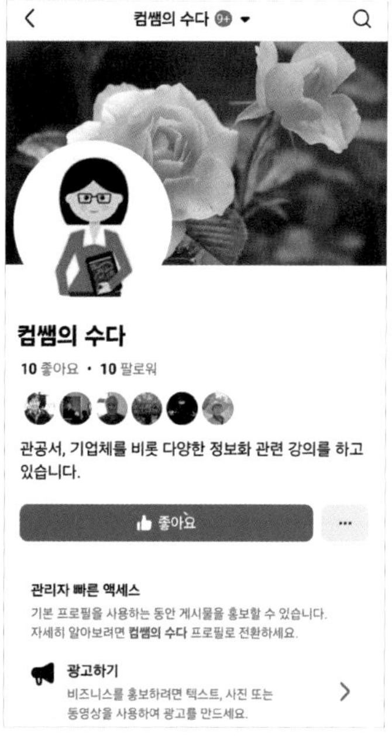

페이지

구분	개인 계정	프로페셔널 계정	페이지
공개여부	전체공개, 친구만, 제외할 친구, 특정 친구, 나만보기 등	전체공개, 친구만, 제외할 친구, 특정 친구, 나만보기 등	전체공개
대시보드	없음	인사이트, 참여, 수익화	인사이트, 참여, 수익화
광고	없음	게시물 홍보, 광고 만들기	게시물 홍보, 광고만들기

STEP 02 페이스북 친구 찾기 및 추가하기

01 [크롬]( ) 브라우저를 실행합니다. 주소표시줄에 'www.facebook.com'을 입력하고 Enter를 누릅니다. '아이디'와 '비밀번호'를 입력하고 [로그인]을 클릭합니다.

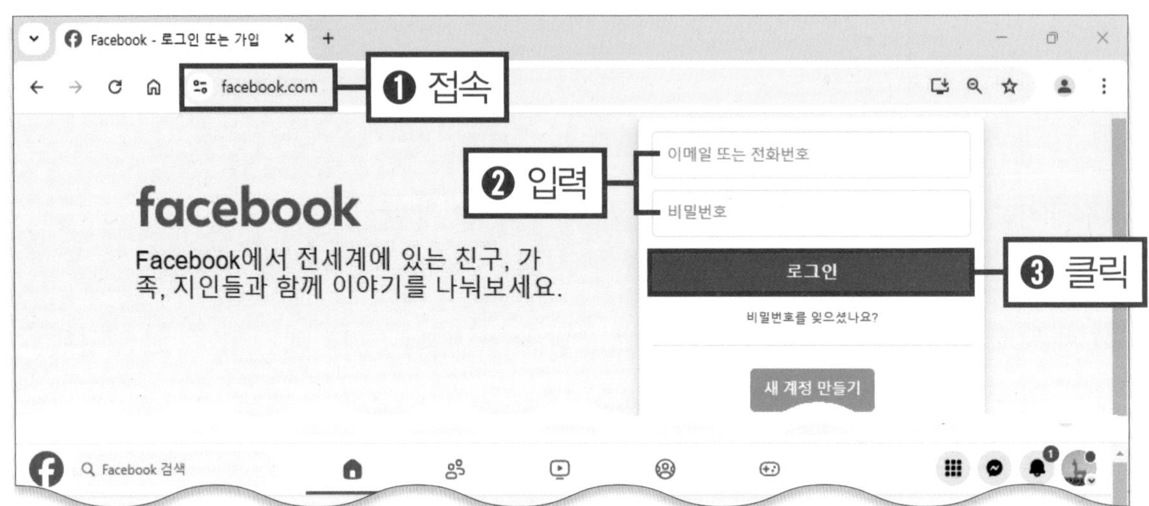

조금 더 배우기

페이스북 계정이 없다면 [새 계정 만들기]를 진행합니다.

02 [검색]( )을 클릭하여 친구 이름을 입력하고 Enter를 누릅니다. 친구를 확인한 후 [친구 추가]를 클릭하면 [요청 취소] 상태로 변경됩니다.

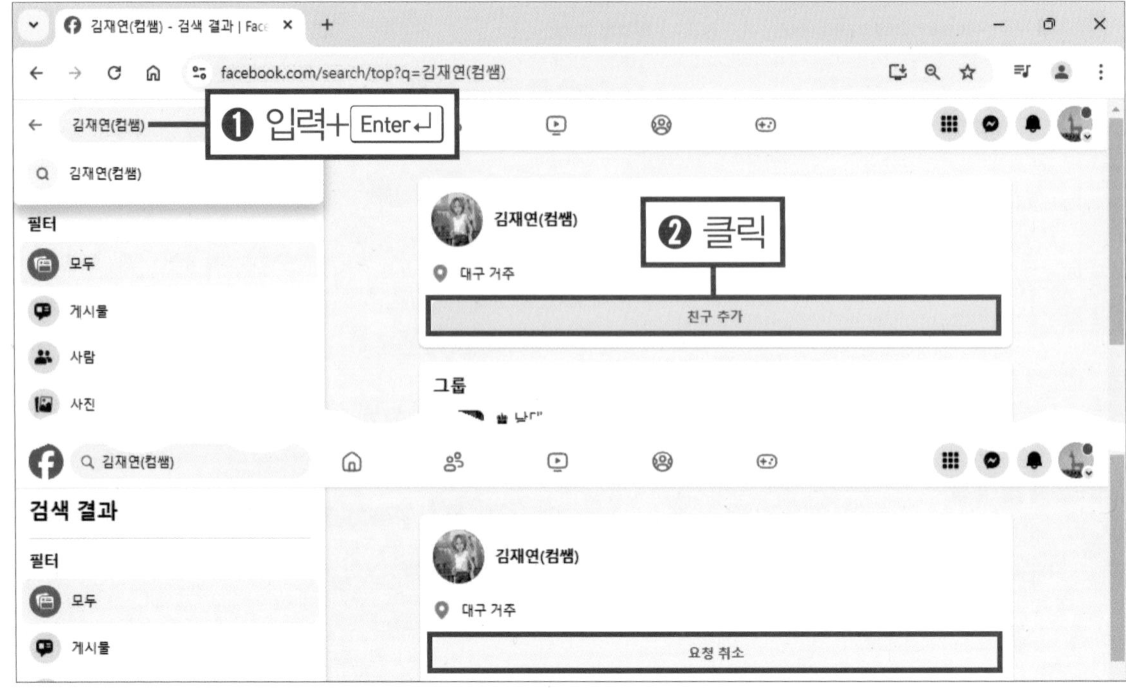

조금 더 배우기

이름으로 검색이 잘되지 않는 경우 아이디로 검색하면 빠르게 찾을 수 있습니다. 서로의 소식을 보기 위해 '친구 요청'을 하여 '수락'을 받아야 합니다.

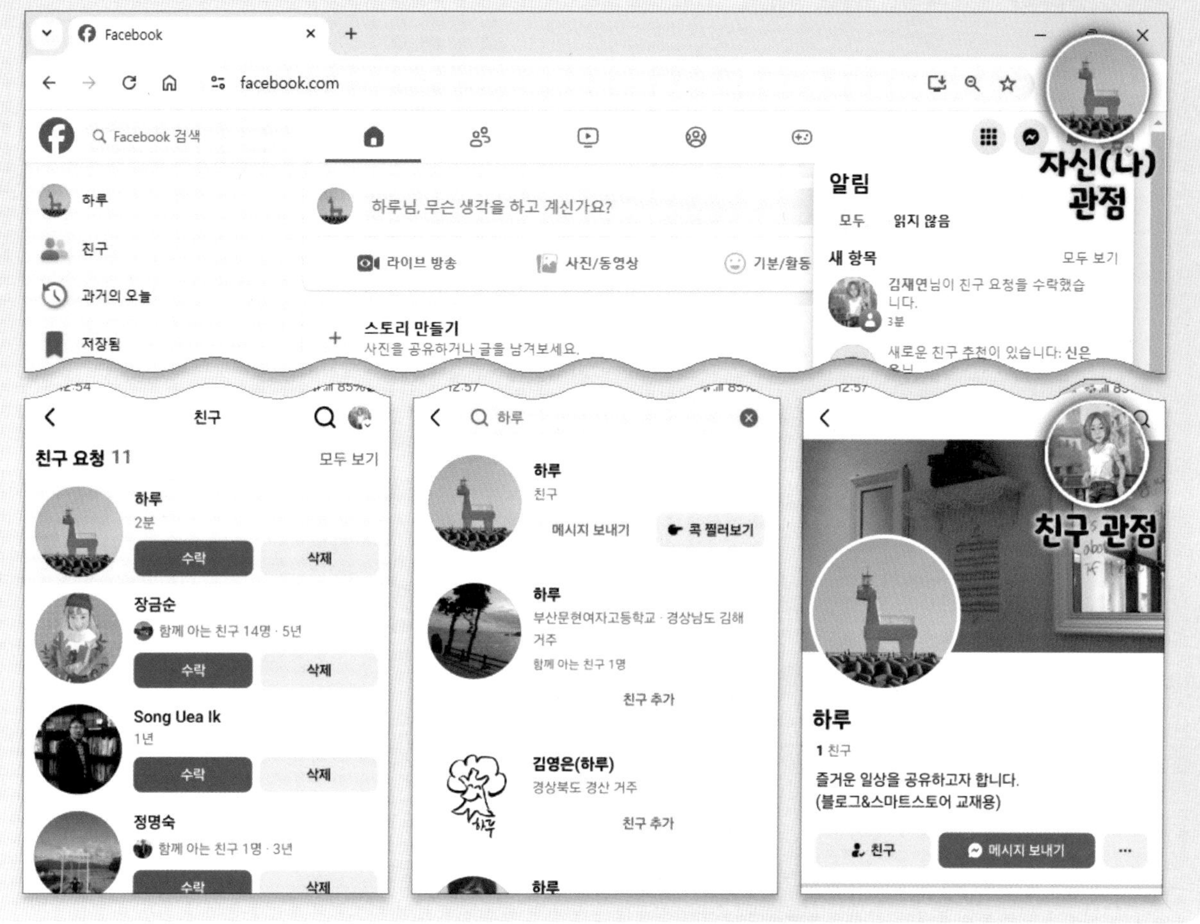

조금 더 배우기

페이스북 화면 구성 메뉴 살펴보기

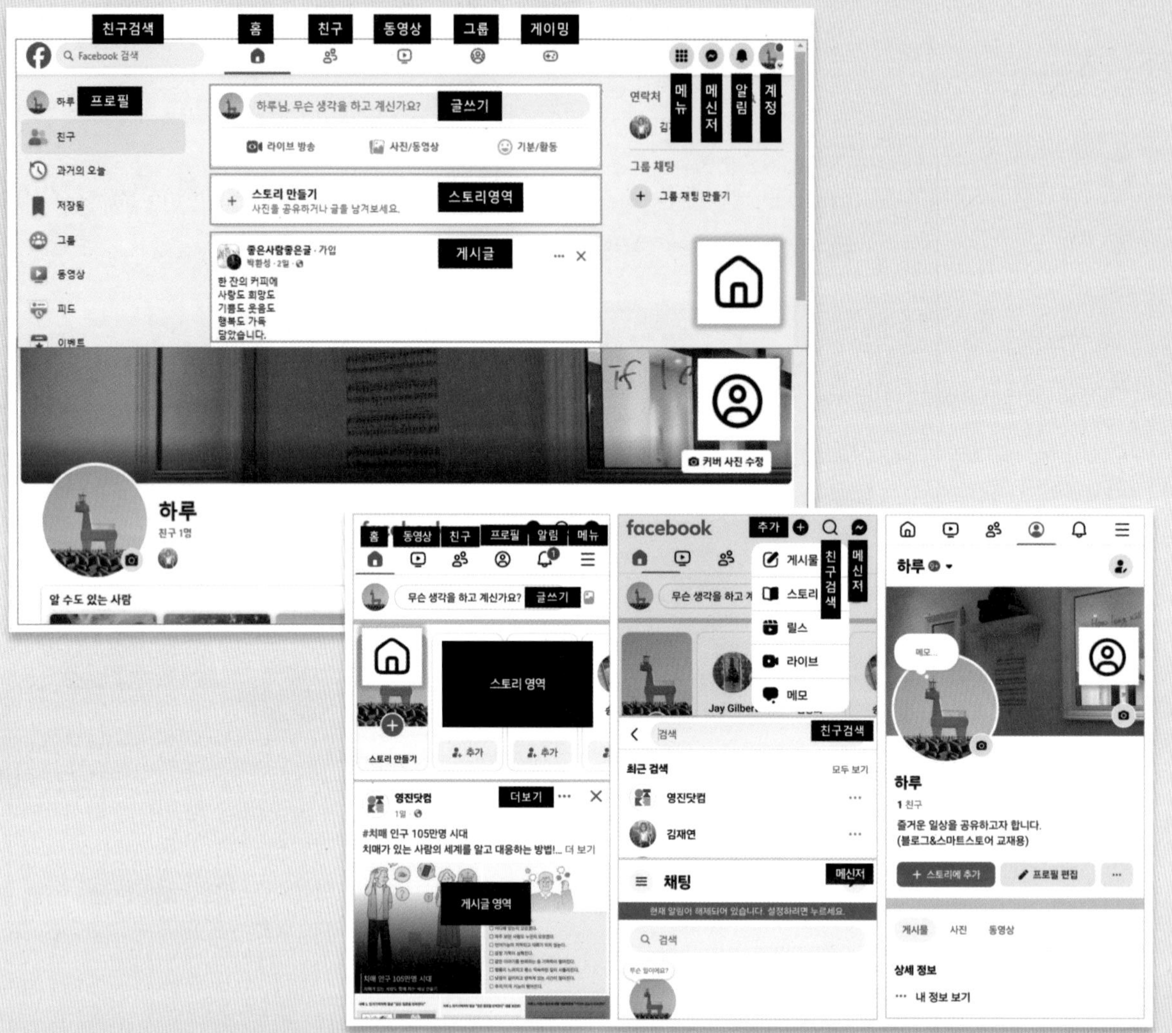

- **홈** : 나의 글과 친구 글이 나타납니다.
- **친구** : 요청된 친구들을 확인하고 수락 여부를 선택합니다.
- **동영상** : 관심 있는 동영상을 검색하여 감상할 수 있습니다.
- **그룹** : 그룹 가입 및 추천이 나타납니다. 관심 있는 분야가 같은 사람들끼리 모임을 가집니다.
- **프로필** : 나에 대한 정보가 나타납니다.
- **알림** : 내 글에 대한 반응, 친구들 소식 등을 알려줍니다.
- **메뉴** : 프로필 선택 및 기타 설정 등의 메뉴가 나타납니다.
- **친구검색** : 친구(기관, 단체, 기업 등), 장소, 해시태그(#) 등으로 검색합니다.
- **메신저** : 1:1 채팅 창입니다.
- **스토리 영역** : 텍스트, 사진, 동영상 등으로 제작하여 24시간 동안 친구들과 공유합니다.
- **글쓰기** : 텍스트, 사진, 동영상, 라이브 방송, 웹사이트 링크 등을 할 수 있는 곳입니다.

03 자신의 스마트폰에서 페이스북 앱을 터치한 후 '아이디'와 '비밀번호'를 입력하고 [로그인]을 합니다. [검색](Q)을 터치한 후 친구 이름을 입력하고 목록에서 친구를 선택합니다. [좋아요]를 터치합니다.

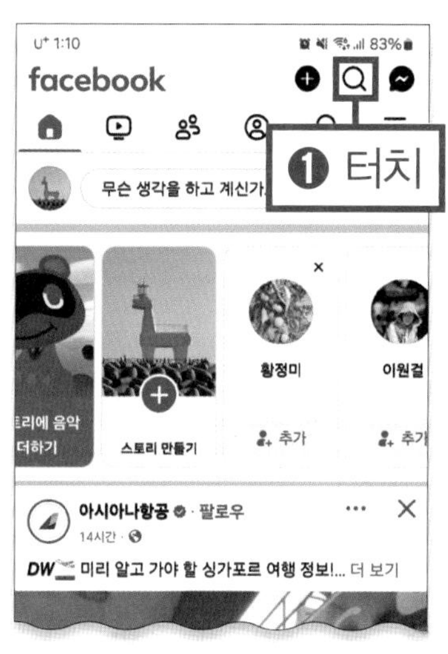

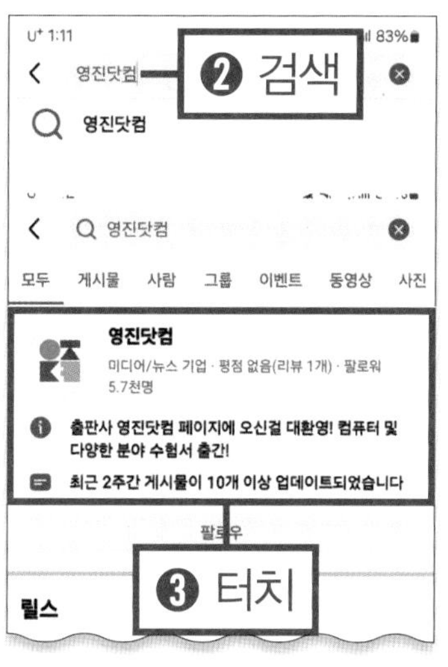

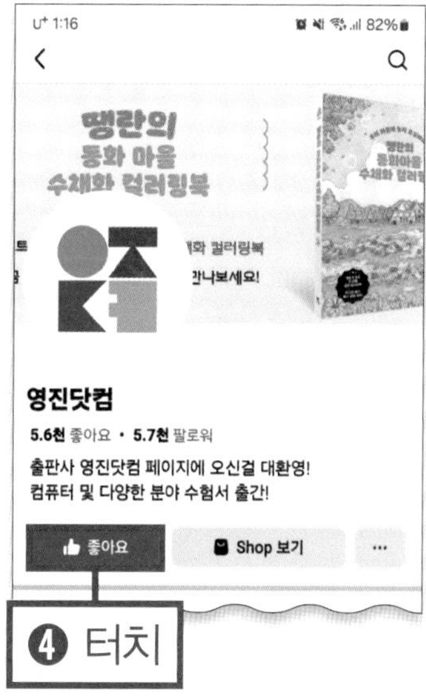

조금 더 배우기

[친구추가]는 개인 계정이고 [좋아요]는 페이지 즉 기관, 단체, 회사 등 비즈니스용으로 사용되는 계정입니다. 개인 계정은 '수락' 단계를 거쳐야 되지만, 페이지는 바로 소식을 받을 수 있습니다.

04 [메뉴]를 터치한 후 [페이지]를 터치합니다. '최근 방문한 페이지' 또는 '좋아하는 페이지'의 목록에서 페이지를 터치하여 [좋아요]를 확인합니다.

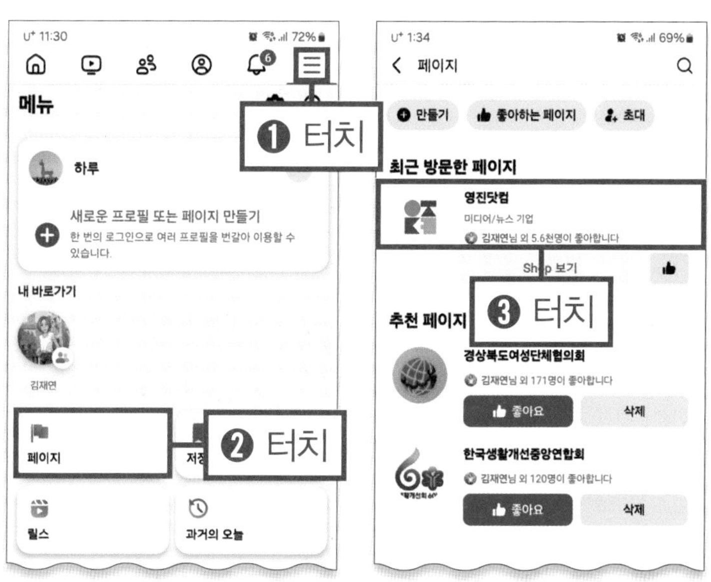

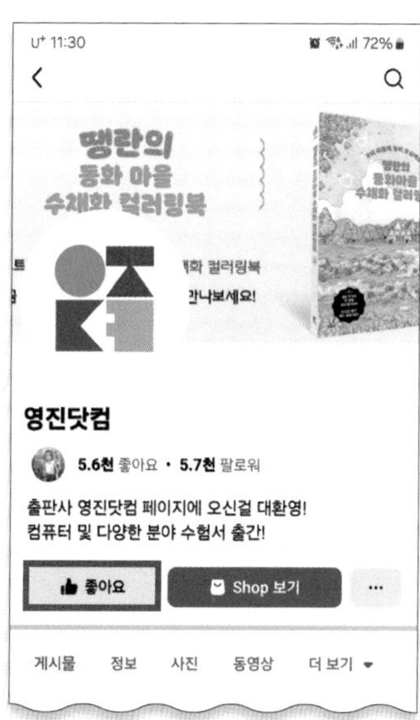

조금 더 배우기

[페이지]가 보이지 않는다면 화면 아래쪽에 [더보기]를 터치합니다.

STEP 03 페이스북에 게시글 올리기

01 스마트폰 페이스북 앱에서 [무슨 생각을 하고 계신가요?]를 터치하여 글을 입력합니다. 아래쪽에서 [배경색](▦)을 선택하고 [게시]를 터치합니다.

조금 더 배우기

페이스북의 기본 공개 범위는 '친구만'으로 설정되어 있습니다. 여기서는 '전체 공개'로 선택했습니다.

02 PC의 페이스북에서 스마트폰으로 작성한 게시물을 확인하고 [무슨 생각을 하고 계신가요?]를 클릭하여 글과 태그를 입력합니다.

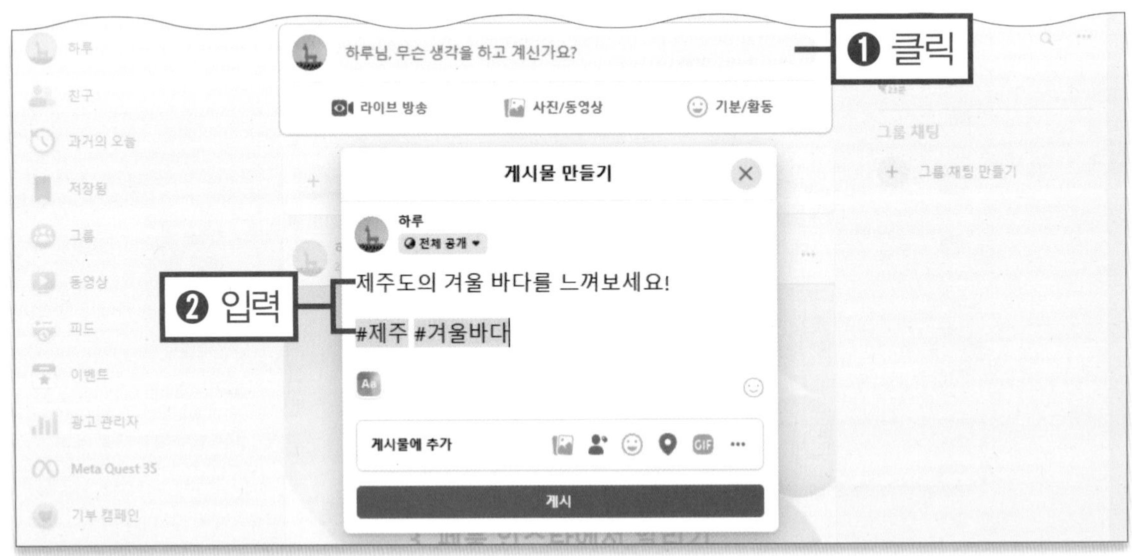

조금 더 배우기

'태그(#)'란 공통 관심사를 표현하는 키워드 및 카테고리로 사용됩니다. 글을 입력하며 삽입할 수도 있으며, 주로 글 아래에 표현하는 경우가 많습니다.

03 '게시물 추가'의 [사진/동영상]( )을 클릭합니다. 삽입하고자 하는 사진과 동영상을 선택한 후 [열기]를 클릭합니다.

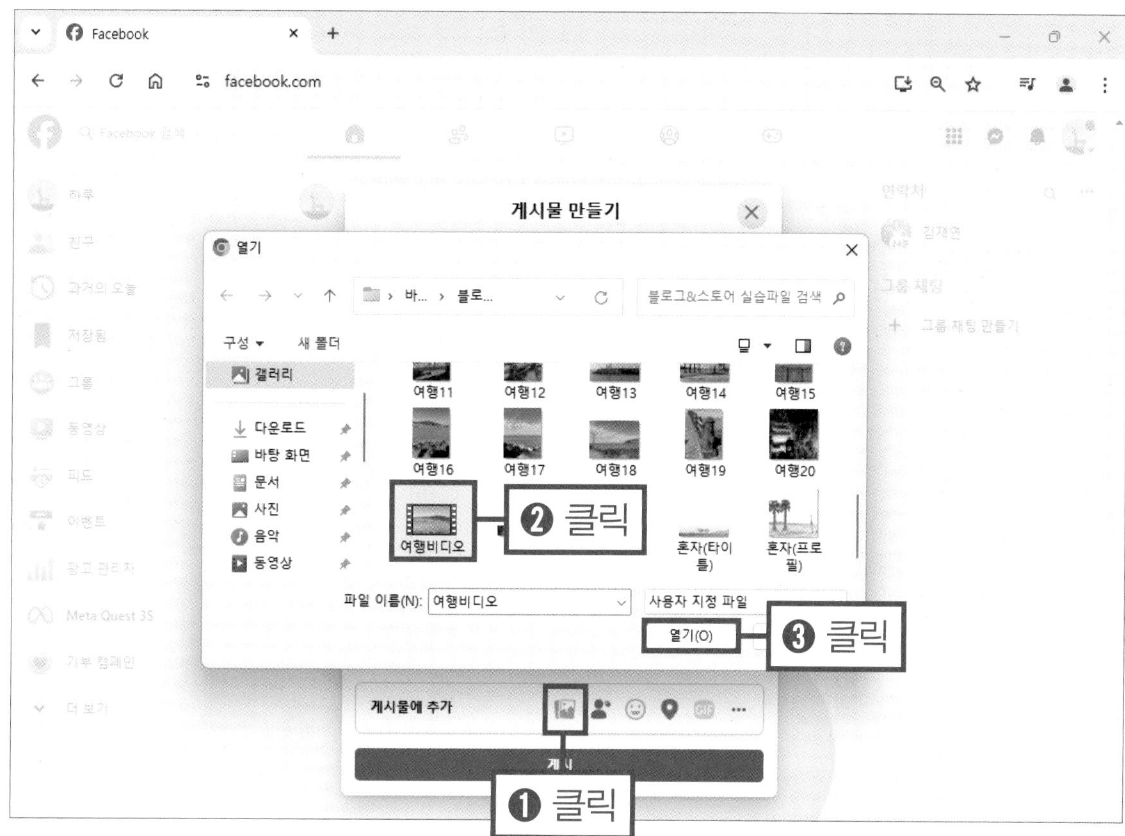

04 '게시물 만들기' 대화상자에서 삽입된 사진과 동영상을 확인하고 [게시]를 클릭합니다.

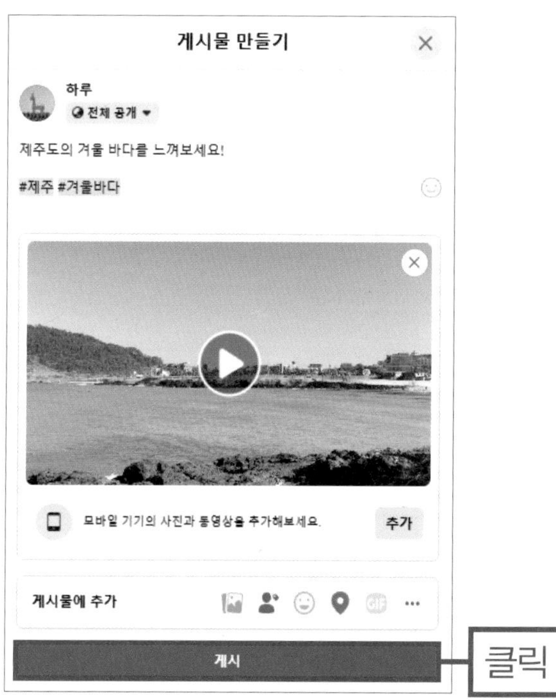

05 게시된 글과 사진을 확인합니다.

조금 더 배우기

게시물 만들기의 다양한 메뉴들을 살펴봅니다.

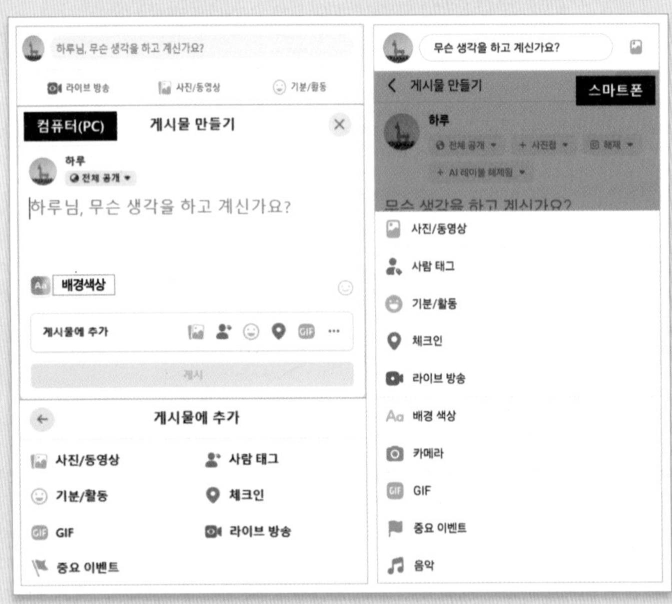

- **배경색상** : 텍스트만 입력할 때 사용합니다.
- **사진/동영상** : 사진과 동영상을 같이 첨부할 수 있습니다.
- **사람 태그** : 누구랑 같이 있다는 걸 소개합니다.
- **기분/활동** : 어떤 기분인지, 무엇을 하고 있는지를 소개합니다.
- **체크인** : 어디에 있는가를 표시합니다.
- **라이브 방송** : 실시간 방송이며 동영상으로 저장하여 게시 가능합니다.
- **중요 이벤트** : 중요한 순간을 공유하고 기록합니다.

CHAPTER

18

페이스북에서 홍보하기

POINT

다른 매체의 정보를 가져와 소개하는 기능이 공유 기능입니다. 페이스북은 다양한 매체와 공유를 할 수 있습니다. 여기서는 페이스북의 스토리와 공유에 대해 알아봅니다.

완성 화면 미리 보기

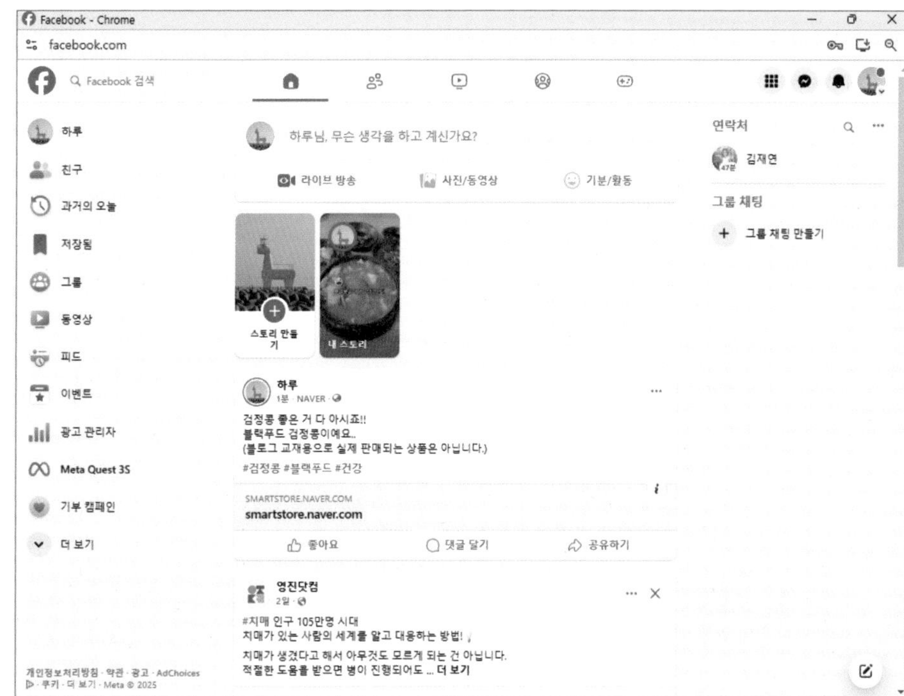

여기서 배워요!

페이스북 스토리 만들어 홍보하기, 페이스북으로 상품 공유하기

STEP 01 페이스북 스토리 만들어 홍보하기

01 PC의 페이스북에서 [스토리 만들기]를 클릭합니다. [텍스트 스토리 만들기]를 클릭합니다.

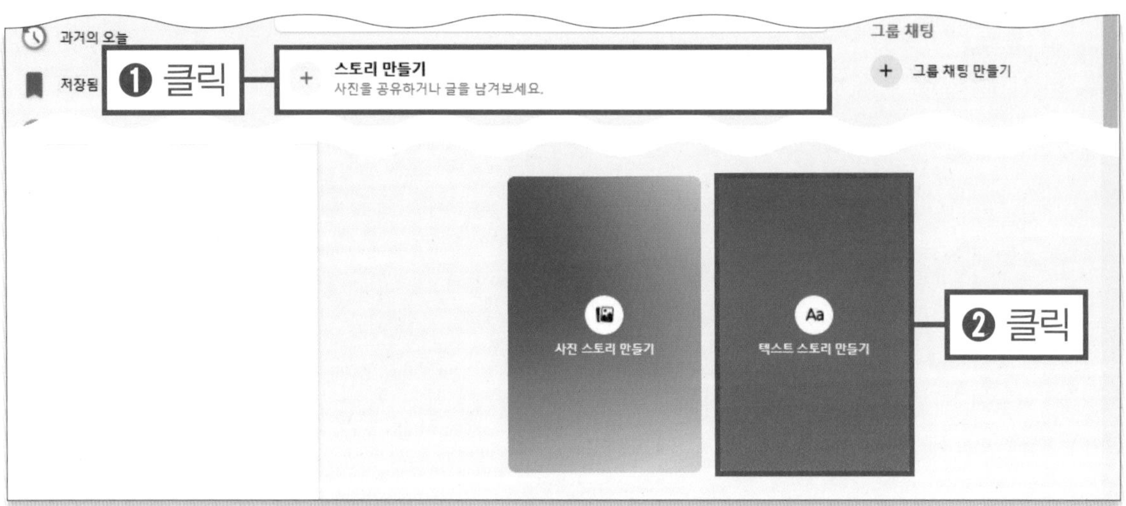

02 왼쪽 '텍스트' 창에 내용을 입력하고 글꼴, 배경색을 선택한 후 [스토리에 공유]를 클릭합니다.

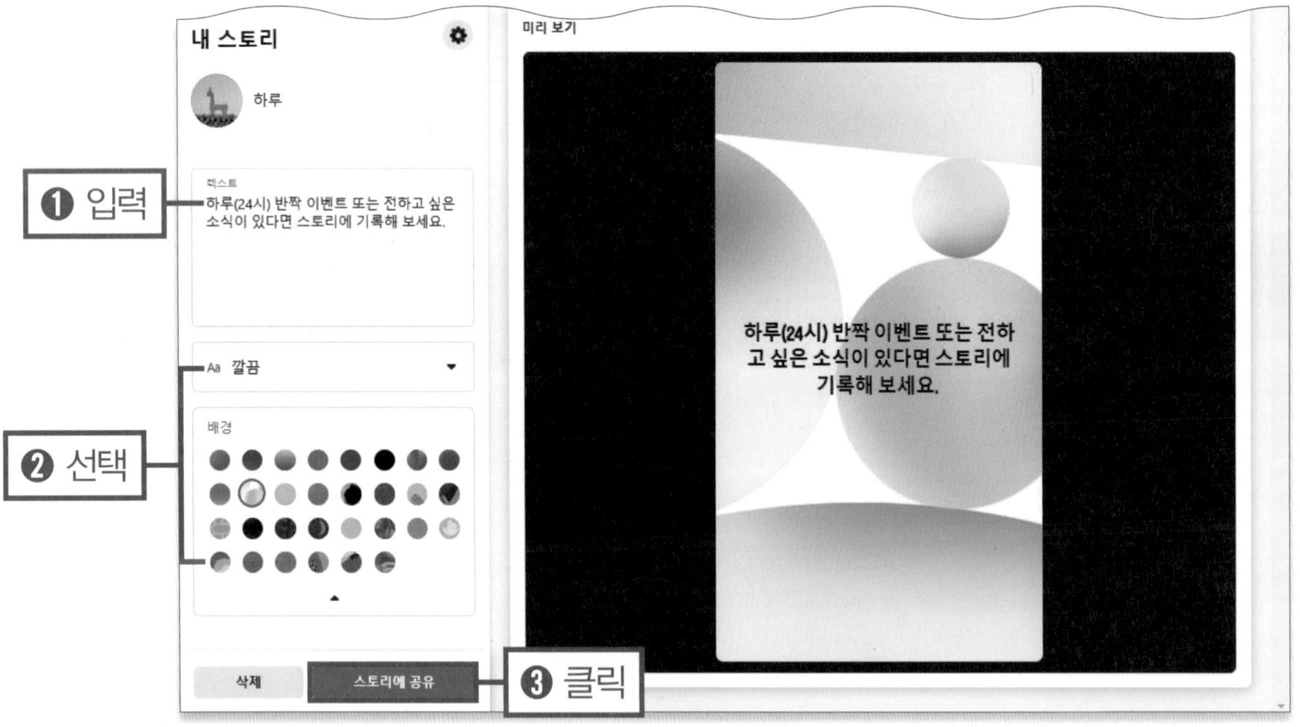

조금 더 배우기

글꼴은 영문 기준입니다.

03 이번에는 [스토리 만들기]를 클릭한 후 [사진 스토리 만들기]를 클릭합니다. 사진을 선택하고 [열기]를 클릭합니다.

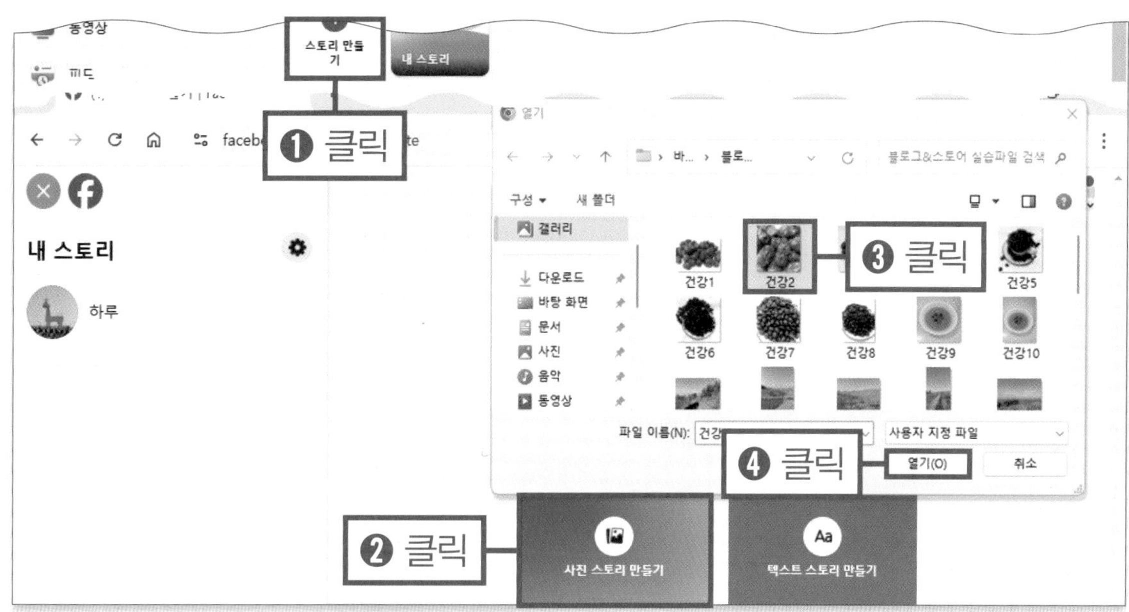

04 사진을 드래그해 위치를 조정하고 [텍스트 추가]를 클릭해 글을 입력합니다. 텍스트를 드래그해 위치를 조정한 후 [스토리에 공유]를 클릭합니다.

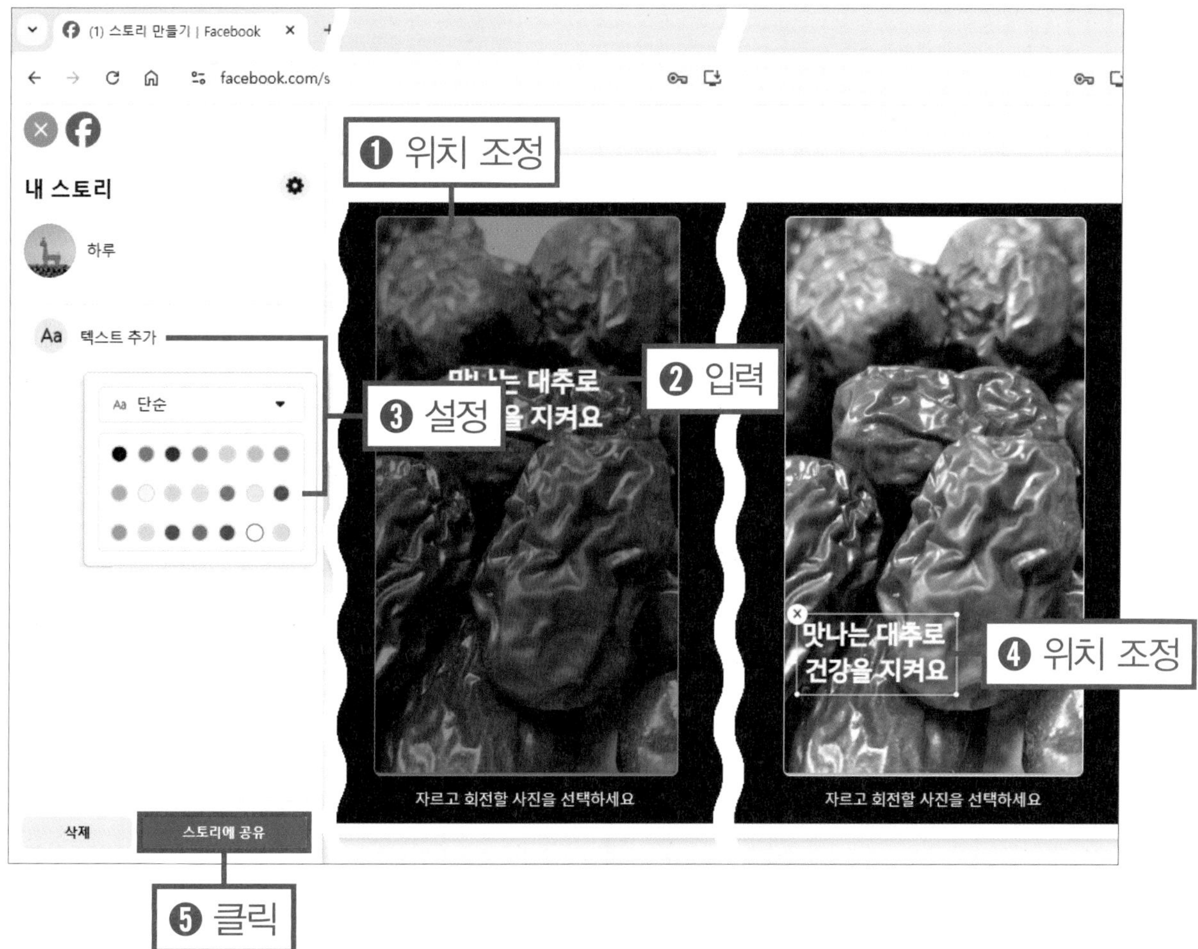

05 홈 화면에서 왼쪽의 [프로필]을 클릭하여 프로필 화면으로 이동합니다. [프로필 사진]( )–[소식 보기]를 차례대로 클릭하면 올린 스토리가 나타납니다.

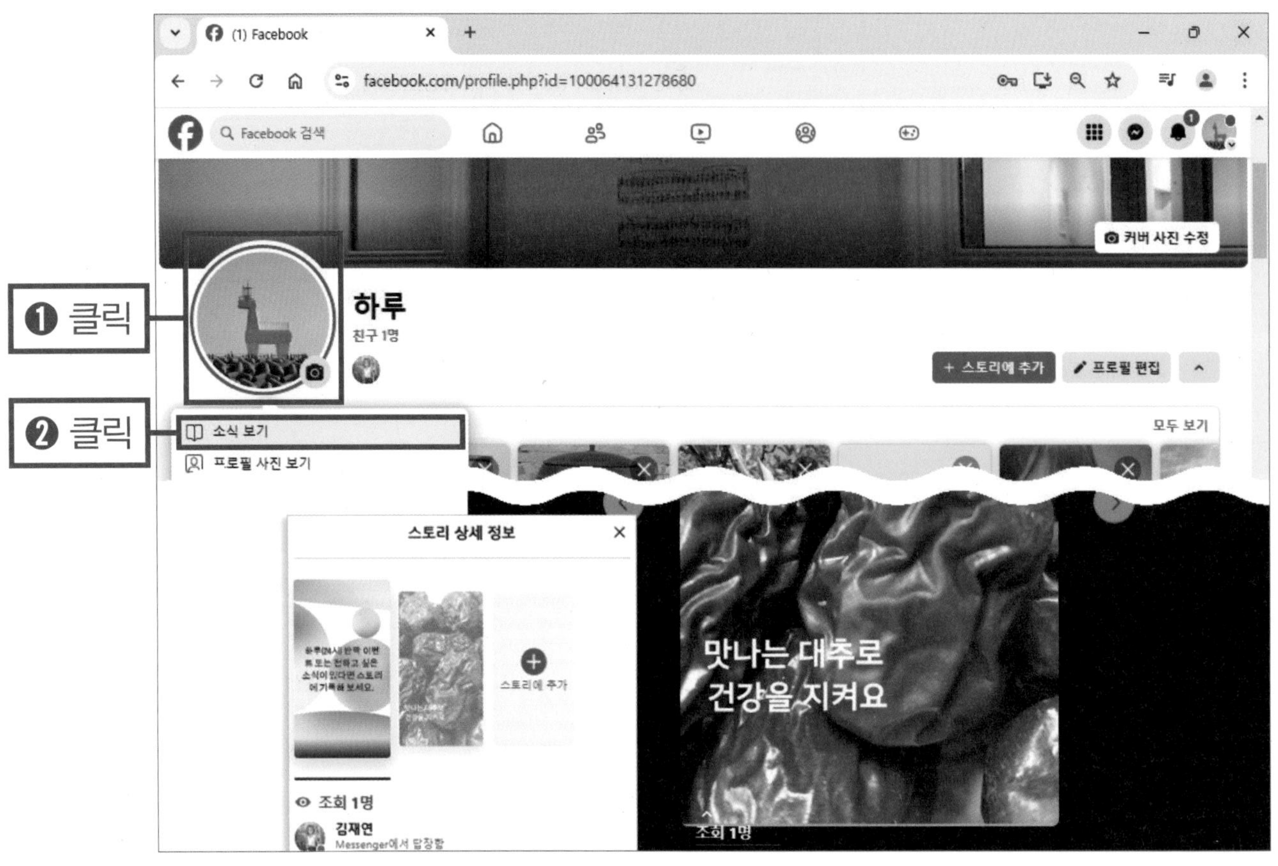

조금 더 배우기

스토리는 페이스북 친구의 스토리 영역에 나타납니다. 댓글은 메신저로 나타나고 스토리를 누가 조회했는지도 확인할 수 있습니다.

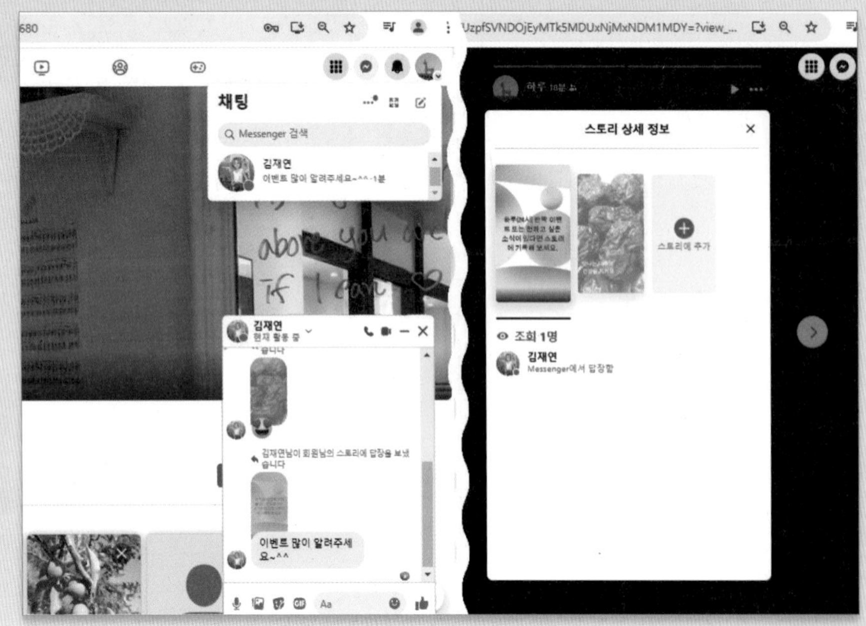

06 스마트폰에서는 더 다양하게 스토리를 제작할 수 있습니다. [스토리 만들기]를 터치하여 사진(동영상)을 선택합니다. [텍스트]를 터치합니다.

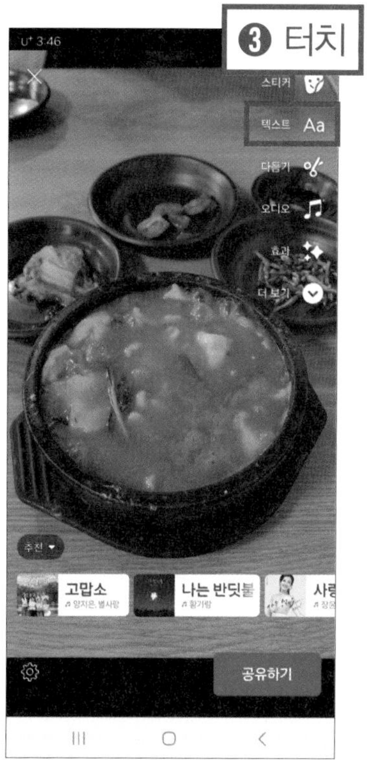

07 텍스트를 입력한 후 '색상', '배경' 등을 변경하고 [완료]를 터치합니다. [스티커]를 터치합니다. 마음에 드는 스티커를 선택하고 크기 및 위치를 조절한 후 [공유하기]를 터치합니다. 스토리 영역에 나타납니다.

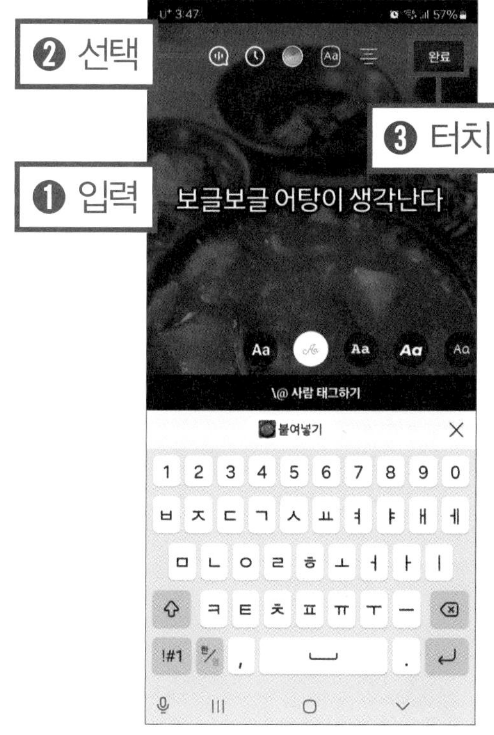

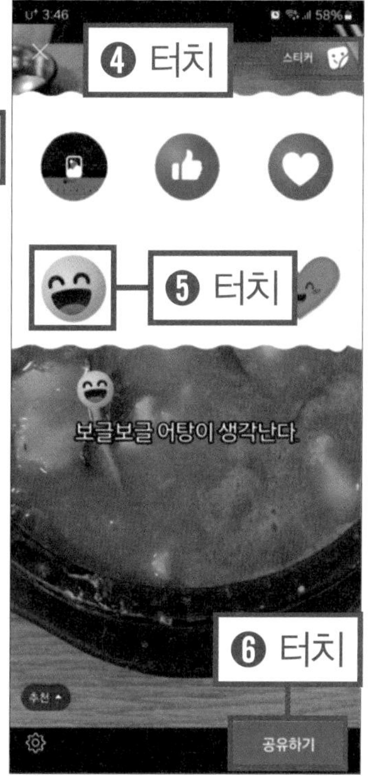

STEP 02 페이스북으로 상품 공유하기

01 나의 스마트스토어를 인터넷에서 검색합니다. 상품 하나를 선택한 후 상품 위 [공유하기]를 클릭하여 [페이스북]을 클릭합니다.

02 페이스북으로 이동한 뒤 (무슨 생각을 하고 계신가요?)를 클릭하여 스마트스토어 상품에 대한 소개글과 태그를 입력하고 Ctrl+V(붙여넣기)를 합니다. [공유하기]를 클릭합니다.

03 스마트스토어 상품이 링크된 게시글을 확인합니다.

04 친구(페이지)의 페이스북을 공유하기 위해 [메뉴](☰)-[페이지]를 차례대로 터치합니다. '최근 방문한 페이지' 또는 '좋아하는 페이지'를 터치하여 선택합니다. [더보기](⋯)를 터치한 후 [프로필 공유]를 터치합니다. '공유 대상'의 [더보기](⋯)를 터치합니다.

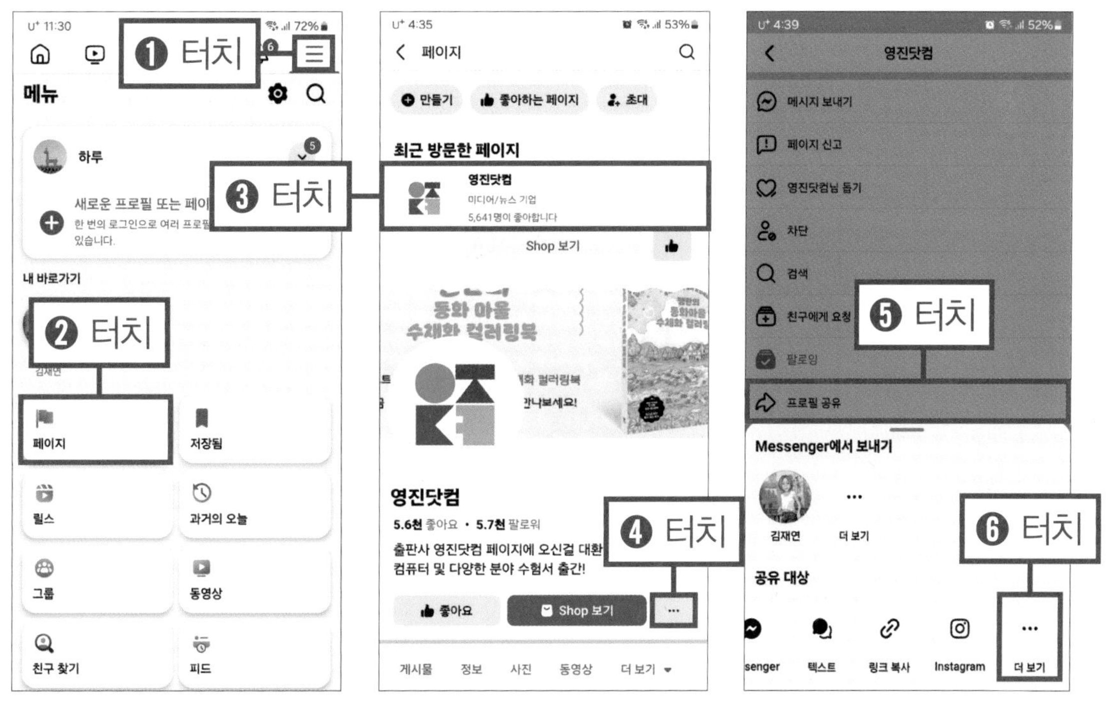

조금 더 배우기

게시글을 공유하고자 한다면 게시글 아래 [공유하기]를 터치합니다.

05 [Facebook]–[뉴스피드]를 차례대로 터치합니다. 글과 태그를 입력하고 [게시]를 터치합니다. 게시된 글을 확인합니다.

CHAPTER 19

인스타그램 활용하기

POINT

인스타그램은 스토리, 해시태그 등을 이용하여 지속적인 노출을 위해 노력하고 있습니다. 인스타그램에 대해 알아봅니다. PC와 스마트폰을 함께 활용하는 방법을 배웁니다. 참고로 스마트폰 기종과 사용자, 프로그램 업데이트에 따라 메뉴가 다르게 보일 수 있습니다.

완성 화면 미리 보기

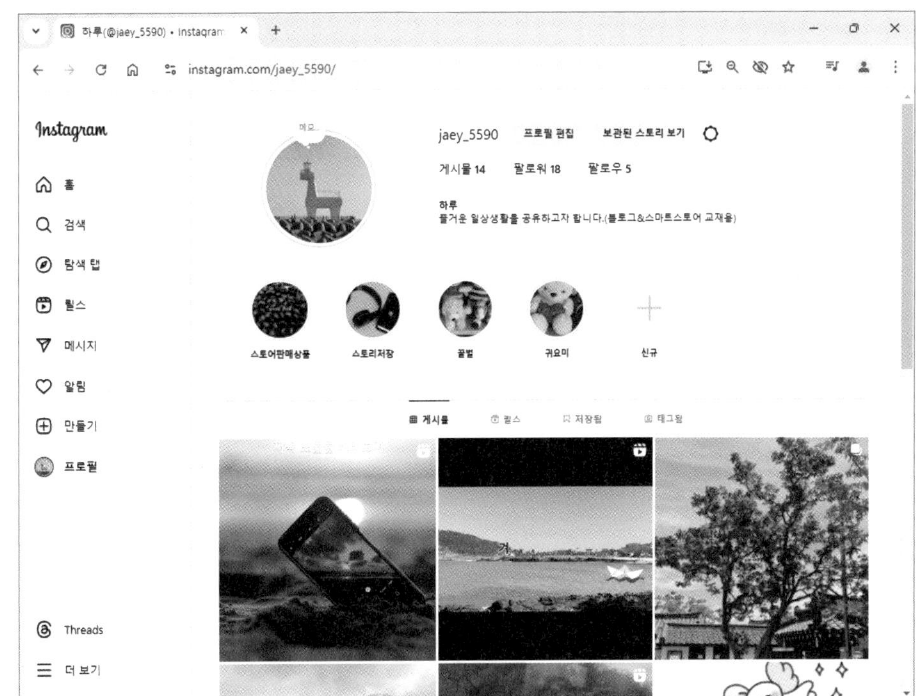

여기서 배워요!

인스타그램의 필요성, 인스타그램 친구 찾기, 인스타그램 게시글 게시하기

STEP 01 인스타그램의 필요성

인스타그램을 사용해야 하는 이유

① 글보다는 이미지가 더 눈에 띄며 1:1 정비율의 사진 형식을 제공합니다.

② 해시태그(#)의 노출이 활성화되어 있어 관심 분야의 공감대 형성이 잘 이루어집니다.

③ 지속적인 콘텐츠 제작 및 배포가 용이합니다(스토리(하이라이트), 릴스 등).

④ 인스타그램 프로페셔널에서는 광고 도구 등을 제공하고 있습니다.

인스타그램 개인 계정과 프로페셔널 계정의 비교

구분	개인 계정	프로페셔널 계정
링크	1개	3개
분석도구	없음	애널리틱스 사용 가능
스토리링크	팔로워 1만명이상만	팔로워수와 무관
광고도구	없음	인사이트(트렌드, 콘텐츠, 타켓)
예약하기	없음	날짜, 시간 지정 가능
쇼핑태그	없음	Shoppable posts
연락하기	없음	연락하기
	팔로우 메시지	팔로우 메시지 연락처

STEP 02 인스타그램 친구 팔로우하기

01 스마트폰에서 인스타그램 앱을 터치하여 '아이디'와 '비밀번호'를 입력하고 [로그인]을 합니다. [검색](Q)을 터치하여 친구 아이디를 입력한 후 친구를 선택합니다. [팔로우]를 클릭하면 [팔로잉]으로 변경됩니다.

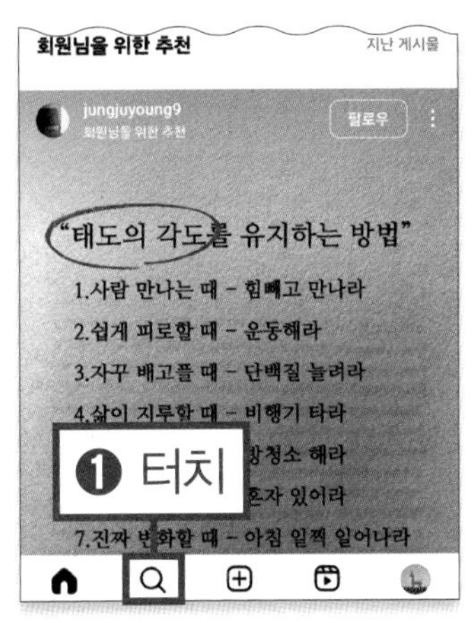

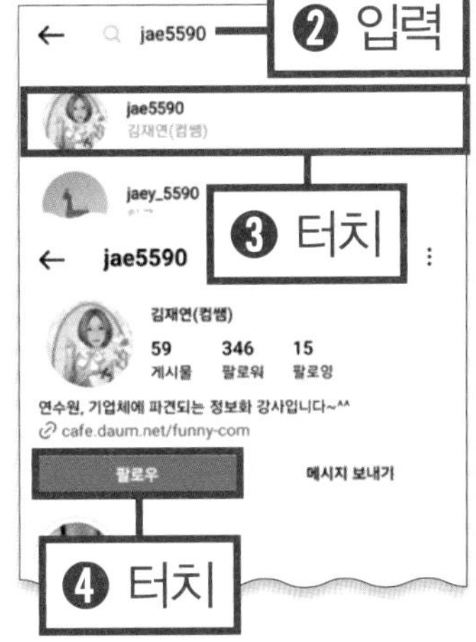

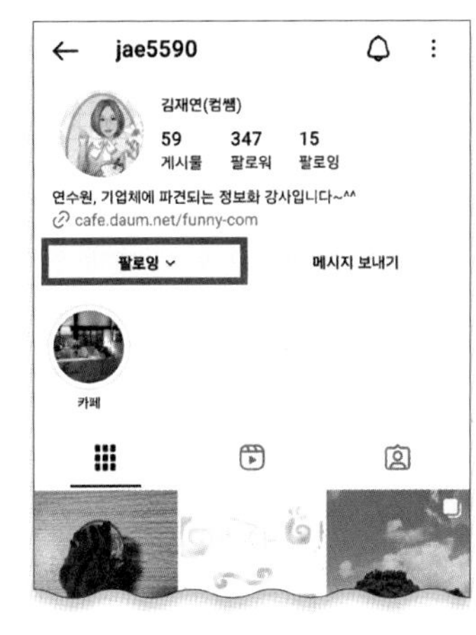

조금 더 배우기

[팔로우]는 친구와 연결하겠다는 의미이며, 친구의 소식을 확인할 수 있습니다.

02 [크롬]( ) 브라우저를 실행합니다. 주소표시줄에 'instagram.com'을 입력하고 Enter를 누릅니다. 아이디와 비밀번호를 입력하고 [로그인]을 클릭합니다. [검색](Q)을 클릭하여 친구 이름을 입력한 후 친구를 클릭합니다.

조금 더 배우기

인스타그램 계정이 없다면 '가입하기'를 진행합니다.

03 [팔로우]를 클릭하면 [팔로잉]으로 변경됩니다. 지금부터 친구의 소식을 확인할 수 있습니다.

조금 더 배우기

인스타그램 화면 구성을 살펴봅니다.

- **홈** : 나와 친구의 게시물을 확인합니다.
- **검색** : 친구 또는 여러 게시물을 검색합니다.
- **새 게시물(만들기)** : 사진, 동영상 등을 활용하여 게시물을 작성합니다.
- **릴스** : 짧은 동영상을 제작하여 게시합니다.
- **프로필** : 나에 대한 사항을 보여줍니다.
- **알림** : 나와 친구들의 활동을 알려줍니다.
- **메시지** : 친구에게 비밀 메시지를 전달합니다.
- **메뉴** : 기타 설정 항목이 있습니다(보관, 내 활동, QR코드, 저장됨 등).
- **스토리영역** : 텍스트, 레이아웃, 줌 등의 다양한 기능으로 제작하여 24시간동안 친구들과 공유합니다.
- **하이라이트** : 스토리를 저장하여 보관합니다.

STEP 03 인스타그램 글 게시하기

01 [새 게시물](⊕)을 터치한 후 [여러 항목 선택](◉)을 터치합니다. 여러 장의 사진을 선택한 후 [다음]을 터치합니다. 사진을 드래그하여 필터를 선택하고 [다음]을 터치합니다.

조금 더 배우기

[필터](◎)는 사진(동영상)에 적용하는 '필터'이고 [필터](☰)는 직접 조절하는 '수정'입니다. 여러 장의 사진을 선택하였을 시 모든 사진에 동일하게 적용되며, 한 장의 사진에만 적용할 수도 있습니다.

02 게시글과 태그를 입력하고 [함께 공유할 위치...]를 터치한 후 'Facebook'의 ( ) 을 터치합니다. '이 계정을 동일한 계정 센터에 추가하세요'에서 Facebook 계정을 터치합니다. '계정 추가를 완료하려면 다음을 허용하세요'의 [동의]를 터치한 후 한 번 더 'Facebook'의 ( ) 터치합니다. [이 게시물 공유]를 터치합니다.

03

'Facebook'의 [활성화](　)를 확인한 후 [뒤로](←)를 터치합니다. '함께 공유할 위치...'에 페이스북 계정이 나타난 것을 확인한 후 [공유]를 터치합니다. 인스타그램과 페이스북 홈 화면에 게시된 글을 확인합니다.

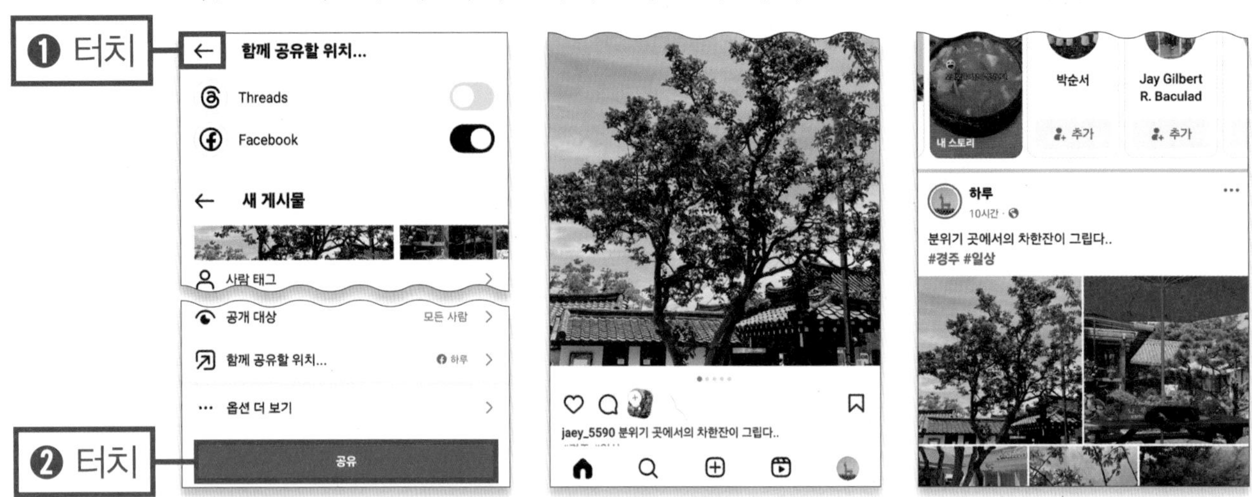

조금 더 배우기

인스타그램의 스토리와 게시글은 페이스북에 연동이 됩니다. 반대로 페이스북에서 인스타그램으로는 연동이 되지 않습니다.

04

PC의 인스타그램과 페이스북 화면에서도 게시된 글을 확인합니다.

CHAPTER 20

인스타그램에서 콘텐츠 제작하여 홍보하기

POINT

인스타그램은 퀄리티 높은 사진과 동영상을 활용할 수 있는 기능들을 제공하고 있습니다. 인스타그램의 스토리와 릴스, 공유에 대해 알아봅니다.

완성 화면 미리 보기

여기서 배워요!

인스타그램 스토리 만들어 홍보하기, 인스타그램 하이라이트 추가하기, 인스타그램 릴스에서 짧은 동영상 만들기, 인스타그램 공유하기

STEP 01 인스타그램 스토리 만들어 홍보하기

01 스마트폰의 인스타그램에서 [내 스토리]를 터치합니다. [여러 항목 선택](◉)을 터치하여 스마트스토어에 등록한 상품 사진들을 여러 장 선택합니다. [다음]을 터치한 후 [하나씩]을 터치합니다.

조금 더 배우기

[새 게시물](⊕)–[스토리]로 작성하여도 됩니다. [레이아웃]으로 사진, 동영상 등을 효과적으로 배치할 수 있습니다.

02 첫 번째 사진을 터치하여 내용을 입력한 후 글 꾸미기를 하고 [완료]를 터치합니다. 다음 사진도 터치하여 내용을 입력한 후 글 꾸미기를 하고 [완료]를 터치합니다. 내용 입력 및 글 꾸미기가 다 되었다면 [다음]을 터치합니다.

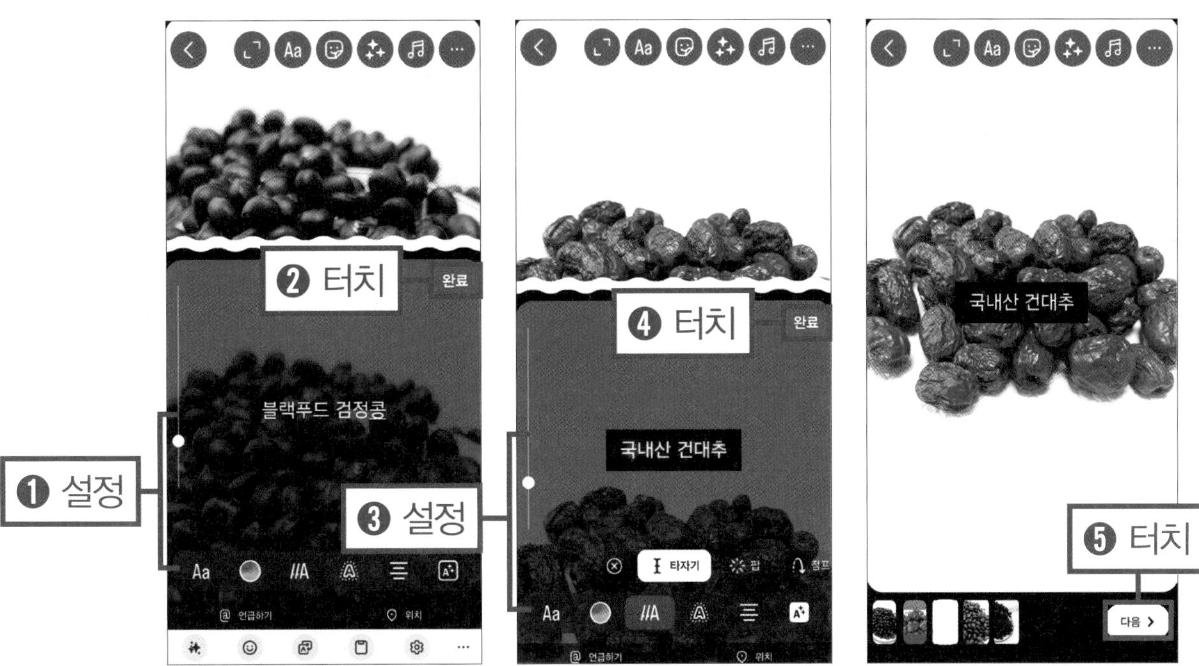

조금 더 배우기

사진(동영상) 꾸미기 메뉴를 참고합니다.

03 [내 스토리]를 선택합니다. 'Facebook에 공유' 메시지에서 [이번만 공유]를 터치한 후 [공유]를 터치합니다. '기타 공유 대상' 메시지에서 [완료]를 터치합니다. [내 스토리]를 터치하여 스토리 내용을 확인합니다.

조금 더 배우기

카메라로 직접 촬영하여 스토리를 만듭니다. 스토리에 사용할 수 있는 기능을 알아봅니다.

[내 스토리]( )의 테두리가 선명한 경우 스토리 내용이 있다는 뜻입니다. 터치하면 작성한 스토리가 나타납니다.

❶ **만들기** : 텍스트를 입력하여 작성합니다.
❷ **Bommerang** : 짧은 영상을 빠르게 반복적으로 보여줍니다.
❸ **레이아웃** : 2~6장의 사진(동영상)을 다양하게 보여줍니다.
❹ **핸즈프리** : 손떨림 방지 효과를 적용하여 촬영합니다.

STEP 02 인스타그램 하이라이트 추가하기

01 홈 화면에서 [내 스토리]를 터치합니다. 등록한 스토리의 사진 아래 [하이라이트]를 터치한 후 [New]를 터치합니다.

조금 더 배우기

스토리는 24시간 뒤에 사라지지만, 하이라이트로 옮겨진 스토리는 보관함에 보관되어 있습니다.

02 '새로운 하이라이트'에 제목을 입력한 후 [추가]를 터치하면 '(제목)에 추가됨'이 나타납니다. 다음 사진도 하이라이트에 추가합니다.

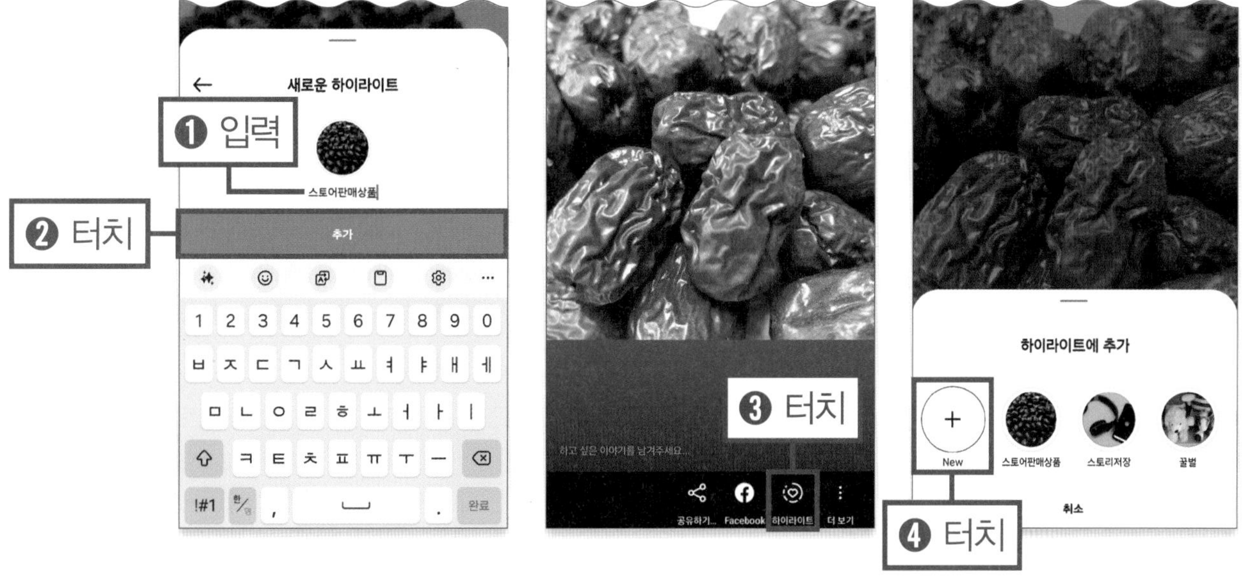

03 등록한 다른 사진들도 하이라이트에 추가합니다. [내 프로필]을 터치하여 하이라이트가 추가되었음을 확인합니다.

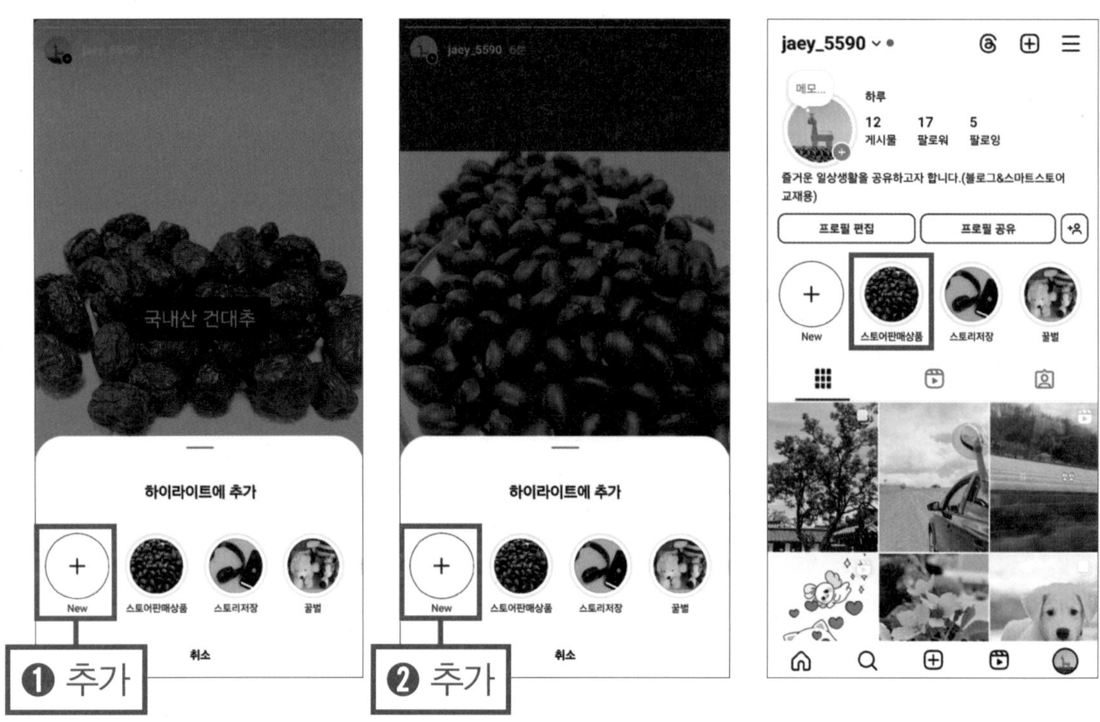

조금 더 배우기

여러 장의 사진(동영상) 중 일부분의 사진(동영상)만 하이라이트에 추가할 수 있습니다. 하이라이트는 아래와 같이 작성할 수도 있습니다.

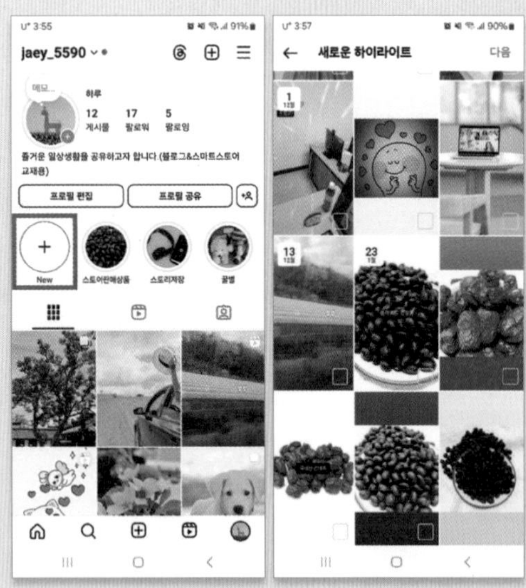

[내 프로필] 화면에서 [New]를 터치하여 하이라이트를 작성할 수 있습니다.

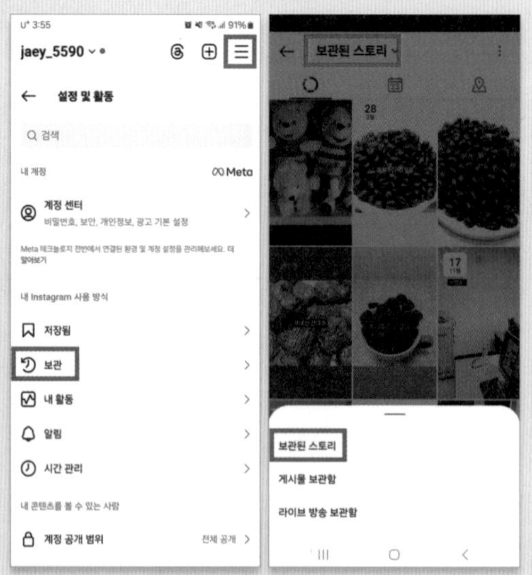

[메뉴]-[보관]을 터치하여 '보관된 스토리'를 이용하여 하이라이트를 작성할 수 있습니다.

STEP 03 인스타그램 릴스에서 짧은 동영상 만들기

01 홈 화면에서 [릴스]( )를 터치합니다. 오른쪽 위 [카메라]( )를 터치합니다. ( )를 터치한 후 여러 장의 사진(동영상)을 선택합니다. [다음]을 터치합니다.

02 릴스 배경 음악으로 사용하기 위해 [음악]( )을 터치합니다. 삽입할 음악을 선택한 후 릴스에 추가할 부분을 선택하고 [완료]를 터치합니다.

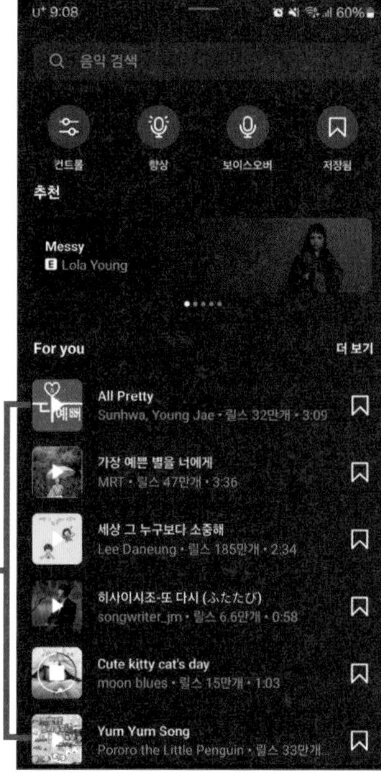

03 [텍스트](Aa)를 터치한 후 내용을 입력합니다. 글 꾸미기를 한 뒤 [완료]를 터치합니다. 입력한 텍스트를 드래그하여 배치한 후 [스티커]( )를 터치합니다.

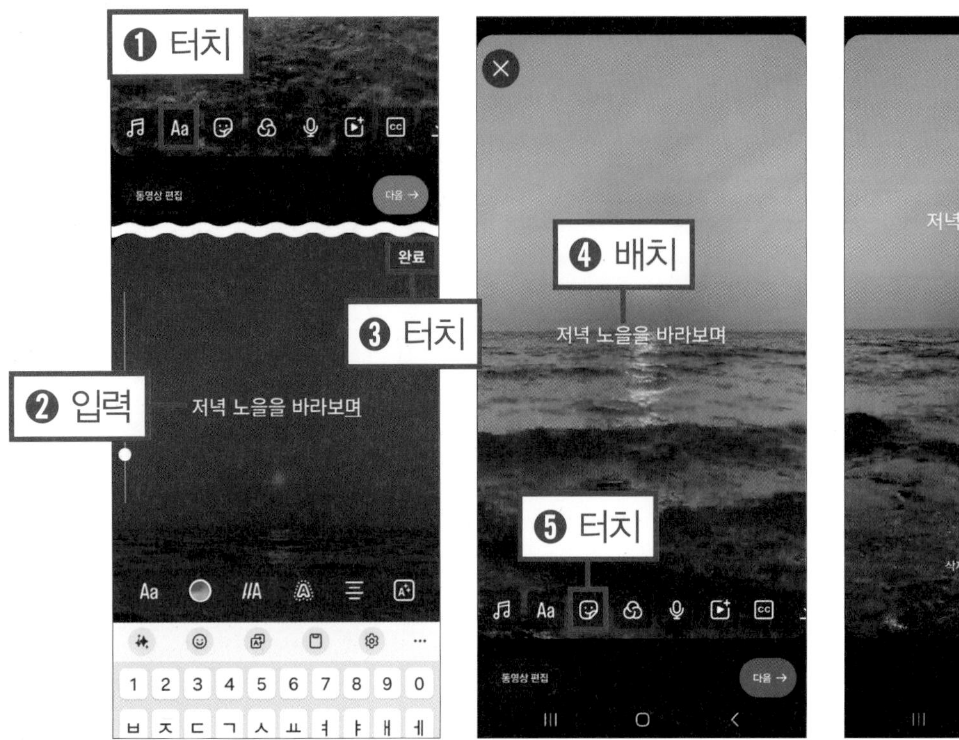

04 [검색]을 터치한 후 삽입할 스티커를 검색합니다. 삽입된 스티커를 드래그하여 크기 및 위치를 수정합니다.

05 꾸미기가 다 되었다면 [다음]을 터치합니다. 게시 내용과 태그를 입력하고 '함께 공유할 위치...'에서 [Facebook에 추천]을 터치합니다. '릴스를 추천하시겠어요?' 메시지에서 [이 릴스 추천]을 터치합니다. [다음]을 터치합니다.

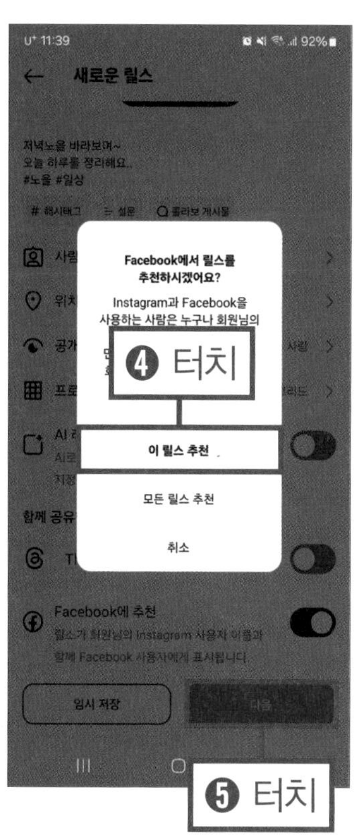

조금 더 배우기

릴스에 사용할 수 있는 기능을 알아봅니다.

❶ **오디오** : 동영상에 재생할 음악을 검색하고 선택합니다.
❷ **효과** : 영상에 다양한 효과를 적용합니다.
❸ **그린스크린** : 화면의 배경을 변경합니다.
❹ **길이** : 영상 길이를 조절합니다. (15초, 30초, 1분, 3분)
❺ **속도** : 동영상을 빠르게, 느리게 배속을 조절합니다.
❻ **동영상 레이아웃** : 3장의 사진(동영상)을 보여줍니다.
❼ **타이머** : 촬영 시간을 선택할 수 있습니다. (3초, 10초)
❽ **듀얼** : 전면, 후면 카메라를 같이 사용합니다.

06 홈 화면에 동영상 게시물이 등록된 것을 확인합니다. [내 프로필]을 터치하여 게시된 [릴스]( ) 동영상을 확인합니다.

STEP 04 인스타그램 게시물 공유하기

01 PC의 인스타그램을 접속합니다. [내 프로필]에서 게시된 릴스 동영상을 확인합니다.

02 게시된 릴스 동영상을 선택하여 [더보기](…)를 클릭합니다. [공유 대상..]을 클릭합니다.

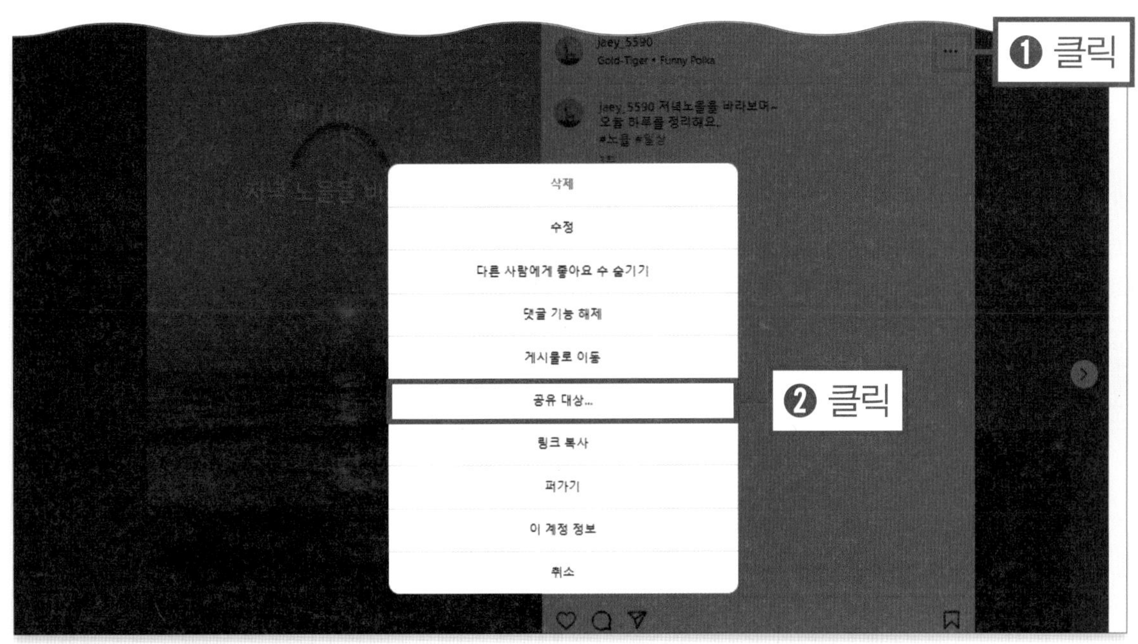

03 '공유 대상..' 목록에서 릴스 동영상을 공유하고자 하는 메뉴를 선택하여 공유합니다.

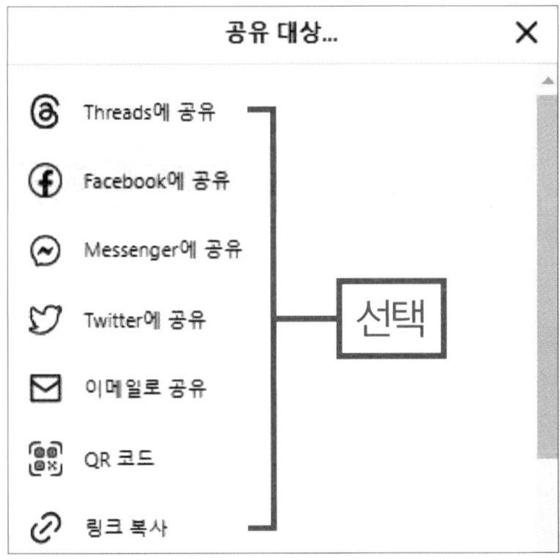

04 이번에는 스마트폰 인스타그램 프로필 화면에서 게시물을 선택한 후 [더보기](⋯)를 터치합니다. 아래쪽에 [공유하기]를 터치한 후 공유할 앱을 선택하여 공유합니다.

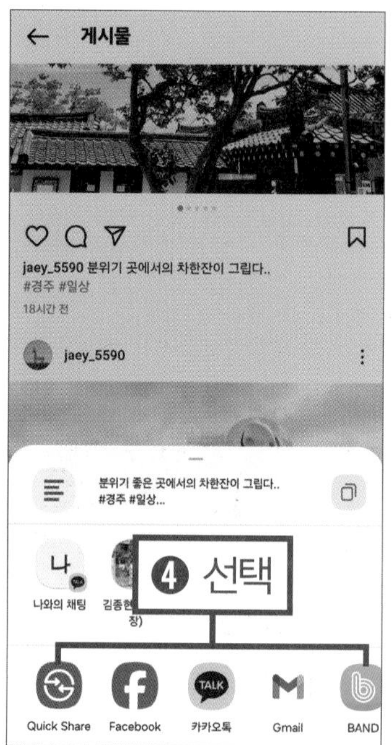

2nd Edition

1판 1쇄 발행 2025년 4월 18일

저　자 | 김재연
발행인 | 김길수
발행처 | ㈜영진닷컴
주　소 | (08512) 서울특별시 금천구 디지털로9길 32
갑을그레이트밸리 B동 10F
등　록 | 2007. 4. 27. 제16-4189호

ISBN 978-89-314-7969-0

YoungJin.com Y.
영진닷컴